روزهای خون، روزهای آتش

گزارش مصوری از پیروزی انقلاب اسلامی ایران

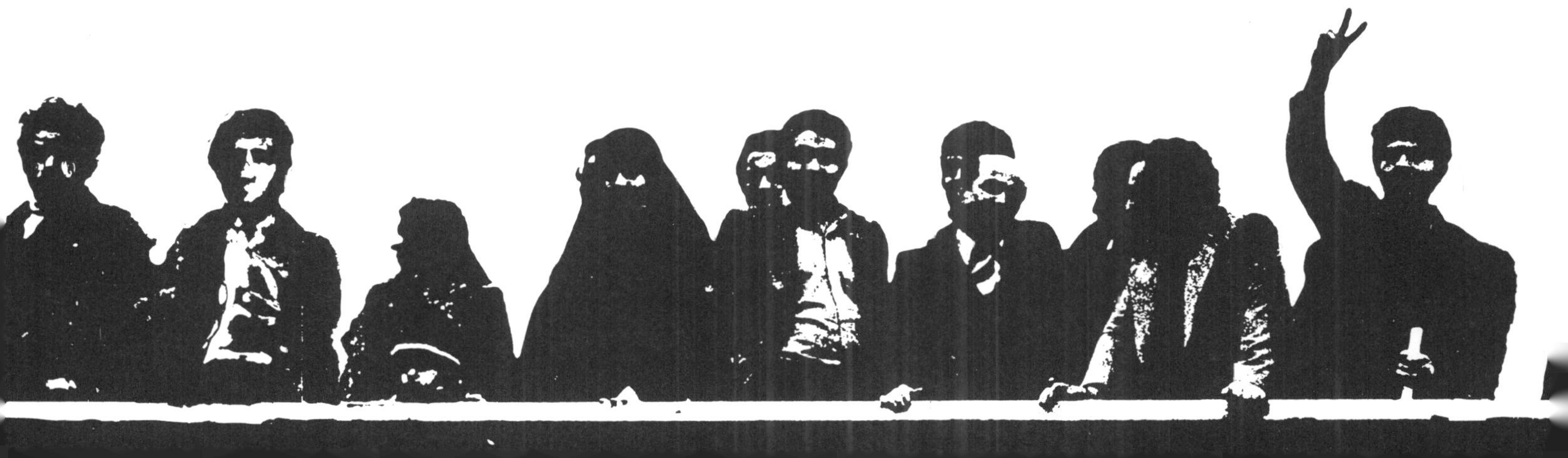

انتشارات زمین

تهران، ۱۳۵۸

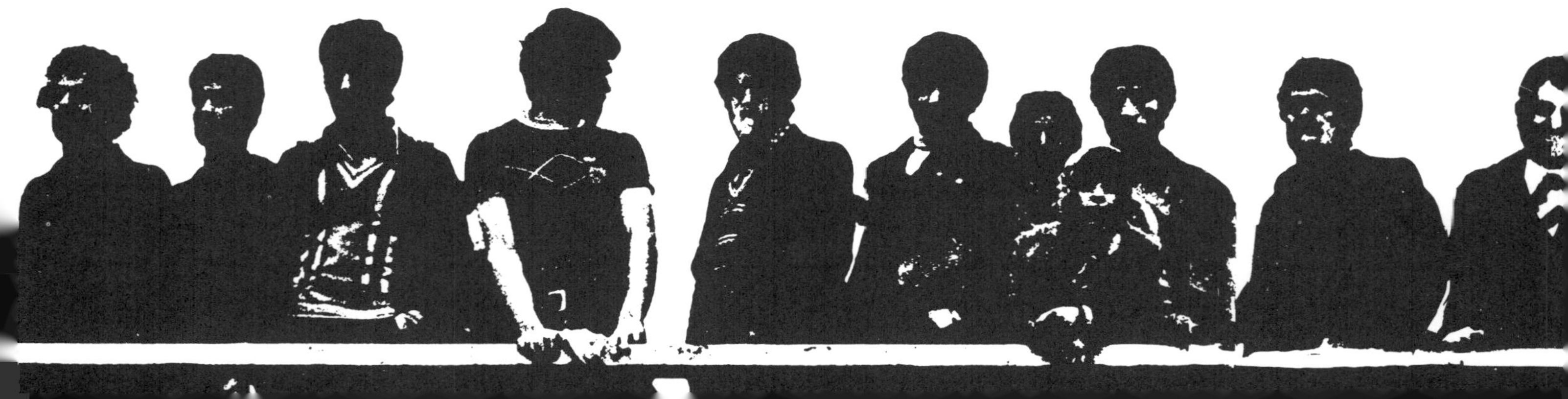

روزهای خون ، روزهای آتش

گزارش مصوری از پیروزی انقلاب اسلامی ایران

عکاس: بهمن جلالی

و عکسهایی از: رعنا جلالی، هادی هراجی، محمود محمدی ، بهروز شهیدی

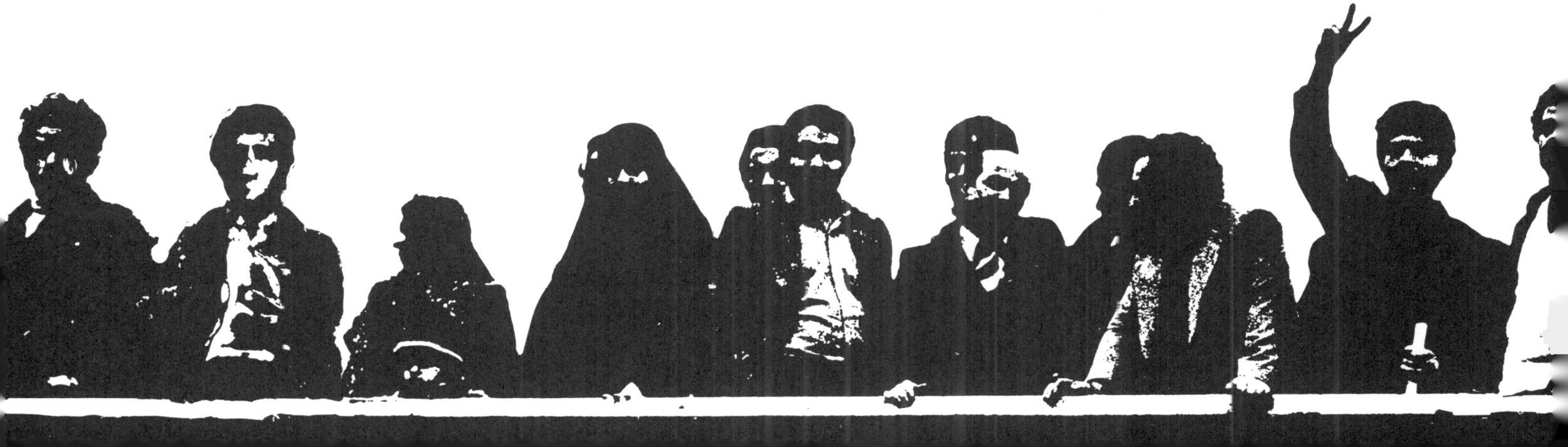

انتشارات زمینه

مجموعهٔ کتابهای مصور ۱

به کوشش کریم امامی

طراح و صفحه‌آرا: فوزی تهرانی

چاپ اول: خرداد ۱۳۵۸

چاپ دوم: شهریور ۱۳۵۸

مرکز انحصاری پخش: انتشارات پیام

تهران، خیابان انقلاب، روبروی دانشگاه تهران، تلفن ٦٤٥٧٧٢

چاپ دوم این کتاب در ده هزار نسخه در چاپخانهٔ داد به روش افست روی کاغذ نودگرمی پارس چاپ و صحافی شد.

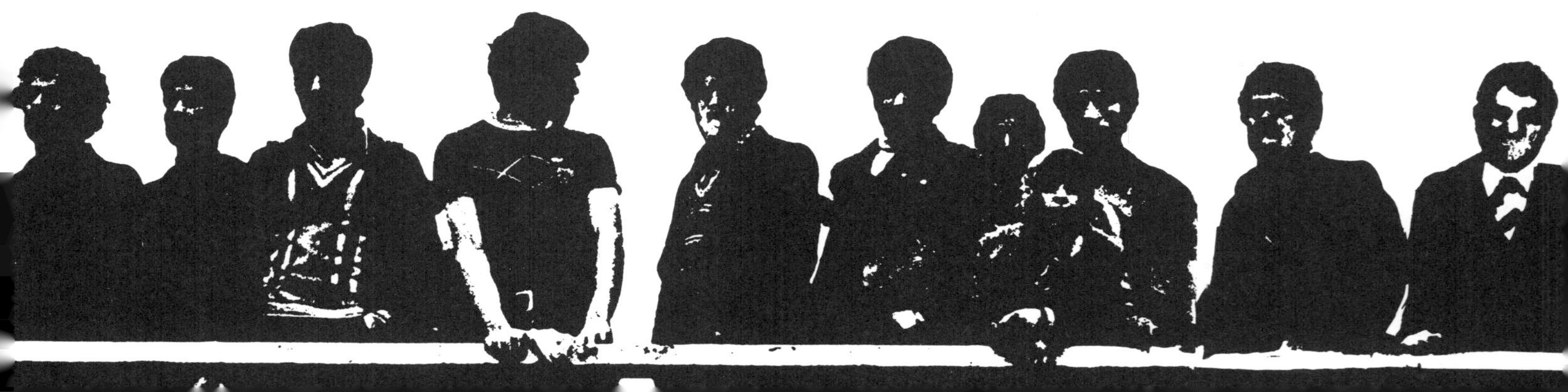

سخنی در آغاز

کتاب حاضر گزارش مصوّری است از رویدادهای ٦٤ روز تاریخساز در تهران ــ از یکشنبهٔ تاسوعا (۹ محرم ۱۳۹۹ / ۱۹ آذر ۱۳۵۷) تا یکشنبهٔ پیروزی (۱۳ ربیع‌الاول /۲۲ بهمن)ــکه دوران اوج یك سلسله حوادث و وقایع عظیم سیاسی در سراسر ایران است، وقایعی که مجموعاً «انقلاب اسلامی ایران» نام گرفته‌اند. در آن یکشنبهٔ در یادماندنی نیمهٔ زمستان بود که سرانجام خانهٔ بیداد پهلوی فروریخت و با گشوده شدن پادگانها، انقلابی که از مدتها پیش به پیروزی سیاسی دست یافته بود با پیروزی نظامی نیز قرین شد. به گفتهٔ امام روح‌الله خمینی رهبر بزرگ انقلاب «خون بر شمشیر پیروز شد» و انبوهی مردمان جان برکف‌نهاده که تنها مشتهای گره‌کرده و ایمانشان را همراه داشتند بر جمعی سپاهی سراپا آهن و فولاد که ایمانشان را از کف داده بودند در نخستین مصاف پیروز شدند.

صرف‌نظر از آنچه از این پس در ایران روی دهد هیچ شك نیست که آنچه در این فاصله بر ایران گذشت ازجملهٔ پراهمیت‌ترین رویدادهای قرن بیستم نه‌تنها در میهن ما که در همهٔ جهان خواهد بود. و برای ما که دراین دوران زیسته‌ایم ــ حتی اگر قدم به راه‌پیمایی‌های روزهای مقدس آن نسپرده باشیم، حتی اگر حنجرهٔ خود را با الله‌اکبرهای مکرر شبهای محرم به ارتعاش درنیاورده باشیم، حتی اگر شتابان «مرگ برشاه» بر در و دیوار کوچه و خیابان ننوشته باشیم، حتی اگر بطریهای «کوکتل» را بر فرق تانکهای چیفتن طاغوت نکوبیده باشیم، حتی اگر کنار مجاهدان و فداییان و پاسداران سلاح به‌دست نگرفته باشیم ــ سالهای سال از اینکه توانسته‌ایم، فرصت داشته‌ایم، این روزهای خون و آتش را از نزدیك تجربه کنیم با فخر سخن خواهیم گفت و ماجرا را با آب و تاب برای فرزندانمان و فرزندان فرزندانمان بازگو خواهیم کرد.

کتاب حاضر سعی در ضبط رویدادهای متنوع و پرحادثهٔ آخرین مرحلهٔ انقلاب را دارد ولی به یقین کتاب کامل و جامع انقلاب نیست. چرا که تنها به حوادث تهران می‌پردازد و به مجموعهٔ بزرگی از وقایع که تقریباً همهٔ شهرهای کوچك و بزرگ ایران را به التهاب درآورده بود نمی‌پردازد. چرا که درنقل حوادث تهران نیز به عقب برنمی‌گردد و از راه‌پیمایی بزرگ عید فطر (دوشنبه اول شوال ۱۳/۱۳۹۸ شهریور ۱۳۵۷) و راه‌پیمایی پنجشنبه ١٦ شهریور و کشتار وحشیانهٔ «جمعهٔ سیاه» (۱۷ شهریور) در میدان شهدا (ژالهٔ پیشین) آغاز نمی‌کند. چرا که برخی از حوادث حساس آخرین روزها و شبها را، چون زدوخوردهای نیروی هوایی و جنگ جسارت‌آمیز مردم را با تانکهای لشکر گارد در خیابانهای شب‌زنده‌دار شرق تهران دربرنمی‌گیرد. در آن شب سرنوشت‌ساز چه کسی به فکر عکاسی بود؟

کتاب حاضر درعین حال در شکل موجود خود مجموعهٔ مغتنمی است از عکسهایی که بیشتر آنها را یك عکاس ــ بهمن جلالی ــ برداشته است و نه‌تنها گواه صادق رویدادهایی است که وی در قلب آنها یا کنار آنها و درست در لحظهٔ وقوع آنها یا اندك زمانی پس از وقوع آنها حضور داشته بلکه همهٔ این صحنه‌ها را از یك دید واحد و با یك حساسیت هنرمندانه ضبط کرده است. جلالی عکاس باتجربه‌ای است که وسایل کار خود را خوب می‌شناسد و از همهٔ امکانات آن ــ فیلمهای تند و عدسیهای حساس و گوناگون یك سیستم مجهز ۳۵ میلیمتری سبك ــ به‌خوبی و چالاکی استفاده می‌کند. در گرماگرم کار، حتی وقتی خطر نزدیك است و بلا از آسمان می‌بارد و دشمن نزدیك می‌شود خونسردی خود را از دست نمی‌دهد و باجسارت یك لحظه بیشتر می‌ماند تا از جنگ و گریز جوانان دربرابر طاغوتیان یك لمحهٔ دریادماندنی دیگر را روی فیلم ضبط کند. جمعی از عکاسان مشهورترین مطبوعات جهان

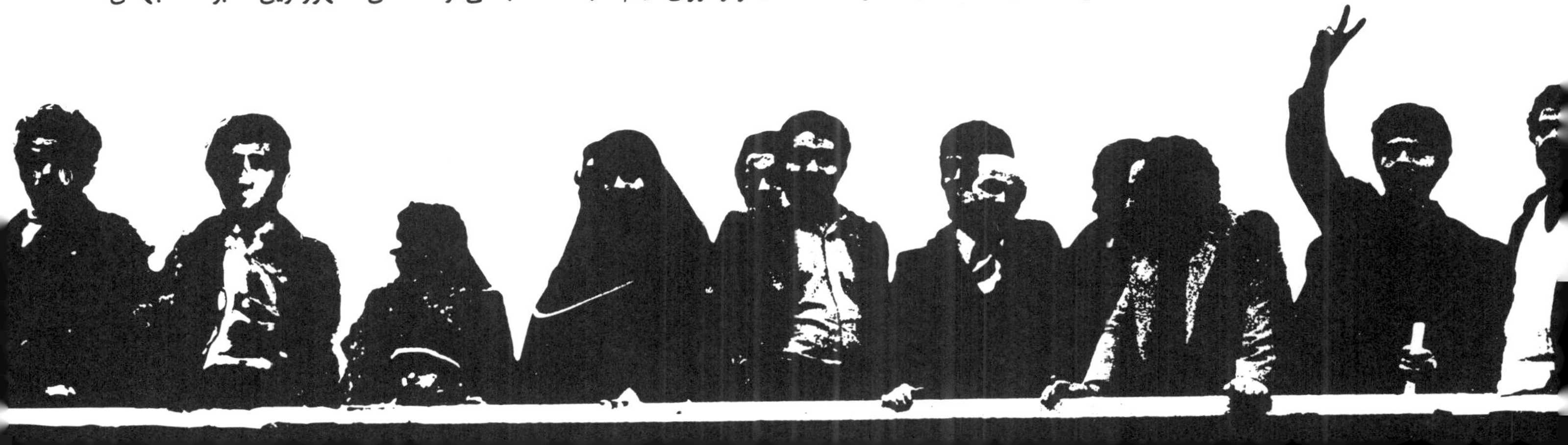

در داغترین ایام انقلاب در تهران بودند و اجازه بدهید بدون شکسته‌نفسی بگوییم که کار جلالی از کار آنها هیچ دست‌کمی ندارد.

جلالی چون بیشتر عکاسان حرفه‌ای فیلمهایش را خودش ظاهر می‌کند و آنچه را هنگام عکاسی شتابزده ممکن است ازلحاظ قاب‌بندی و نورسنجی کوتاه آمده باشد در تاریکخانه جبران می‌کند. در ٦٤ روزی که جلالی عکاس انقلاب بود با جدیت و تعهد یك انقلابی از صبح تا شام در جستجوی رویدادها بود. هرچند به عنوان کارمند دولت به اعتصاب پیوسته بود ولی وقتش را در خانه تلف نمی‌کرد. البته کارش آسان نبود. نه‌تنها مزاحمت نیروهای انتظامی عرصه را بر او تنگ می‌کرد، گاه مورد سوءظن خودیها نیز قرار می‌گرفت و مجبور می‌شد فیلمش را از دوربین خارج و تسلیم کند تا خلاص گردد. فراموش نکنیم که عکاسان ساواك همیشه برای عکسبرداری از تظاهرات مخالفان ازهمه آماده‌تر بودند.

جلالی چندبار نزدیك بود تیر بخورد و یك‌بار گلوله مردی را که کنار او ایستاده بود از پا درآورد. از پنجاه، شصت هزار نفری که به گفتهٔ برخی از بلندپایگان دولت موقت اسلامی در سال ١٣٥٧ به‌خاطر انقلاب جان باختند و از حدود یکصدهزارنفری که گفته می‌شود دراین میان مجروح شدند چندتن از خبرنگاران و عکاسان بودند.

درجمع، سی‌وپنج عکس کتاب محصول عکاسان دیگری است که آنها را به‌ناچار به‌خاطر دست یافتن به حداقلی از جامعیت بیان به عکسهای جلالی افزوده‌ایم: شانزده عکس از خانم رعنا جوادی ــــ همسر جلالی ــــ است که درجمع زنان با راحتی بیشتری کار می‌کرد و چند صحنهٔ بسیار گویا از بهشت‌زهرا و خانهٔ امام در خیابان ژاله دارد. نُه عکس از همکار صاحب مجموعه هادی هراجی است که استعداد خاصی دارد برای اینکه در جمع تقریباً ناپیدا بماند و در آن حال بدون جلب توجه به ضبط جزئیات جالب در گوشه و کنارها بپردازد. پنج عکس از آقای بهروز شهیدی است که او نیز با علاقه‌مندی بیشتر جریانات انقلاب را دنبال کرده و مجموعهٔ باارزشی از عکسهای مستند از این رویداد بزرگ تاریخی فراهم آورده است. و بالاخره پنج عکس از نوع خبری است که به لطف آقای محمود محمدی فراهم آمد. و ناشر از همه سپاسگزار است.

کتاب به شش فصل تقسیم شده است. نخستین فصل («مردم به ما ملحق شوید») به راه‌پیمایی‌ها اختصاص دارد، نه یك راه‌پیمایی معین بلکه مجموعهٔ راه‌پیمایی‌های بعد از تاسوعا و بدین‌سان عکسها را درهم آمیخته‌ایم. کوششمان بیشتر در نشان دادن انبوهی جمعیت، سطوح وسیع مشارکت طبقات مختلف مردم و روحیهٔ مصمم و درعین حال مسالمت‌آمیز راه‌پیمایی‌ها بوده است. خوانندهٔ علاقه‌مند برای کشف تاریخ و محل دقیق هرعکس می‌تواند با توجه به شمارهٔ عکس به فهرست تصاویر در انتهای کتاب مراجعه کند.

فصل دوم («حتی اگر شب و روز ...») فصل برخوردهاست، فصل حنجره و مشتِ گره‌کرده در برابر باتون و گاز اشك‌آور و سرب داغ. در هنگامه‌های سهمگین مردمی دربرابر نامردمی که در هفته‌های آخر انقلاب پی در پی در گوشه و کنارهای تهران برپا می‌شد شاهد چه بسیار صحنه‌های فراموش‌نشدنی از آتش و خون، از شجاعت و رشادت، از قساوت و شهادت که نبوده‌ایم و نمونه‌هایی از آنها را دراین فصل می‌بینیم.

فصل سوم («جای شهدا خالی») فصل شهیدان است در گورستان بهشت‌زهرا از تغسیل و تشییع و تدفین گرفته تا شیون و مویه و فریاد برای نزدیکترین عزیزان که امروز دیگر عزیزان همهٔ مستضعفان و قلبهای پرطپش تاریخ معاصر ایرانند.

فصل چهارم («شاه فراری شده») نشان‌دهندهٔ موج شادمانی عظیمی است که بعدازظهر سه‌شنبهٔ ٢٦ دیماه در یك چشم بهم‌زدن تهران (و سراسر ایران) را فراگرفت و پرواز هواپیمای شاهین را از فرودگاه مهرآباد بدرقه کرد و نیز نخستین صحنه‌های همبستگی علنی نیروهای مسلح را با مردم پدید آورد.

فصل پنجم («رهبر ما خوش آمد») مربوط است به بازگشت رهبر انقلاب

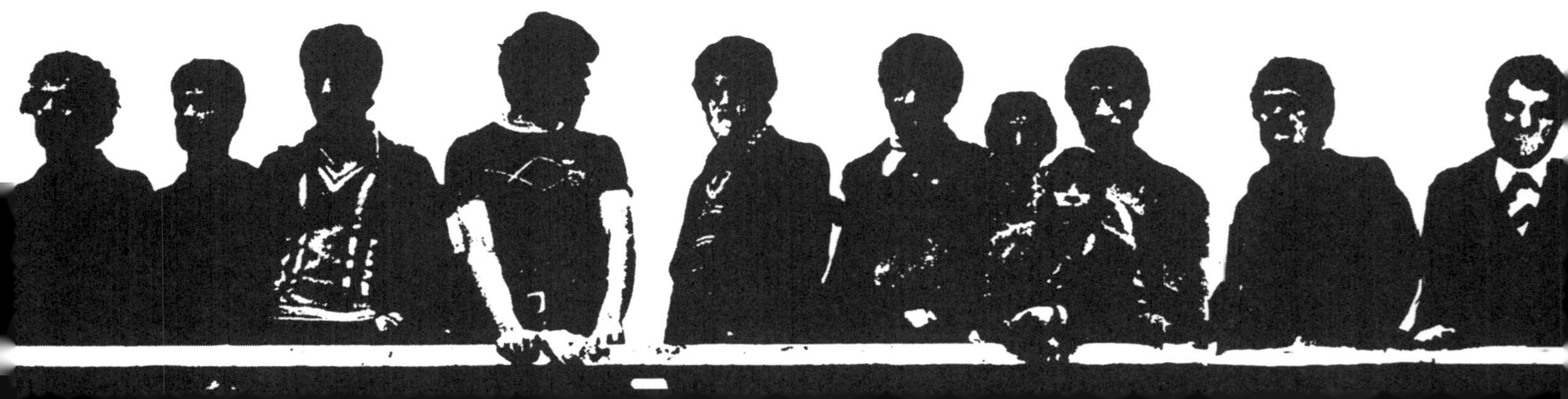

به ایران پس از یك دوران تبعید پانزده ساله در ترکیه و عراق و فرانسه، و شامل صحنه‌های استقبال پرشور مردم در مسیر مهرآباد ـ بهشت‌زهرا و نیز صحنه‌های سخنرانی امام در قطعهٔ ۱۷ بهشت‌زهرا و بالاخره هجوم مشتاقان برای زیارت امام به مدرسهٔ علوی است.

فصل ششم («ما همه سرباز توایم...») پایان ماجراست و به‌نوعی آخر شاهنامه. از بازگشایی دانشگاه تهران و صدور فرمان نخست‌وزیری دولت موقت برای آقای مهدی بازرگان آغاز می‌شود و با تصرف پادگانها و سقوط آخرین مراکز قدرت رژیم پیشین با موج دیگری از شادمانی شدید در کوچه و خیابانهای تهران پایان می‌گیرد.

در هر فصل در کنار عکسها دو نوع سند دیگر قرار داده‌ایم. اول برگزیده‌ای از شعارهای مردمی در ارتباط با موضوع عکسها و دوم بخشهایی از اعلامیه‌های رهبر انقلاب و دیگر آیات عظام و گروه‌های سیاسی که جمع هرسه (عکس و شعار و اعلامیه) مکمل یکدیگرند و بهتر از کلمات هر نویسنده و خبرنگاری واقعیت رویدادها را منعکس می‌کنند. ناشر کتاب حاضر درواقع جز همین چند سطر مقدمه نوشتهٔ دیگری از خود در سراسر کتاب ندارد. هرچه هست واقعیت ضبط شدهٔ مستند است. انتخاب شعارها از دو مجموعه ــ مجموعهٔ گردآمده توسط آقای علی‌اصغر اژدری و مجموعهٔ فراهم شده توسط آقای علی رضایی ــ ضمن مقابلهٔ متن شعارها با یکدیگر صورت گرفت و لبّ اعلامیه‌های مورداستفاده از مجموعهٔ مرکز اسناد فرهنگی آسیا نقل شد که از همهٔ یاوران بدینوسیله سپاسگزاری می‌شود.

درضمن لازم دیدیم چند عکس را که جنبهٔ سندی قوی دارند و در ارتباط با انقلاب در مطبوعات ایران و جهان منتشر شده‌اند در پایان همین بخش کتاب نقل کنیم تا مجموعهٔ اسناد تصویری کتاب کامل‌تر گردد. نخستین عکس از برگزاری نماز ظهر توسط جمعیت انبوه راه‌پیمایان در خیابان مصدق (پهلوی پیشین) در روز عید فطر است(به‌نقل از مجلهٔ فرانسوی «اکسپرس» شمارهٔ مورخ ۱۸ سپتامبر ۱۹۷۸/ ۲۷ شهریور ۱۳۵۷). دومین عکس که در روزنامهٔ «کیهان» مورخ دوم اسفند ۱۳۵۷ چاپ شد ظاهراً کشتار ۱۷ شهریور را نشان می‌دهد و هرچند نام و نشان عکاس در روزنامه درج نشد از قرار معلوم عکس از آقای عباس ملکی، کارمند سرویس عکاسی «کیهان» است. سومین عکس کشتار روز اول محرم در میدان سرچشمه را نشان می‌دهد و آن نیز در روزنامهٔ «کیهان» در شمارهٔ سوم اسفند چاپ شد. و بالاخره عکس چهارم که گروهی از همافران و افراد نیروی هوایی را در خانهٔ امام درحال ادای احترام به رهبر انقلاب نشان می‌دهد (به‌نقل از «کیهان» پنجشنبه ۱۹ بهمن). فرماندهان وقت ارتش عکس را جعلی خواندند و گفتند هرکس کمترین اطلاعی از فن عکاسی داشته باشد به جعلی (یا مونتاژ) بودن آن پی می‌برد درحالیکه قضیه کاملاً برعکس است. هرکس کمترین اطلاعی از فن عکاسی داشته باشد می‌تواند تشخیص دهد که عکس مونتاژشده نیست. چاپ این عکس تأثیر سیاسی شدیدی داشت و درواقع به نوعی تلنگر آخری بود که فرود آمدن آن باعث سقوط دیوار پوسیدهٔ رژیم پیشین گردید.

پیروزی انقلاب اسلامی ایران به‌یقین نقطهٔ عطف بزرگی در تاریخ میهن ما خواهد بود. چندین میلیون نفر در سراسر ایران دراین انقلاب مشارکت داشته‌اند و دراین میان طبق اظهار مقامات مسئول چندین ده هزار نفر جزء شهیدان و مجروحان این وقایع هستند که کوشش می‌شود اسم و رسمشان به‌ترتیبی در کتاب زرین انقلاب درج گردد. گروهی دیگر کسانی هستند که هرچند نام و نشانشان در جایی درج نشده حضور آنها را دوربین عکاسی ثبت کرده است. و آنها که امروز این کتاب را ورق می‌زنند و ناگهان چهرهٔ خود را در گوشه‌ای از صفحات آن بازمی‌شناسند آدمهای خوش‌شانسی هستند، زیرا چیزی بیش از خاطره دارند که برای فرزندانشان و فرزندان فرزندانشان تعریف کنند. آنها دیگر خود جزئی از تاریخ هستند.

ک. ا.

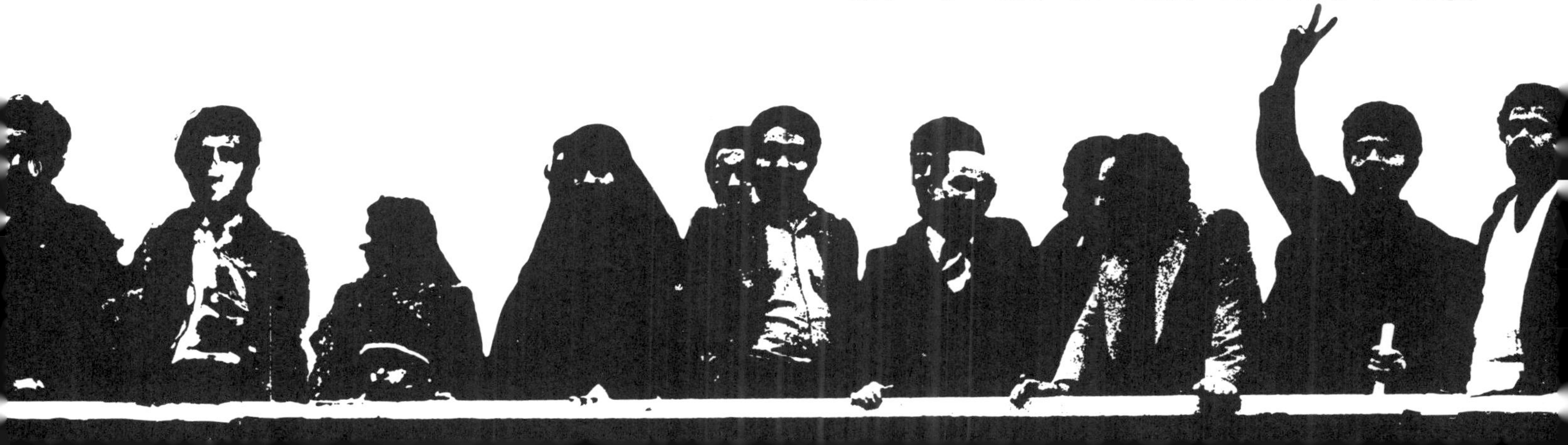

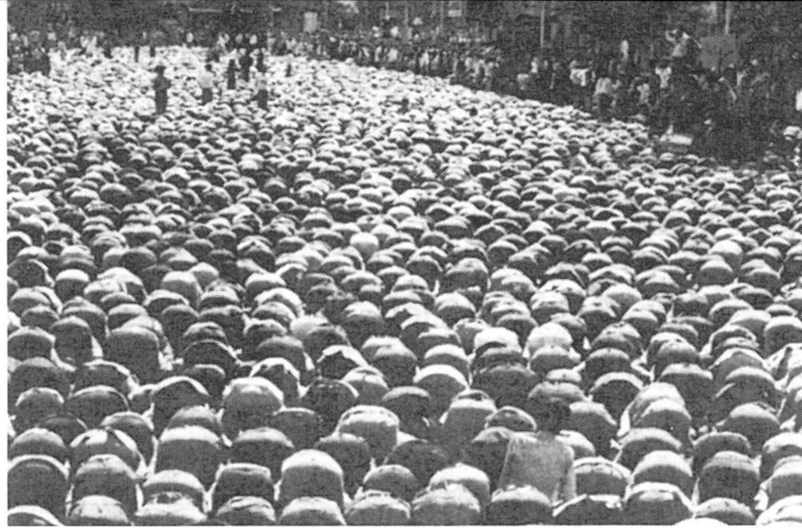

عکس شمارهٔ یك ▲

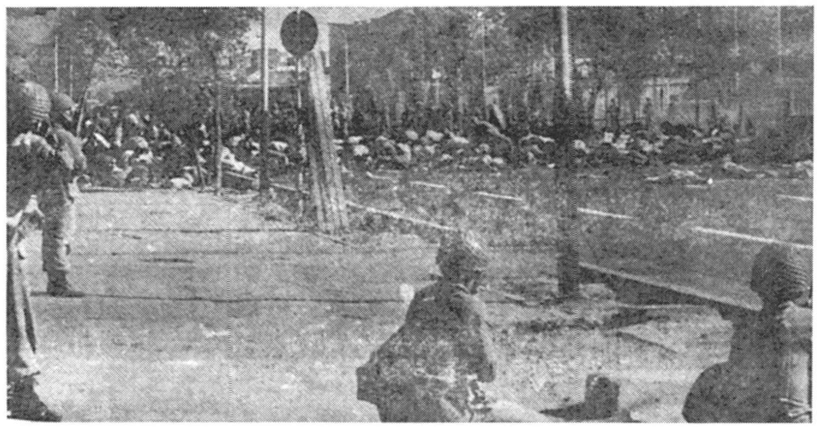

عکس شمارهٔ دو ▲

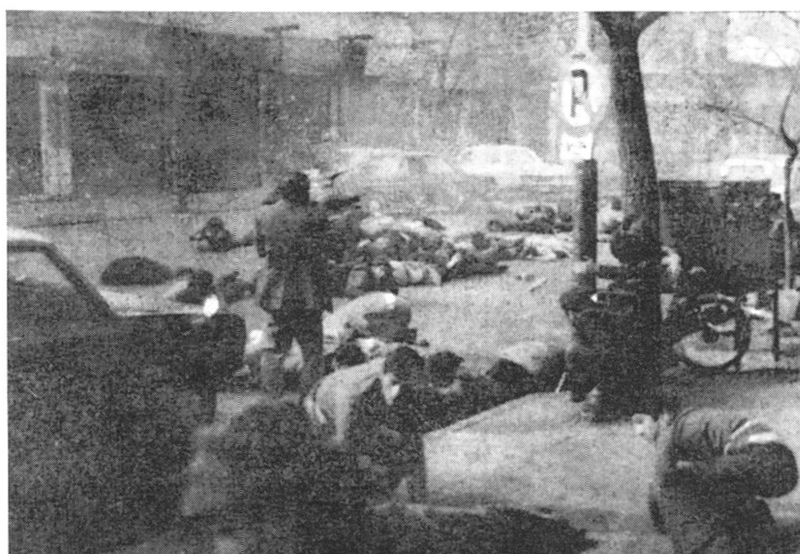

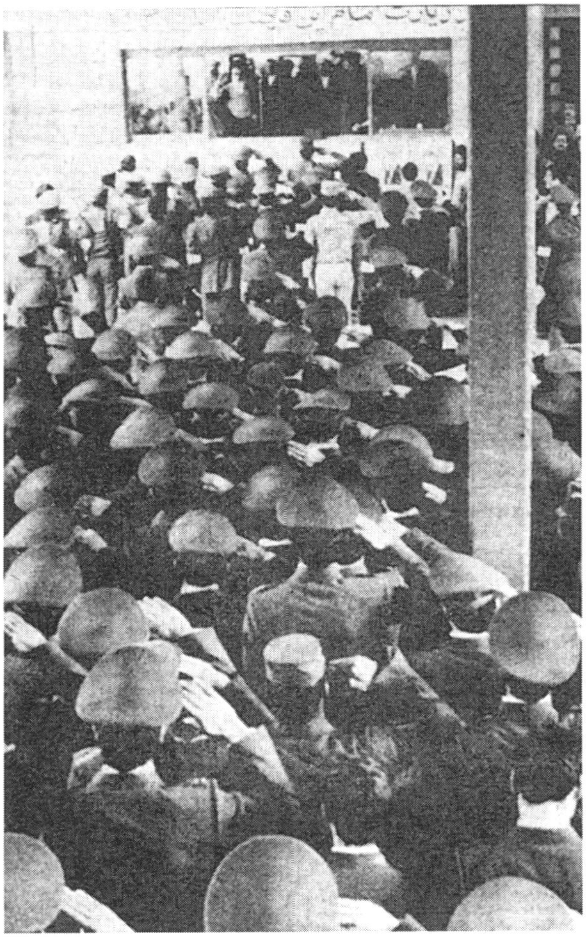

◀ عکس شمارهٔ سه

عکس شمارهٔ چهار ▲

این است شعار ملی خدا، قرآن، خمینی

۱

مردم به ما ملحق شوید

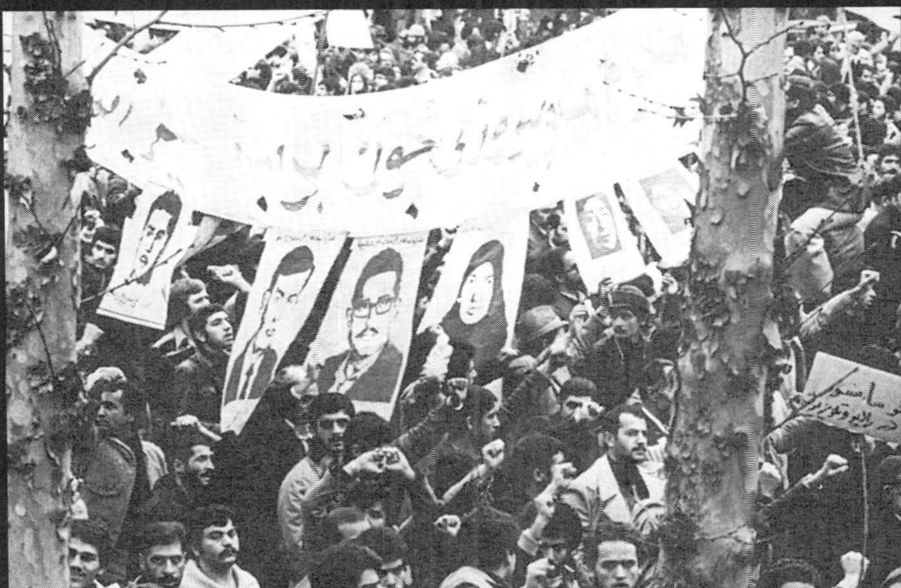

◄۱

مردم به ما ملحق شوید   شهید راه حق شوید

● هان ای عزیزان من! در محیط مدارس و دانشگاهها و دانشسراها آگاهانه و متعهد به‌پاخیزید و بهم بپیوندید و برای نجات اسلام و کشور کوشش کنید و قبل از هرچیز عملاً از احکام پرارج اسلام که سعادت ملتها را بیمه نموده است پیروی کنید و جناحهایی را که دراثر تبلیغات اجانب فریب‌خورده و بعضی مکتبها را پذیرفته‌اند... از حیلهٔ دشمن آگاه کنید و خیانتهای سران حیله‌باز مکتبهای منحرف را افشا کنید... و با صراحت خواستهای ما را که خواست همهٔ مستضعفین است به آنان گوشزد کنید و شعار ما را که شعار ملت محروم و مظلوم است به آنان پیشنهاد کنید، باشد که با شناخت صحیح به شما بپیوندند....

از پیام امام خمینی به دانش‌آموزان و دانشجویان
به‌تاریخ ۱۶ مهر ۵/۱۳۵۷ ذیقعدهٔ ۱۳۹۸، پاریس

۲ ▼

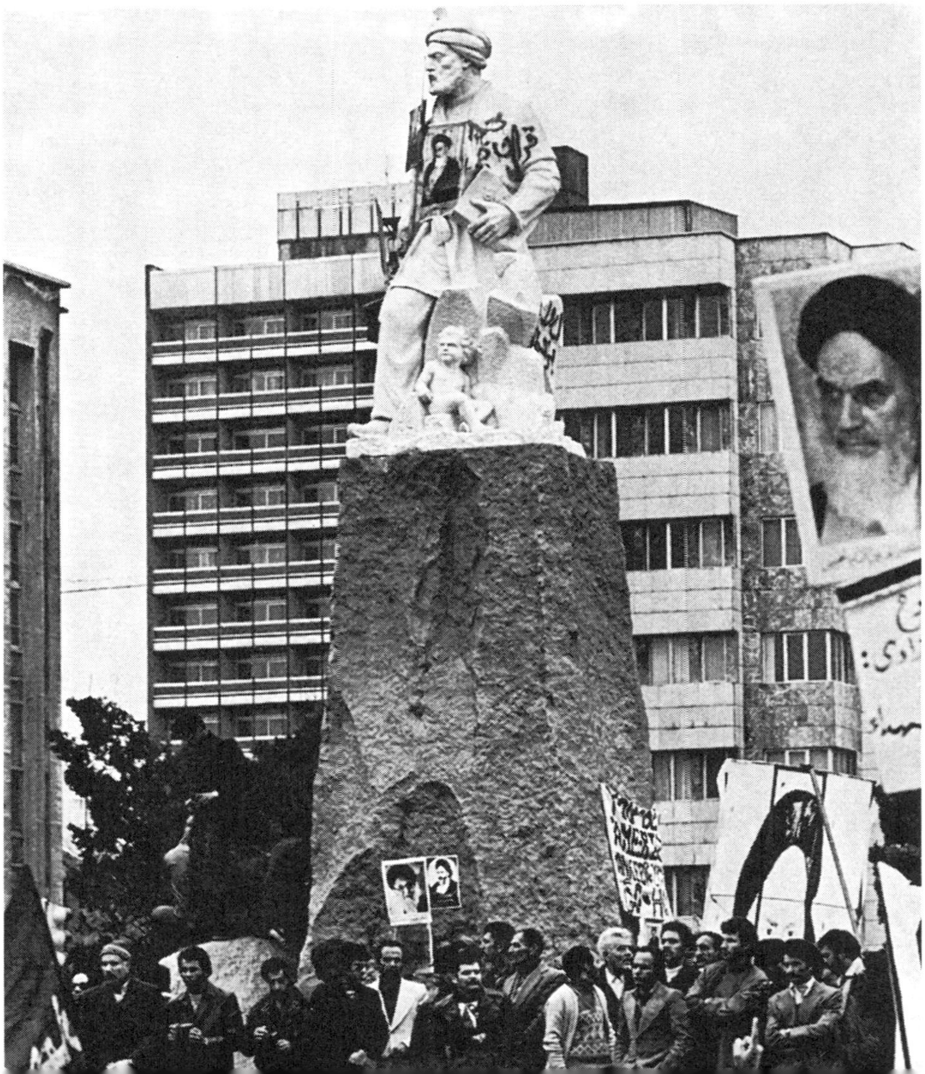

◄ ۳

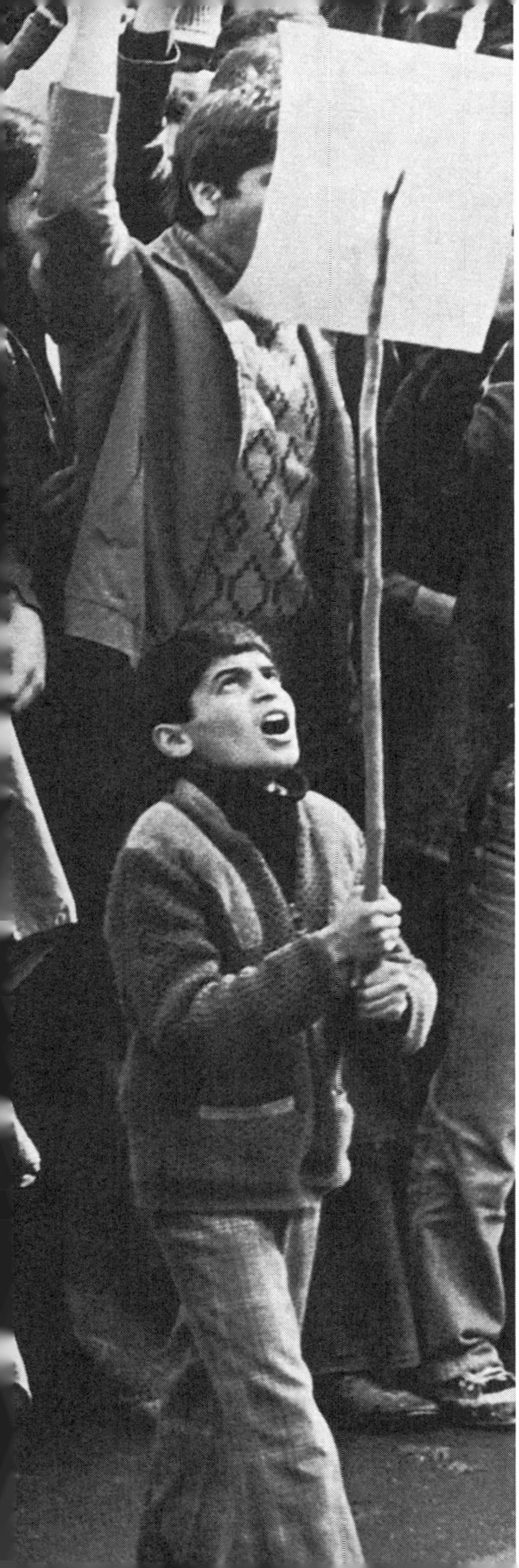

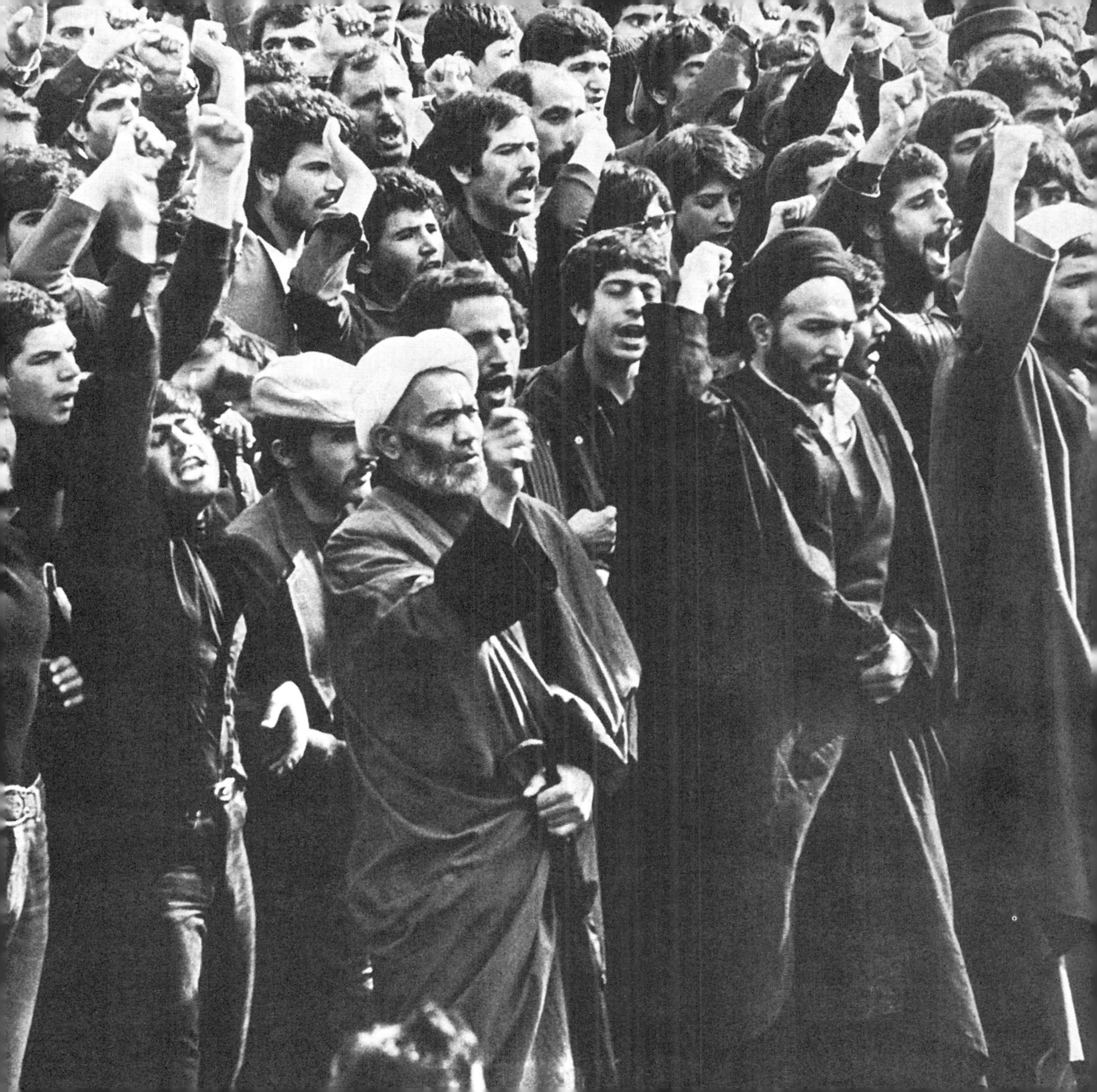

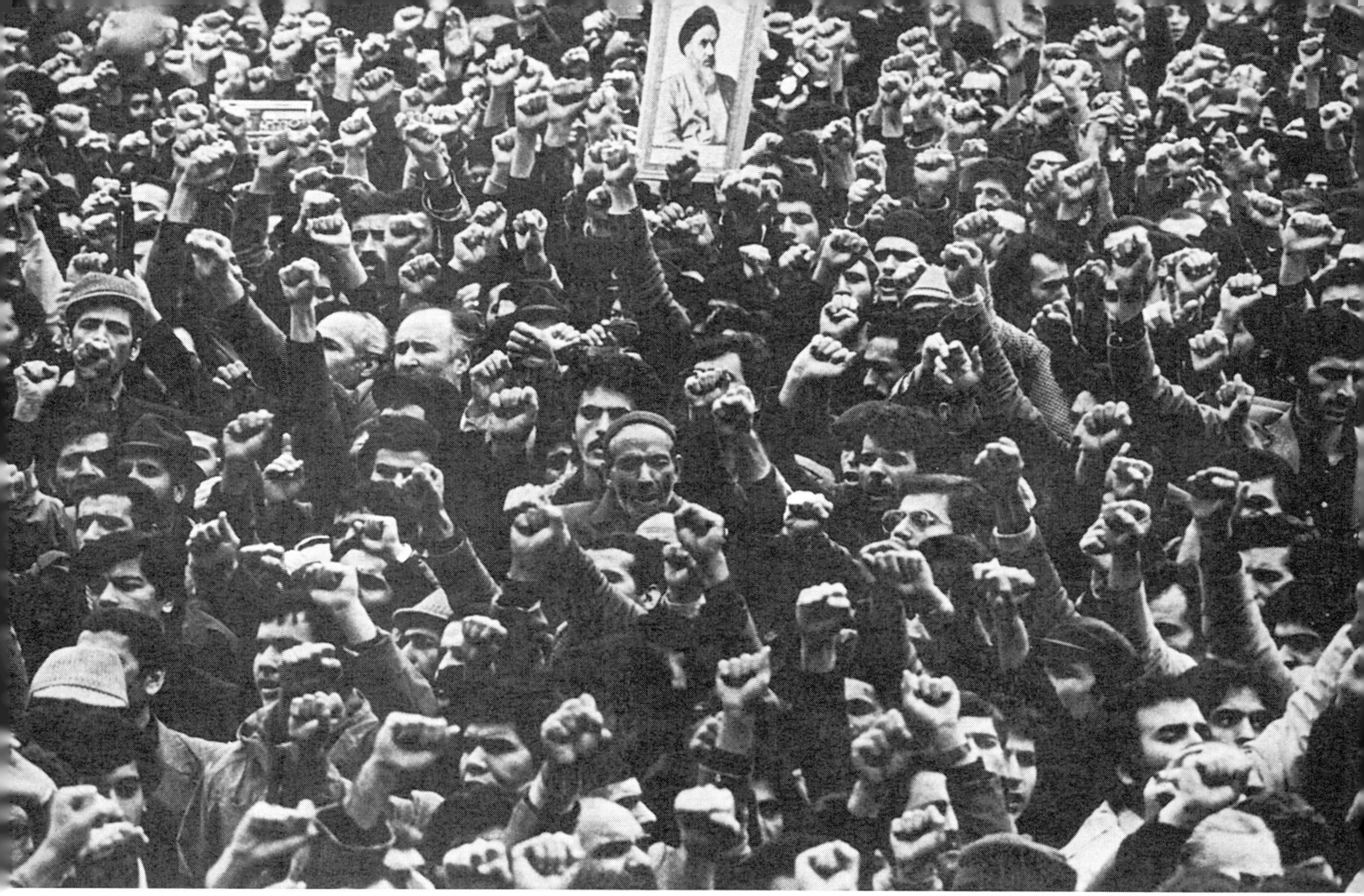

٤

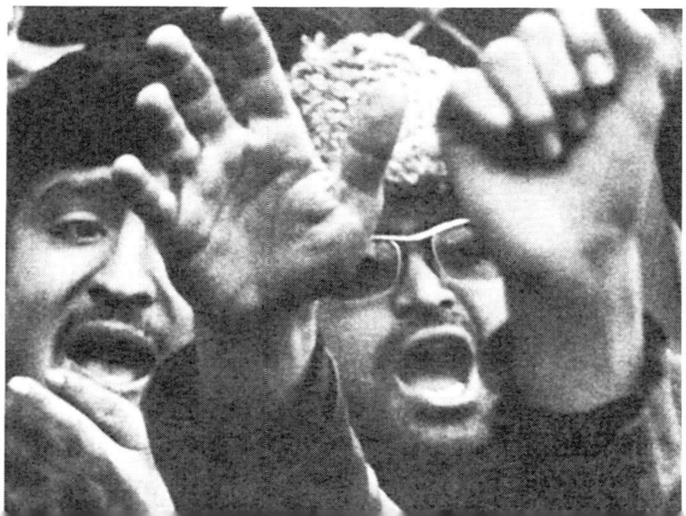

جمهوری اسلامی ، به گفتهٔ خمینی ،
ایجاد باید گردد
زندانی سیاسی ، به گفتهٔ خمینی ،
آزاد باید گردد
رژیم شاهنشهی ، به گفتهٔ خمینی ،
الغاء باید گردد
این شاه امریکایی ، به گفتهٔ خمینی ،
اعدام باید گردد

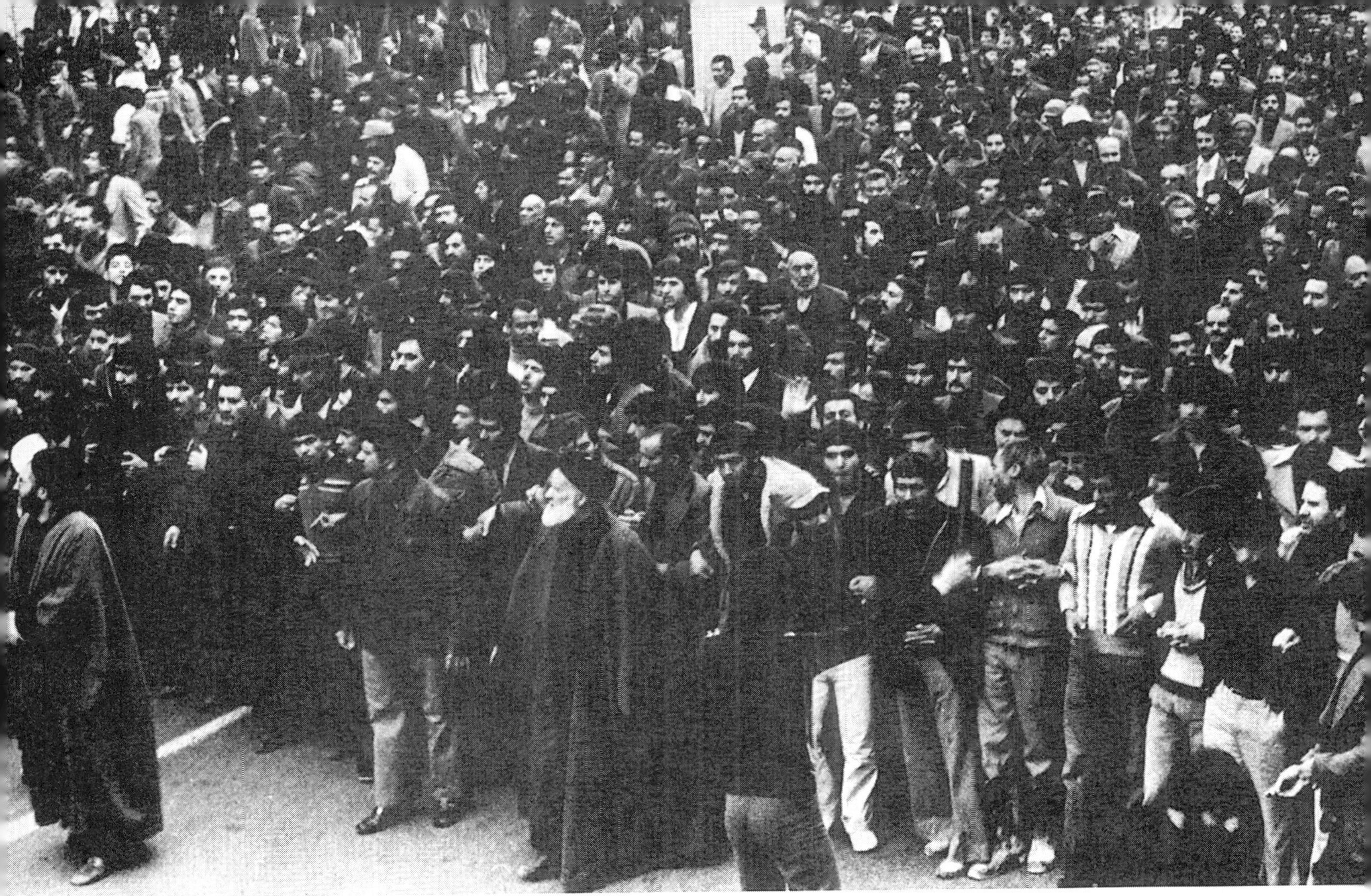

۱ـ سلطنت کنونی ایران با نقض مداوم قوانین اساسی و اعمال ظلم و ستم و ترویج فساد و تسلیم در برابر سیاستهای بیگانه فاقد پایگاه قانونی شرعی است.

۲ـ جنبش ملی اسلامی ایران نمی‌تواند باوجود بقاء نظام سلطنتی غیرقانونی با هیچ ترکیب حکومتی موافقت نماید.

۳ـ نظام حکومت ملی ایران باید براساس موازین اسلام و دموکراسی و استقلال به وسیلهٔ مراجعه به آراء عمومی تعیین گردد.

بیانیهٔ دکتر کریم سنجابی، رهبر جبههٔ ملی به‌تاریخ ۱۴ آبان ۱۳۵۷ / ٤ ذیقعدهٔ ۱۳۹۸، پاریس

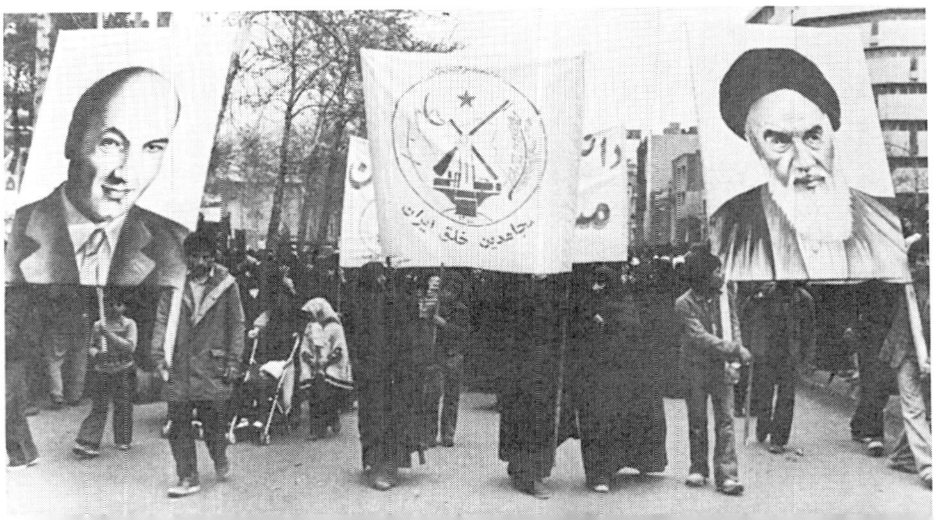

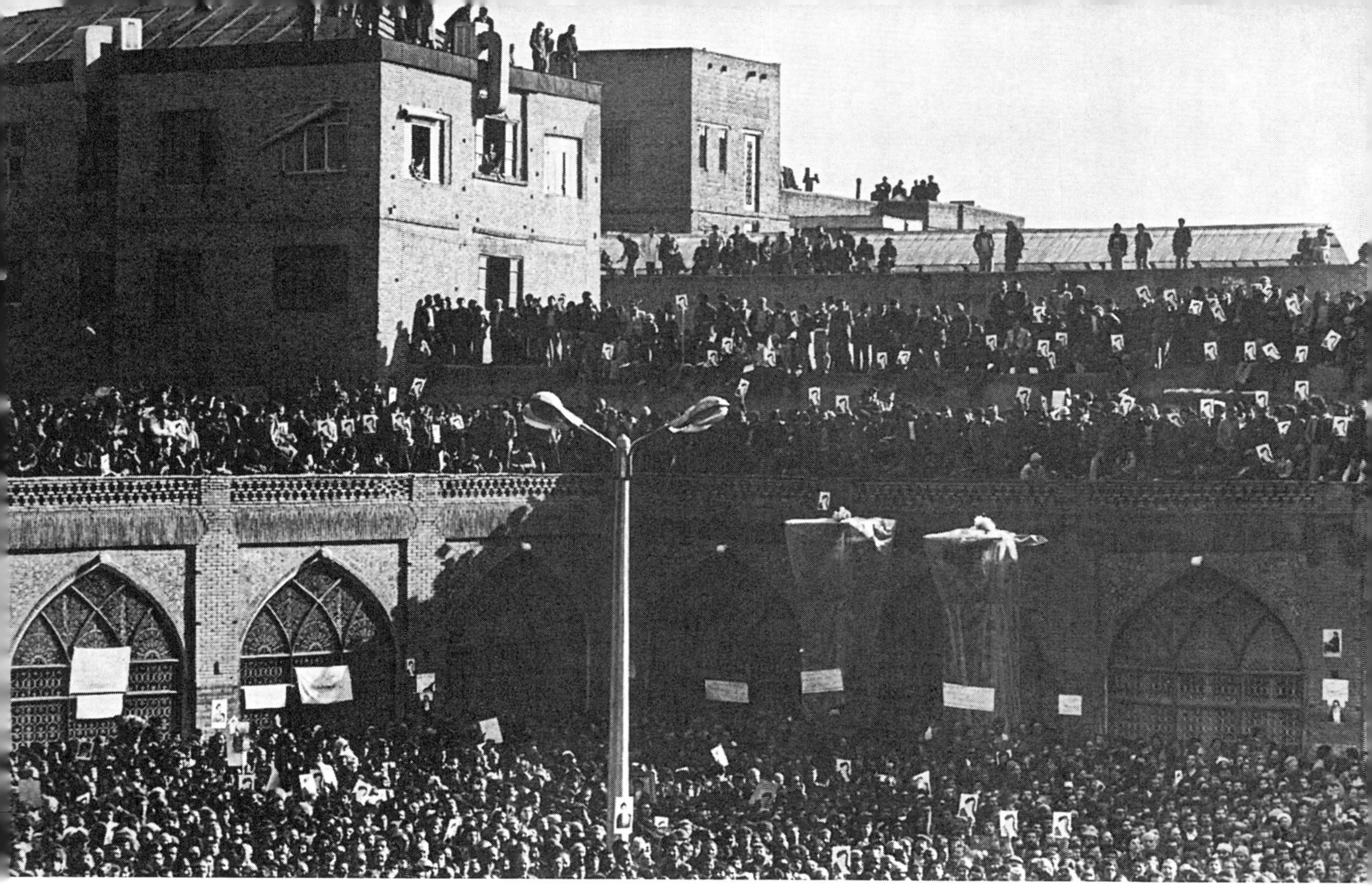

▲ ۸

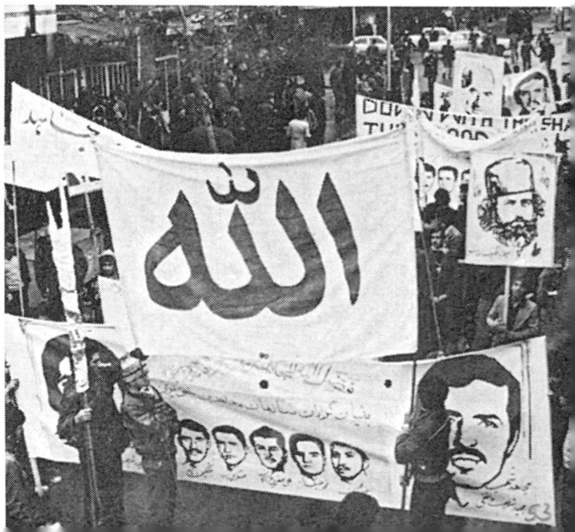

۹ ▶

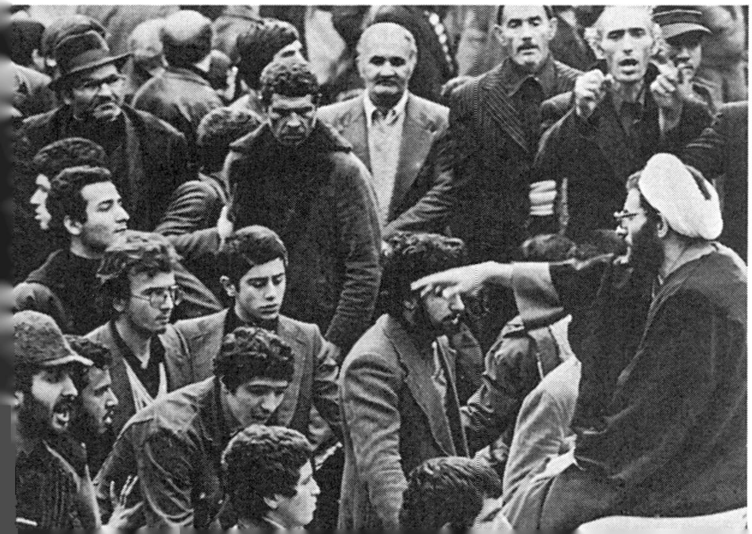

◀ ۱۰

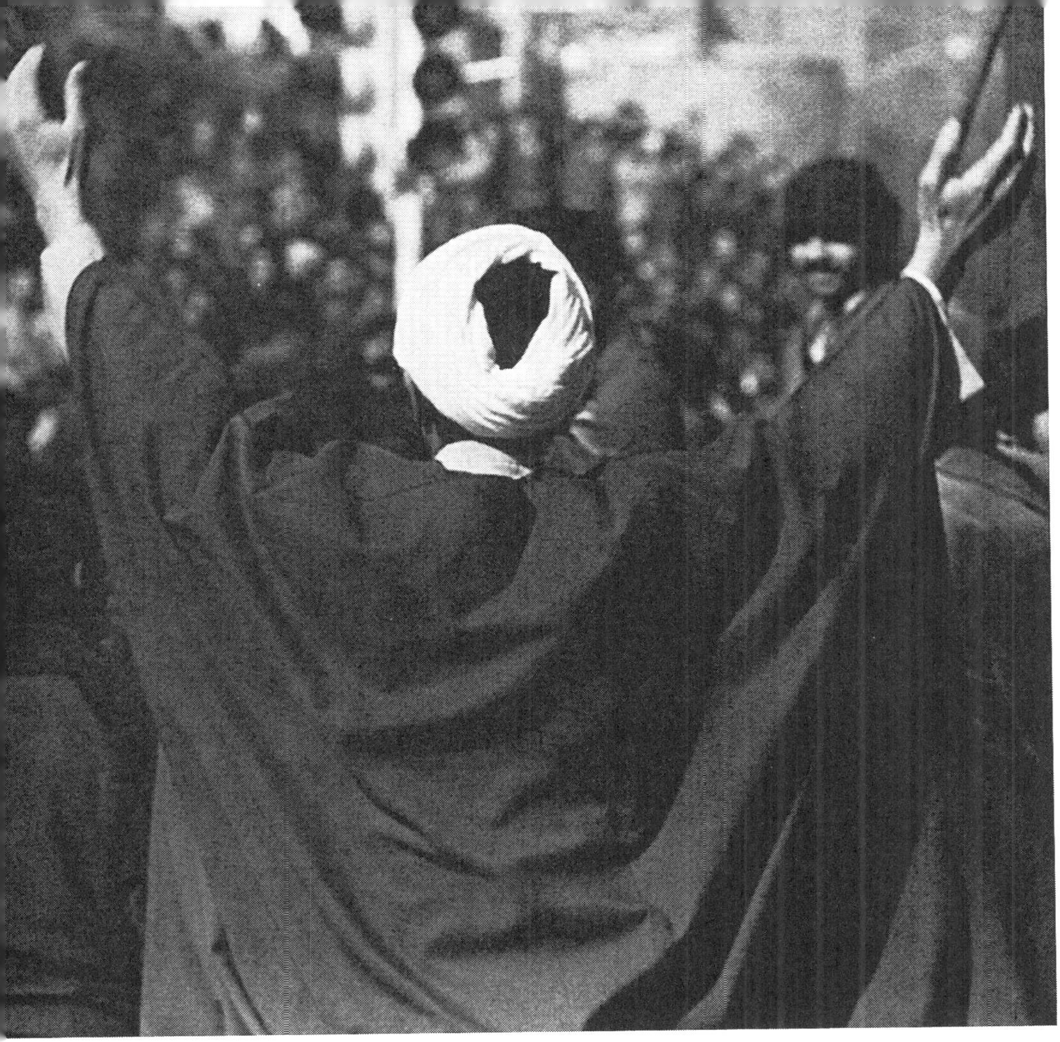

الله اکبر الله اکبر
خمینی رهبر
خمینی رهبر

● جوانان عزیز حوزه‌های علمیه، دانشگاهها و مدارس و دانشسراها و نویسندگان محترم مطبوعات، کارگران و کشاورزان محروم و بازاریان و اصناف مبارز و آگاه و کارمندان محترم و سایر اقشار از ایلات و عشایر غیور گرفته تا چادرنشینان و زاغه‌مسکنان محروم همه و همه همصدا و پشت به پشت هم به سوی هدف مقدس اسلام یعنی برچیده شدن سلسلهٔ پهلوی و هدم نظام منحط شاهنشاهی و برقراری جمهوری اسلامی مبتنی بر احکام مترقی اسلام به پیش که پیروزی از آن ملت به‌پا خاسته است....

از پیام امام خمینی به‌مناسبت فرارسیدن ماه محرم به‌تاریخ اول‌آذر ۲۱/۱۳۵۷ ذی‌الحجهٔ ۱۳۹۸، پاریس

۱۱▲

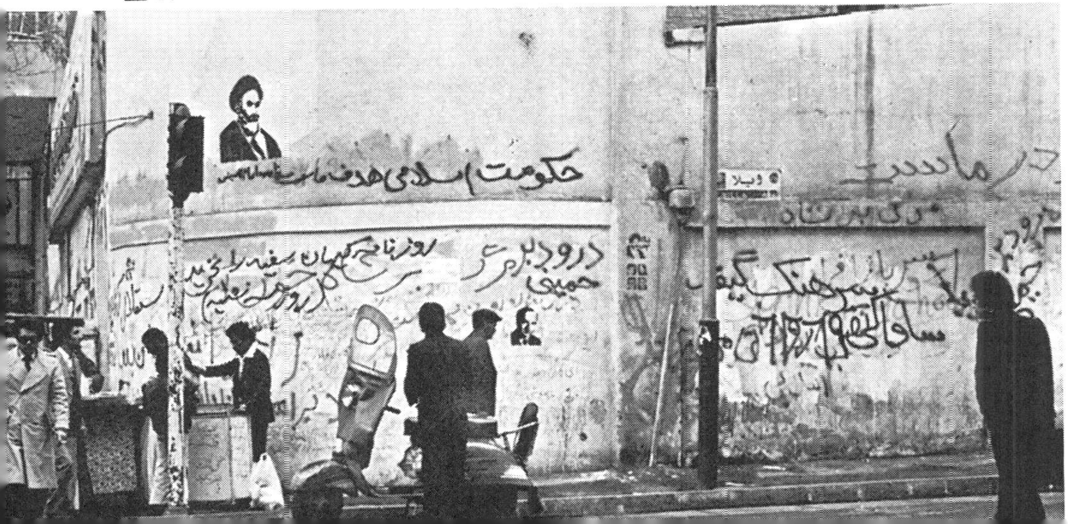

۱۲◄

لحظه به لحظه گویم
زیر شکنجه گویم
یا مرگ یا خمینی

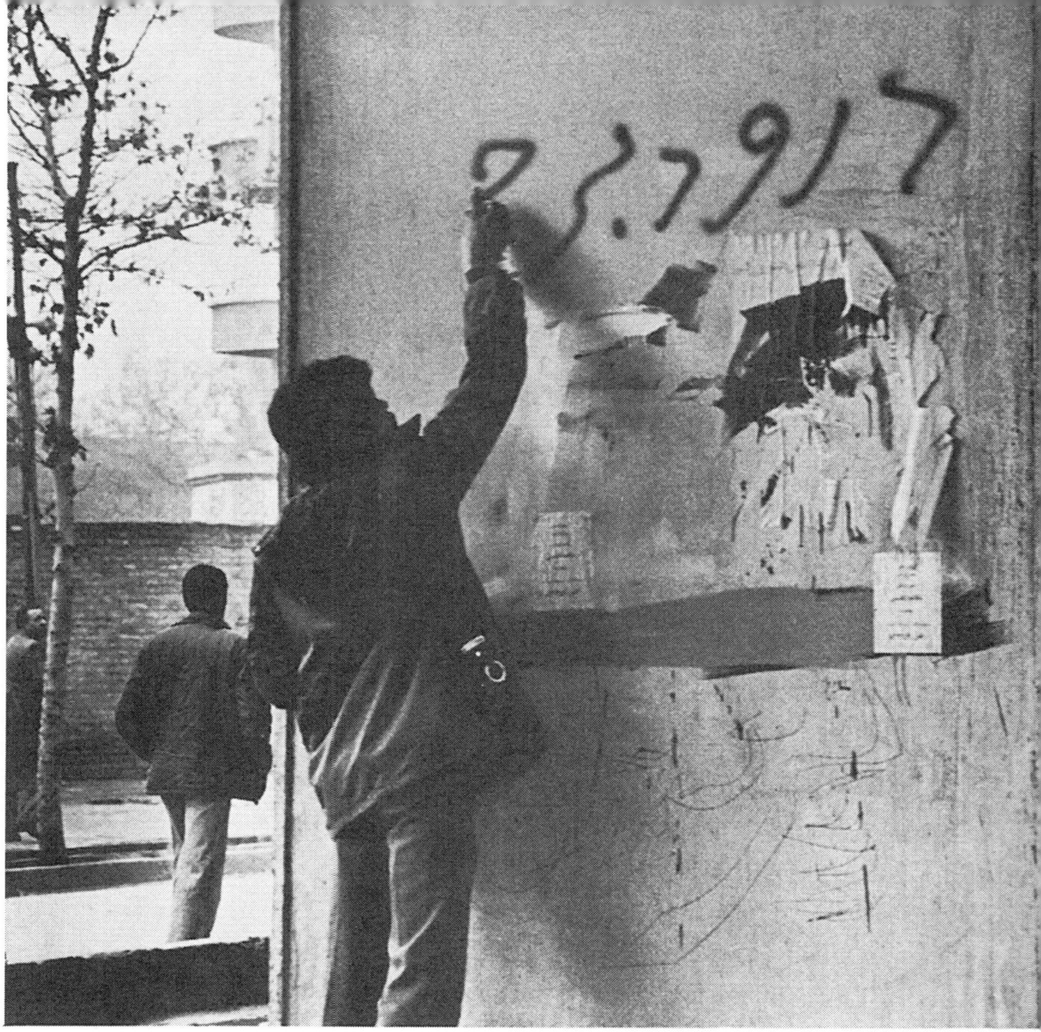

۱۳▶

◀۱۵

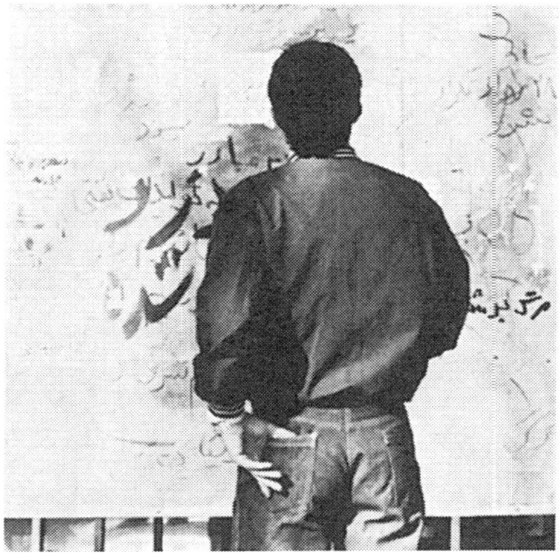

ایران کشور ماست
خمینی رهبرماست

۱۴▶

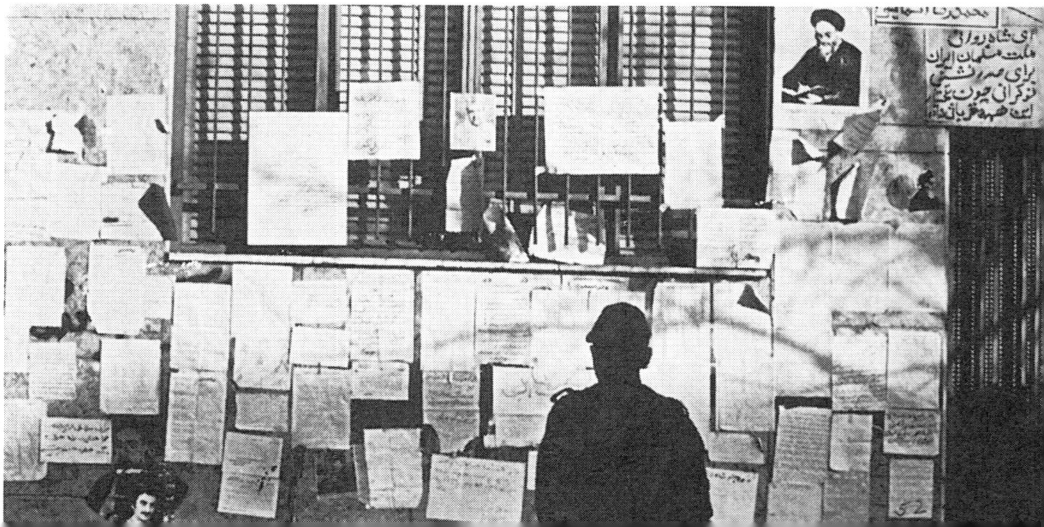

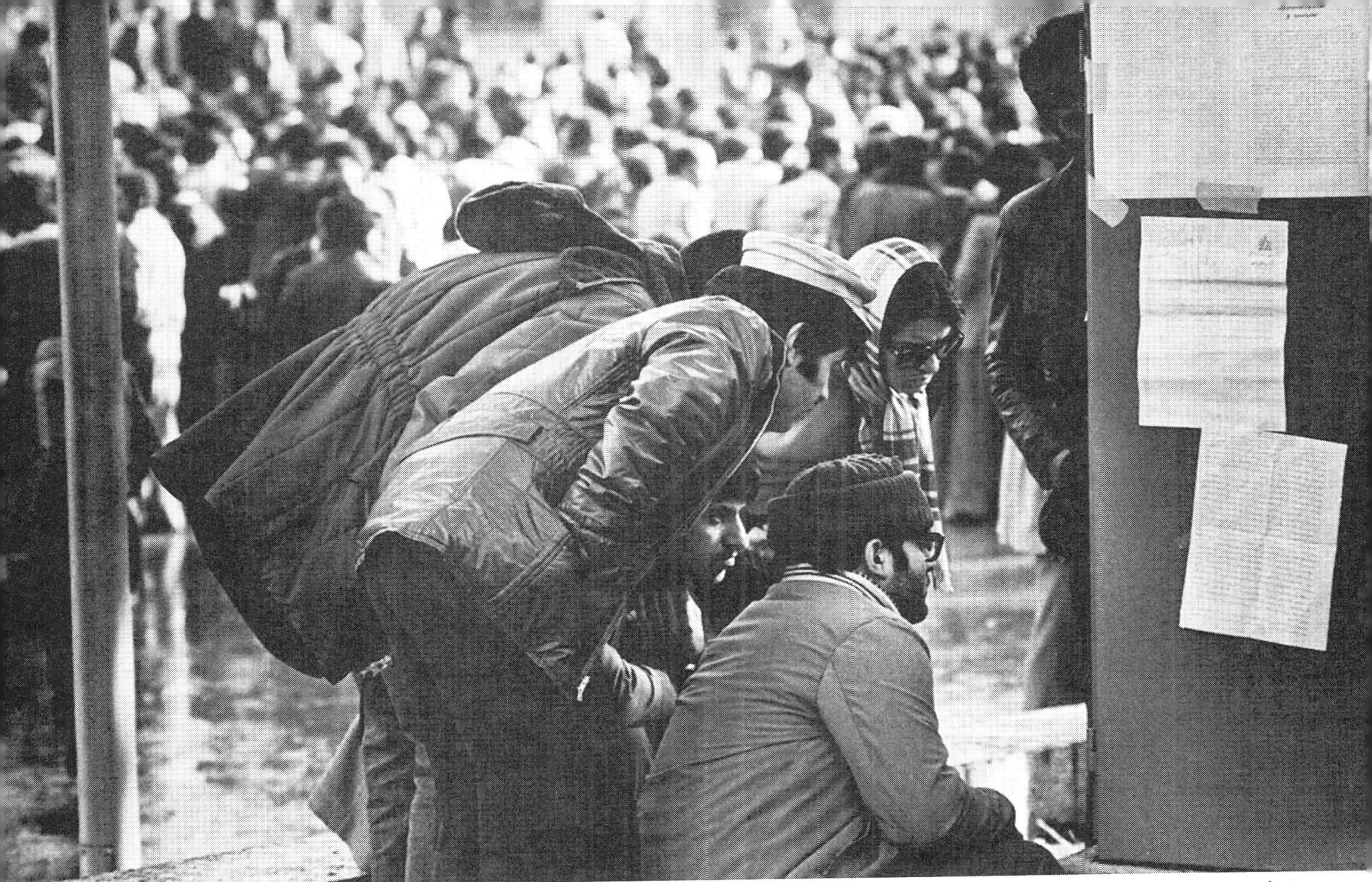

▲۱۶

▼۱۷

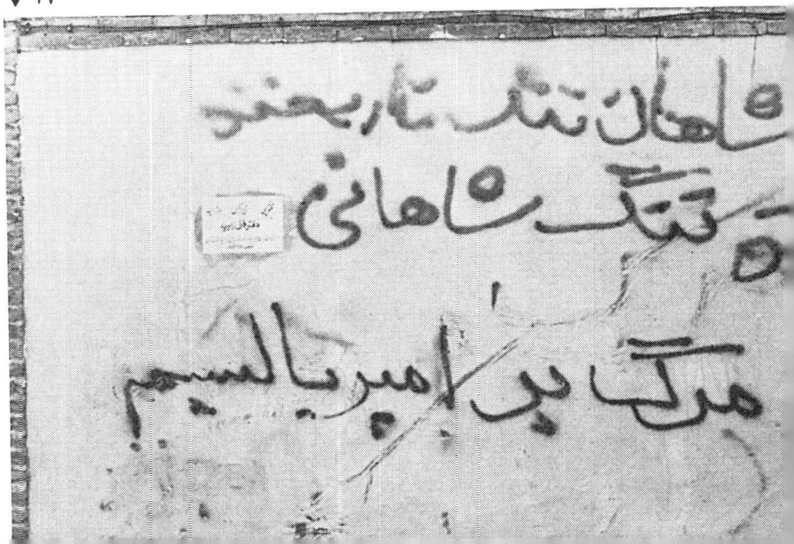

▼۱۸

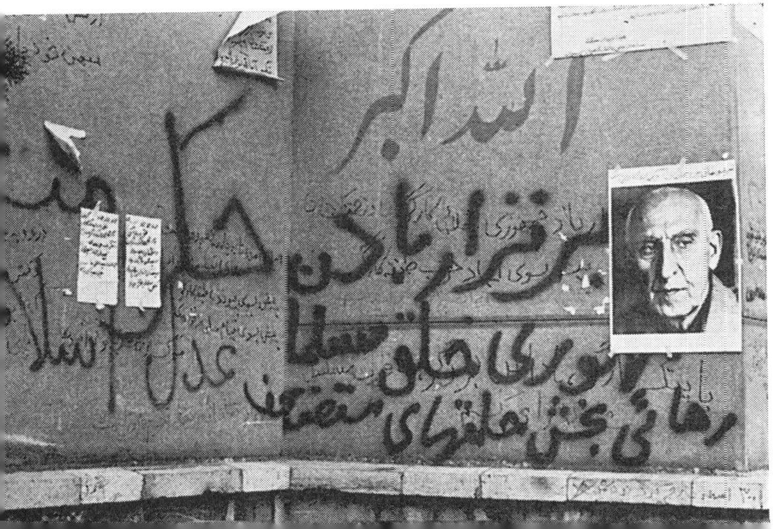

سکوت هر مسلمان خیانت است به قرآن

● اکنون که ماه محرم چون شمشیری الهی در دست سربازان اسلام و روحانیون معظم و خطبای محترم و شیعیان عالیمقام سیدالشهداء (علیه‌الصلوة والسلام) است باید حداعلای استفاده از آن را بنمایند و با اتکاء به قدرت الهی ریشه‌های باقیماندهٔ این درخت ستمکاری و خیانت را قطع نمایند که ماه محرم ماه شکست قدرتهای یزیدی و حیله‌های شیطانی است....

● برعموم ملت به‌پاخاسته است که با تمام قدرت مخالفت خود را با شاه گسترش و ادامه دهند و او را از سلطهٔ خطرناکش به زیر کشند. دولت نظامی، دولت یاغی و برخلاف قانون و شرع است و برعموم است که با آن مخالفت کنند و از اعانت به آن احتراز نمایند. و از دادن مالیات و آنچه به این دستگاه ظلم و طغیان کمك می‌کند سرپیچی نمایند. و بر کارمندان و کارکنان شرکت نفت است که از خروج این ثروت حیاتبخش جلوگیری نمایند. آیا کارگران و کارمندان می‌دانند که اسلحه‌ای که سینهٔ جوانان ما را می‌شکافد و زنان و مردان ما را به خاك و خون می‌کشد از پول همین نفتی است که با زحمت جانفرسای آنان خارج می‌شود؟

از پیام امام خمینی به‌مناسبت فرارسیدن ماه محرم به‌تاریخ‌اول‌آذر ۲۱/۱۳۵۷ ذی‌الحجهٔ ۱۳۹۸، پاریس

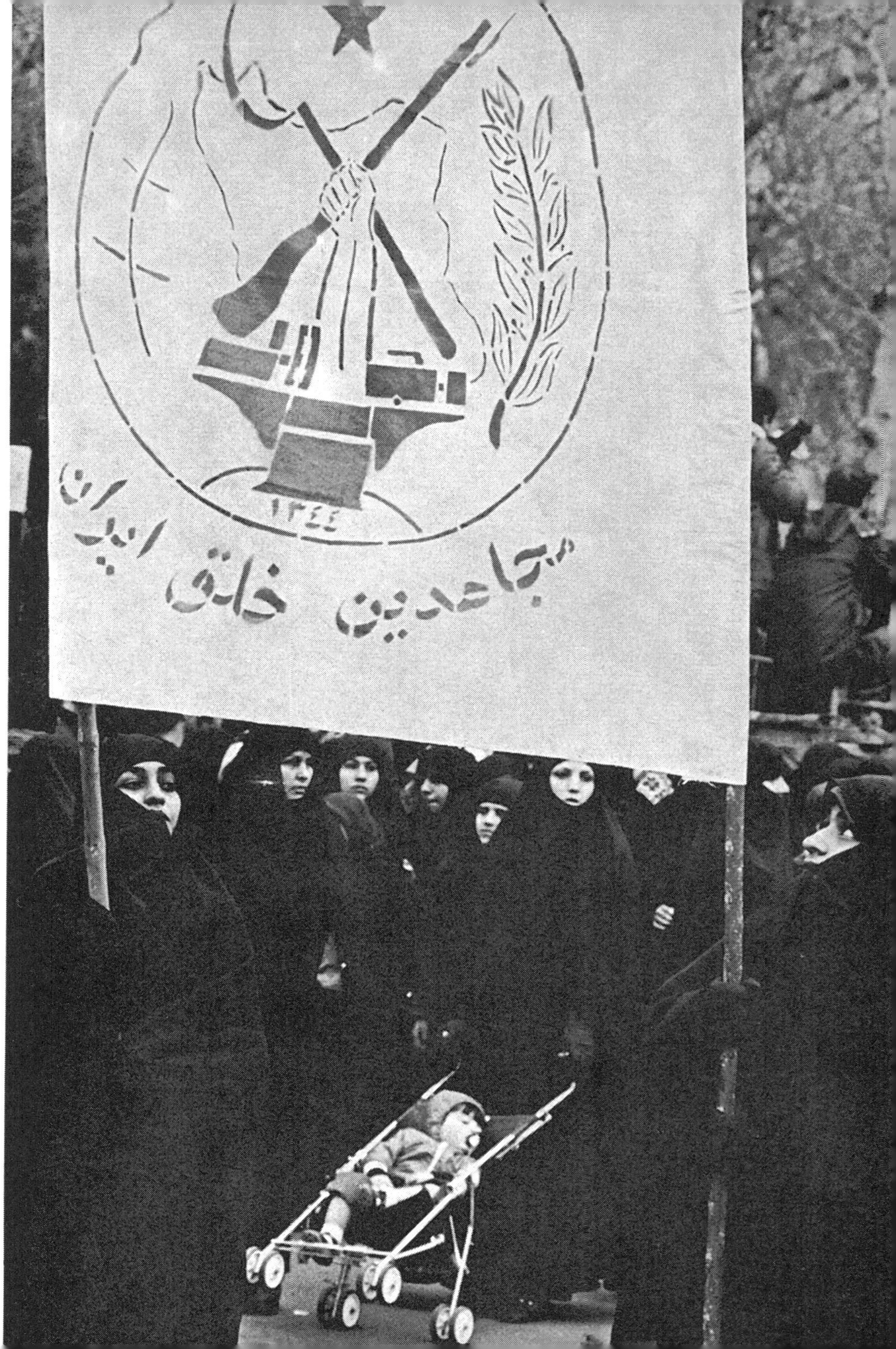

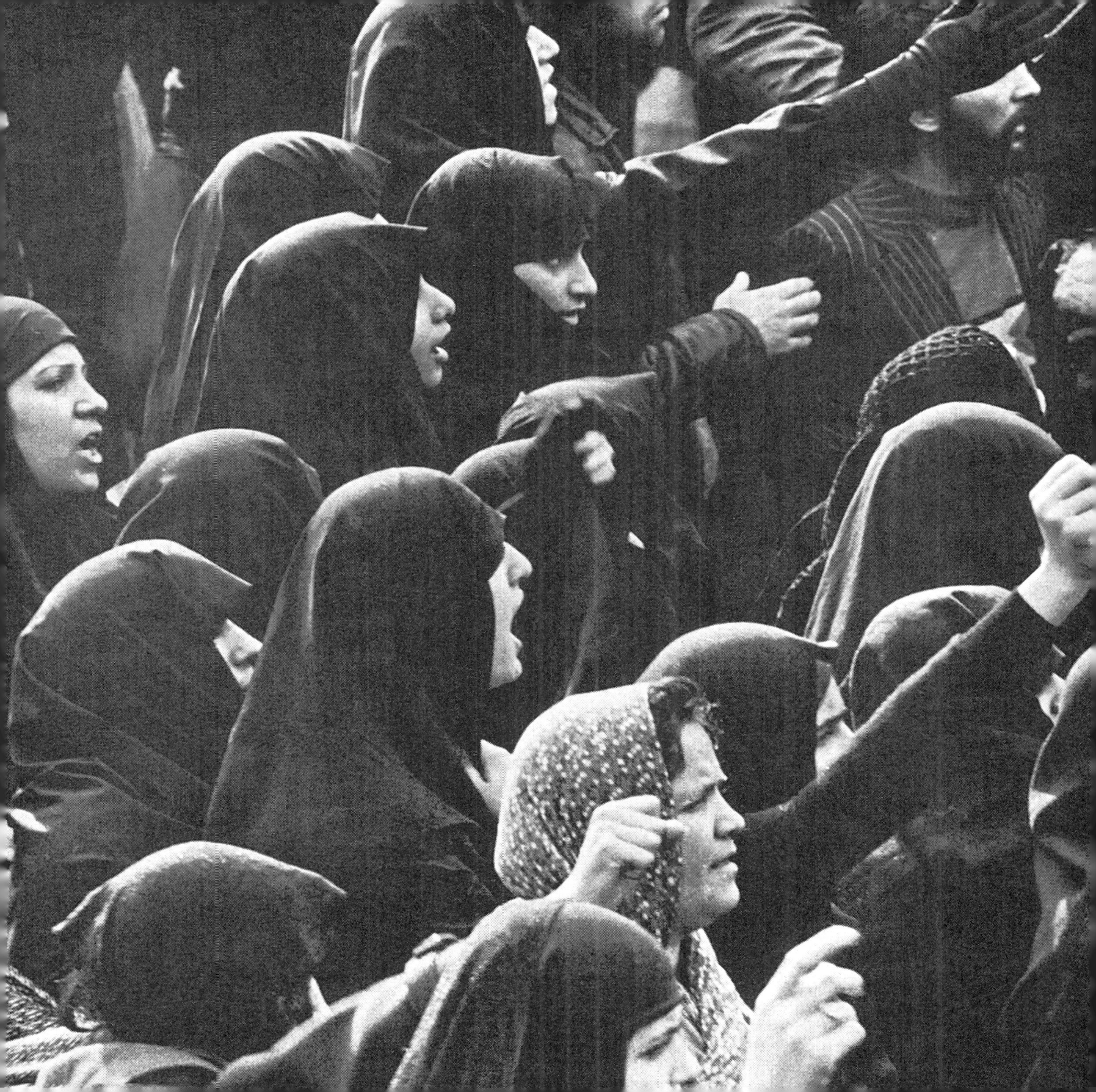

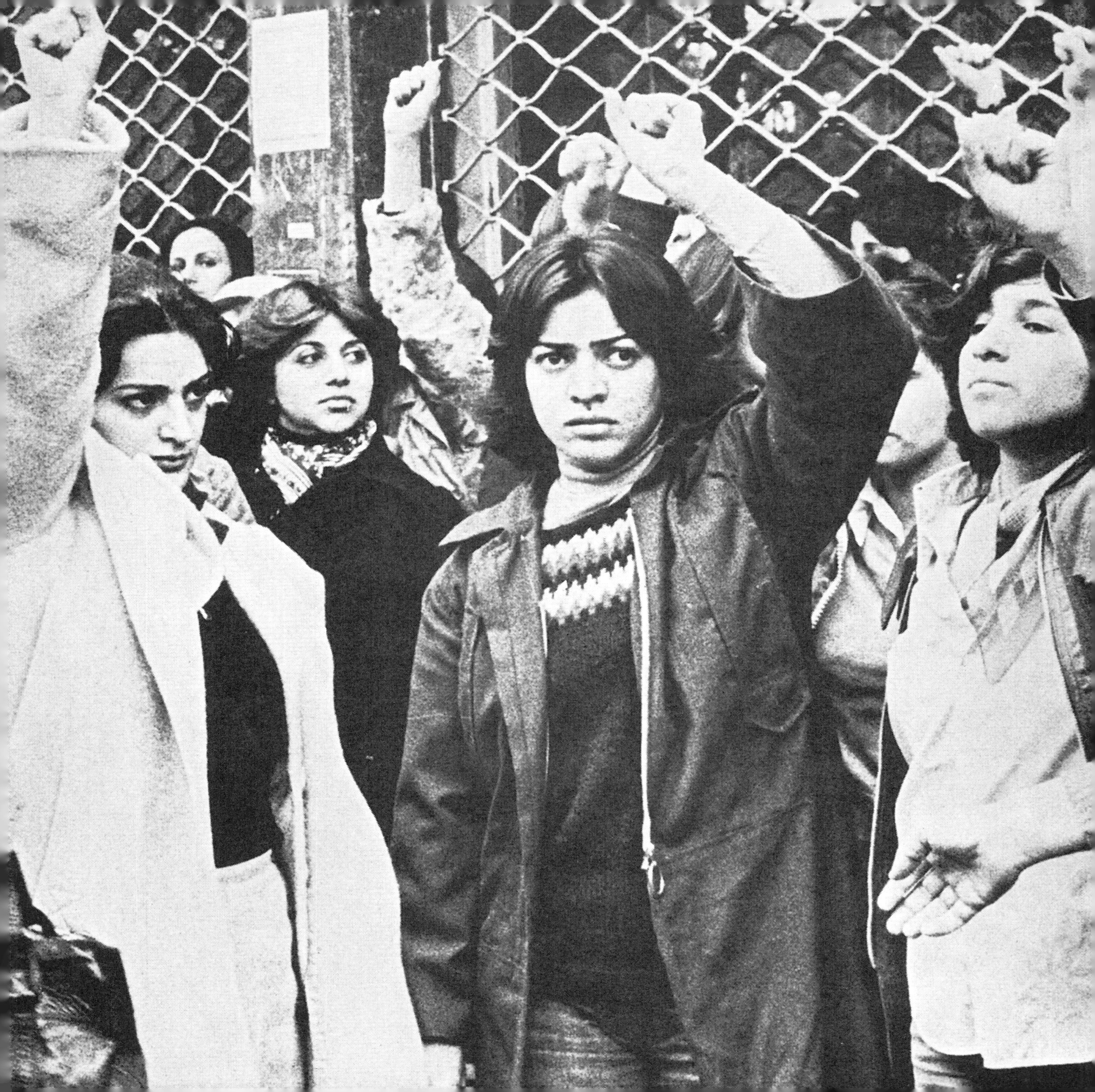

تا شاه کفن نشود
این وطن وطن نشود

● تا زمانی که جنبش انقلابی ملت ایران به رهبری امام خمینی ارادهٔ خود را مبنی بر محو کامل امپریالیسم و رژیم دیکتاتوری و تشکیل یك حکومت برخاسته از میان ملت به انجام نرساند، کارکنان سازمانهای دولتی و ملی همگام با سایر قشرهای ملت ایران به حرکت انقلابی خود ادامه می‌دهند....

از اطلاعیهٔ شورای مرکزی هماهنگی سازمانهای دولتی و ملی ایران
به‌تاریخ ۱۷ دی ۱۳۵۷ / ۸ صفر ۱۳۹۹ ۲۱◀

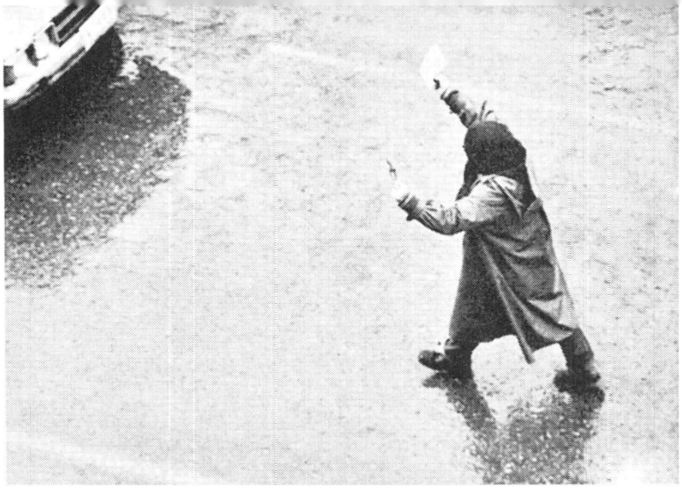

▼ ۲۲

▲۲۳

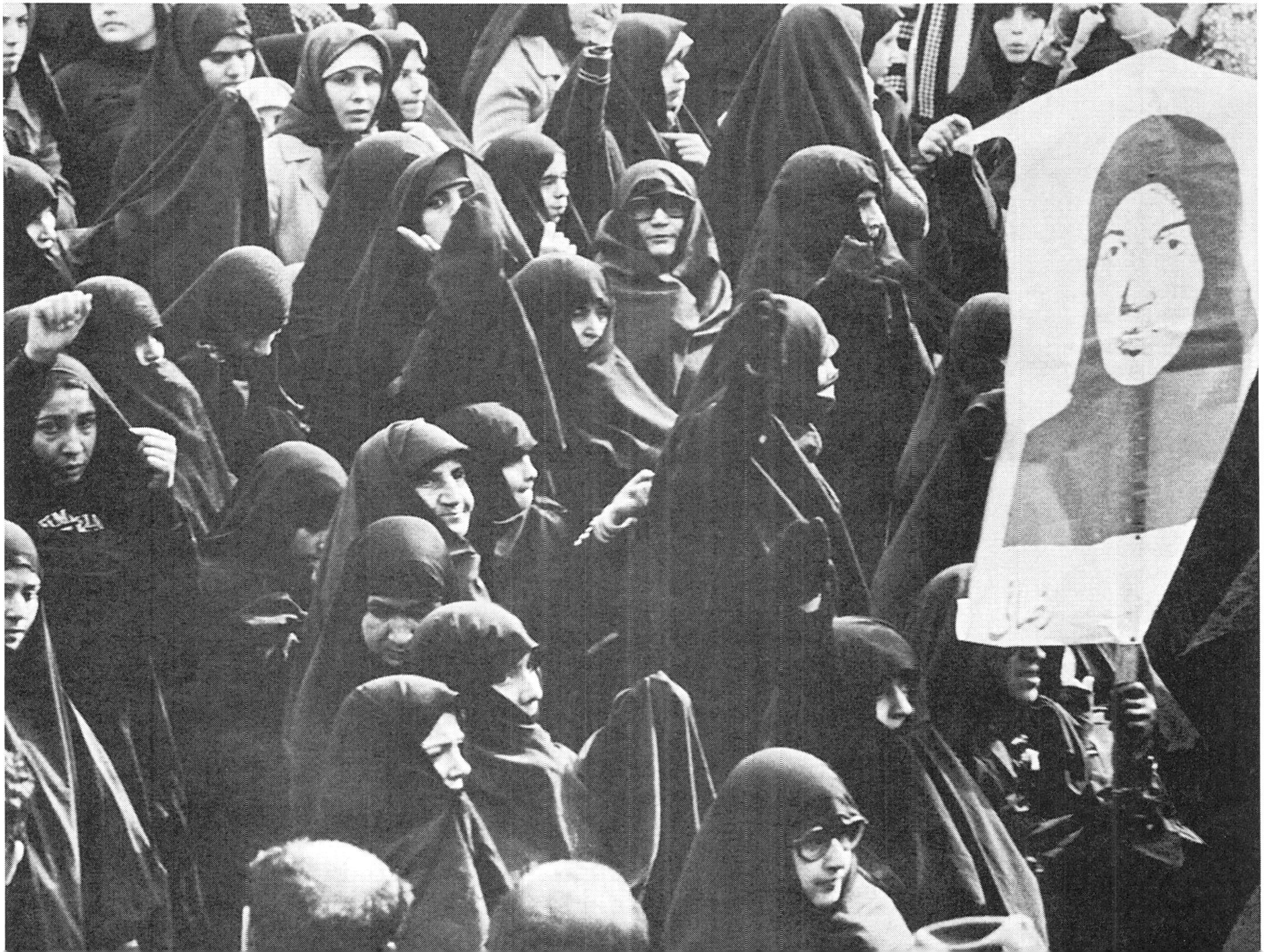

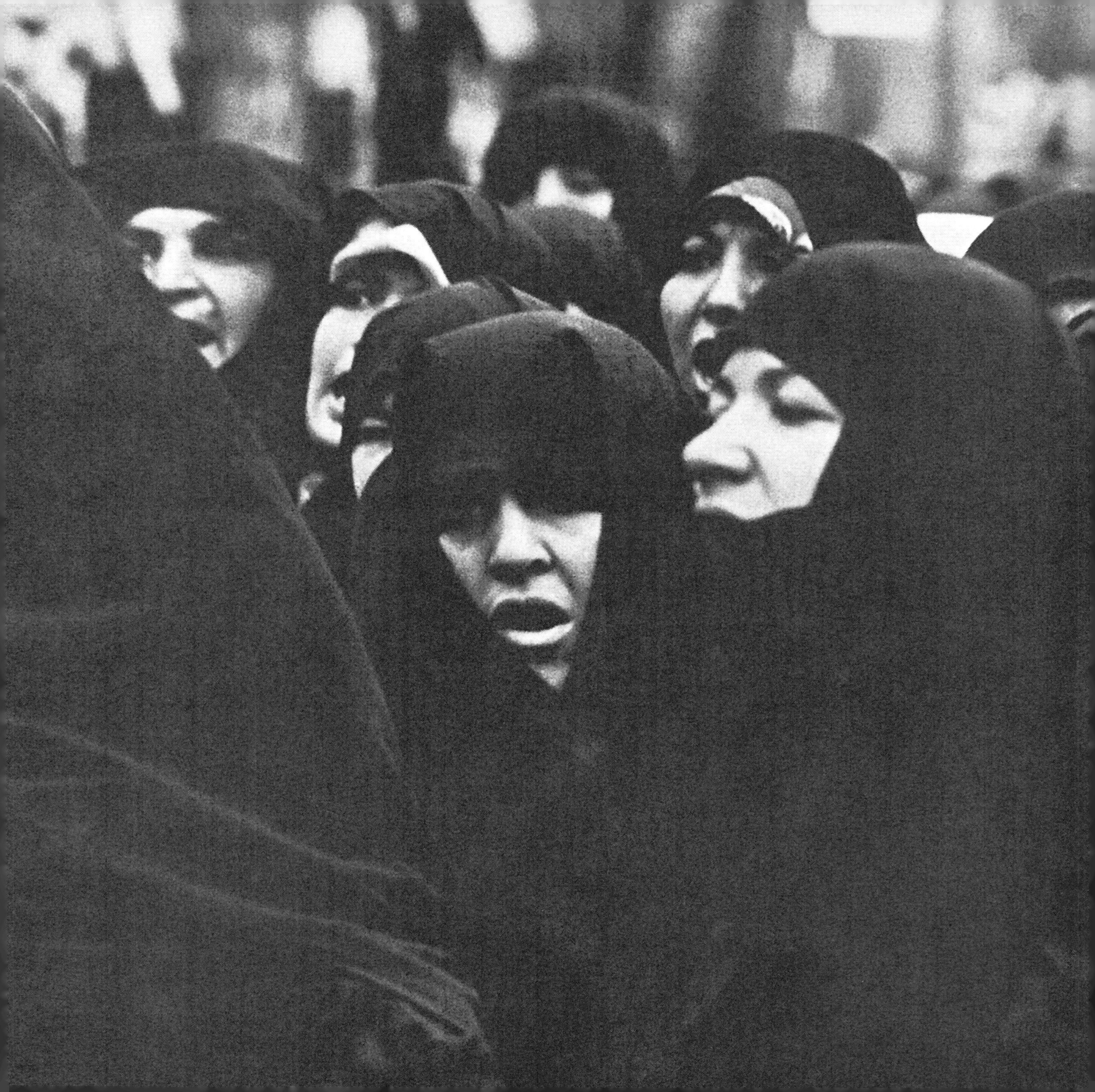

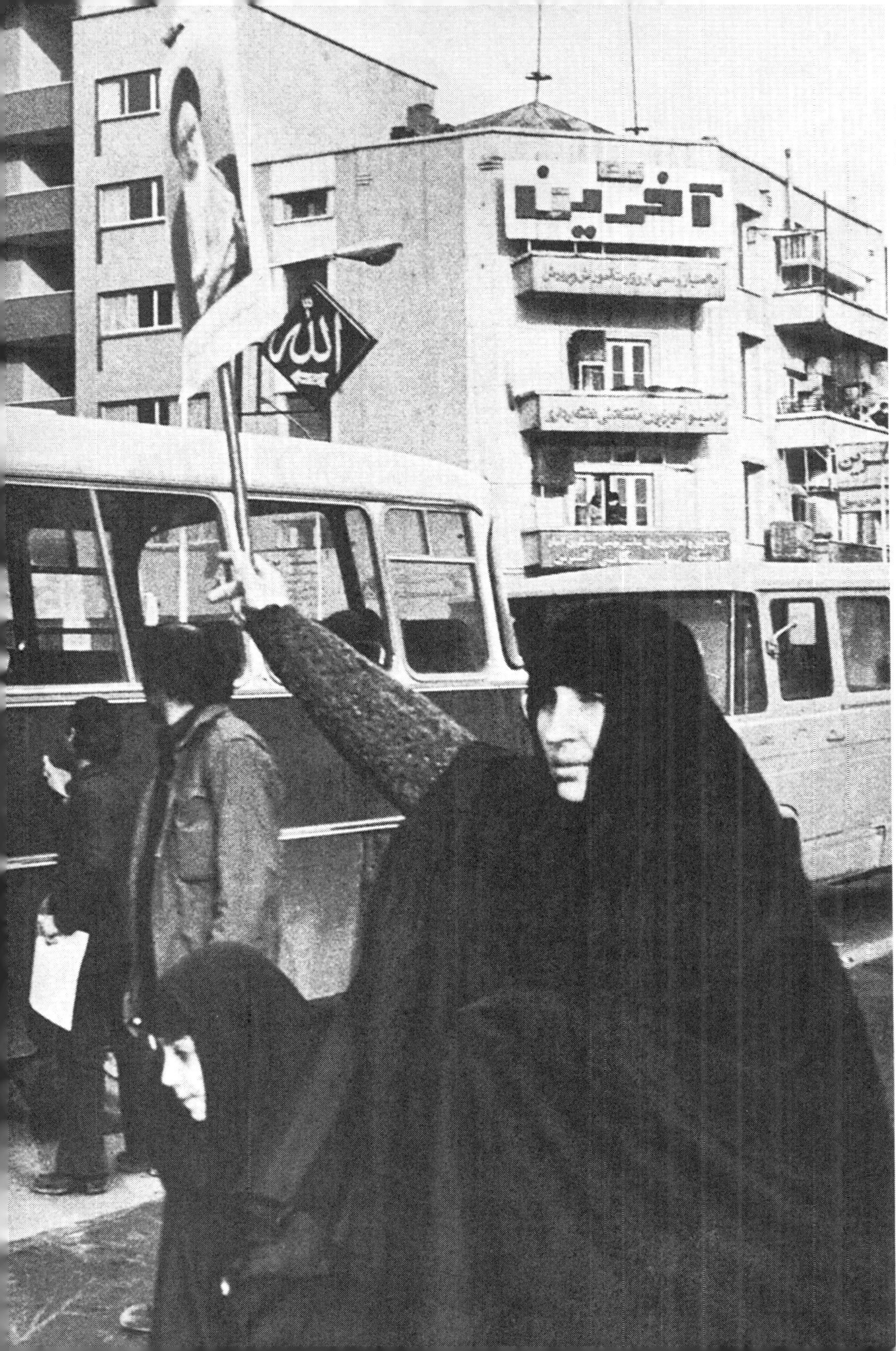

▲ ۲۴

۲۵ ▼

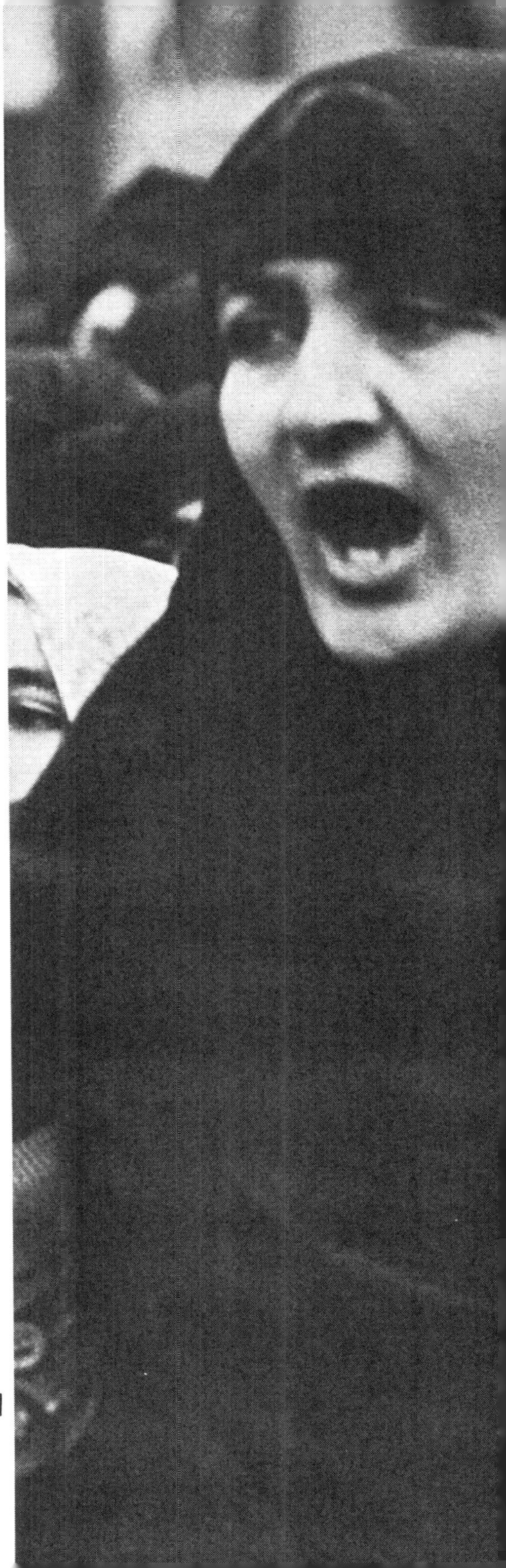

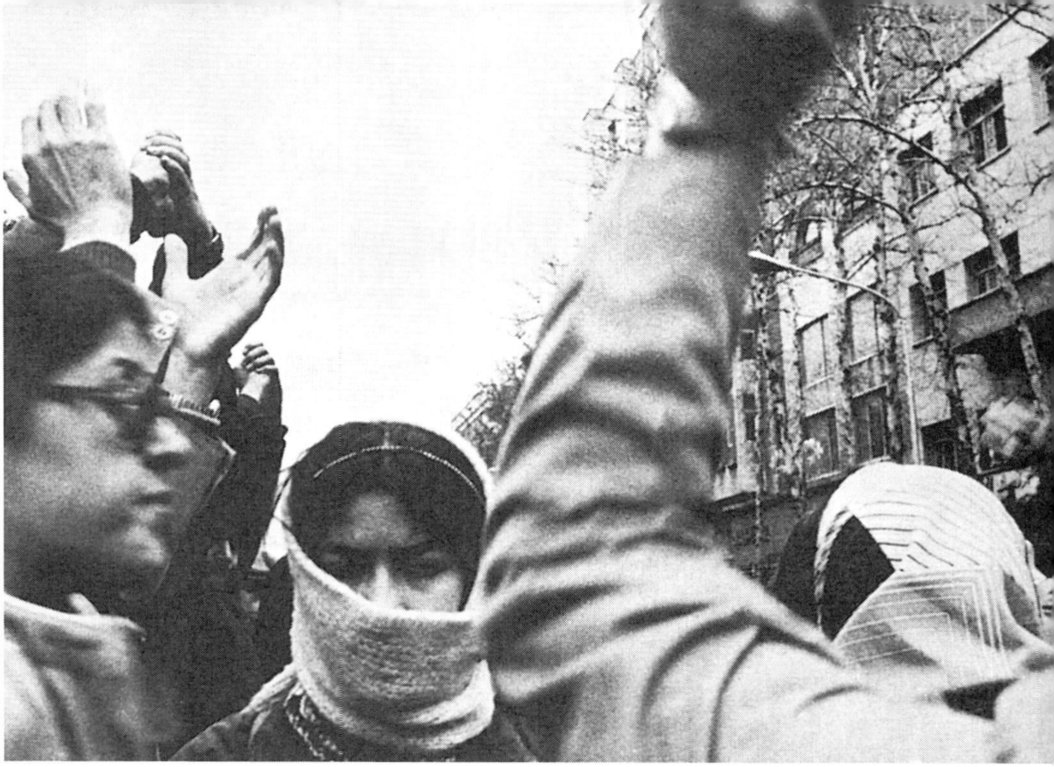

▲۲۶

▼۲۷

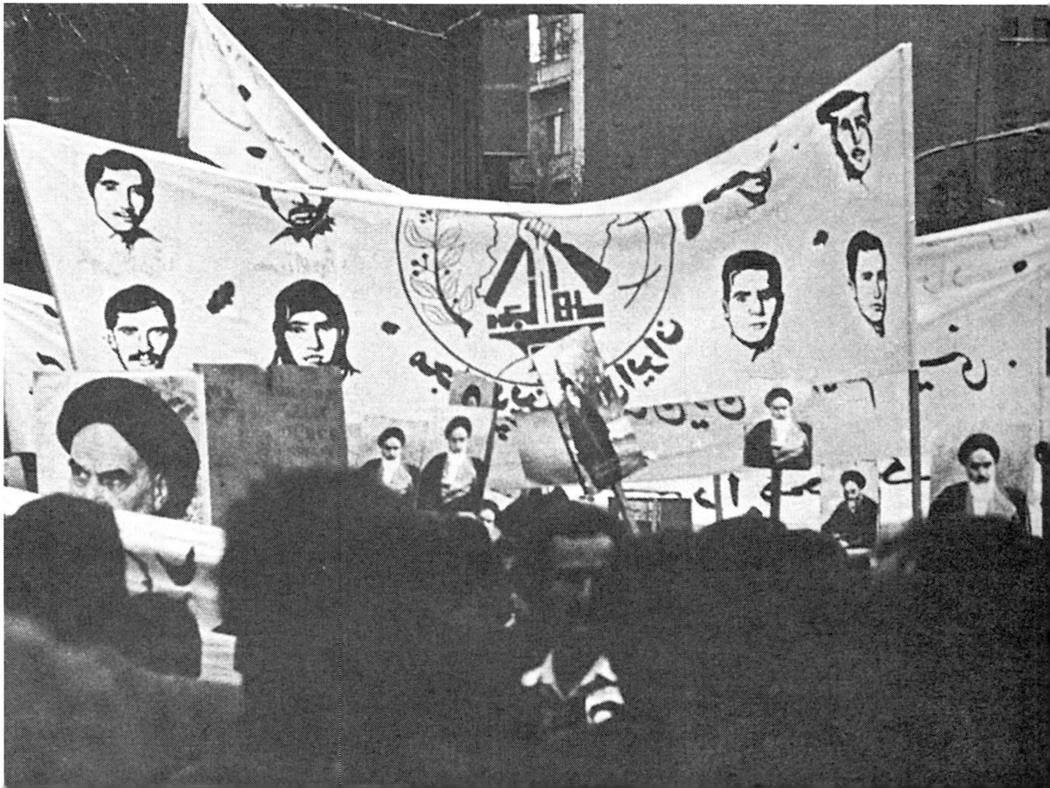

● این اعتصابات پرارج اگرچه پرزحمت است لکن در پیشبرد هدفهای انسانی ملت نقش مهمی دارد، اعتصابات بزرگ خود را هرچه بیشتر ادامه دهید، دستگاه این خائنین یاغی را فلج کنید. اعانت به این خائنان حرام و مخالف رضای خداست و اطاعت از آنان به هر عنوان ضدیت با اسلام و خدای اسلام است. اعتصاب شرکت نفت و جلوگیری از هدر دادن مال عظیم ملت اطاعت خداست....

از پیام امام خمینی برای ادامهٔ مبارزه
به‌تاریخ ۱۲ آذر ۱۳۵۷ / دوم محرم ۱۳۹۹، پاریس

● درود بر کارگران و کارمندانی که با قهر اعتصابی خود رژیم را هراسان کردند بخصوص کارگران و کارمندان باشرف شرکت نفت که غارتگران و دشمنان نفتخوار اسلام و ایران را گیج کرده‌اند.... درود به کارگران و کارمندان نیرومند آب و برق، دارایی، گمرکات، مخابرات، سازمان برنامه و بودجه، بانك مرکزی، قضات باشرف و مسئول دادگستری....

از پیام آیت‌الله طالقانی
به‌تاریخ ۲۵ آذر ۱۳۵۷ / ۱۵ محرم ۱۳۹۹

◄۲۸

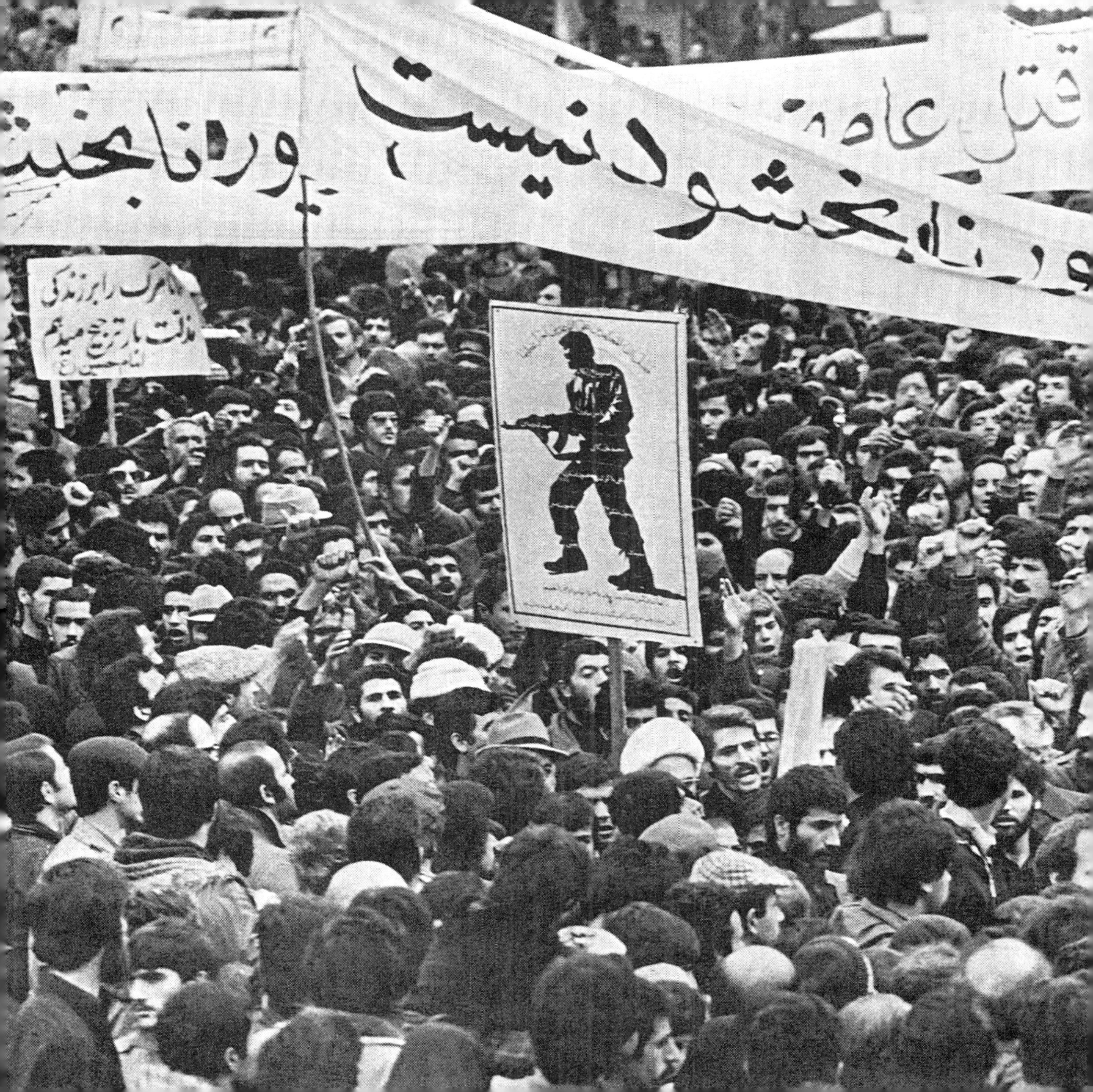
قتل عام
مرگ را بر زندگی
با ذلت ترجیح میدهم

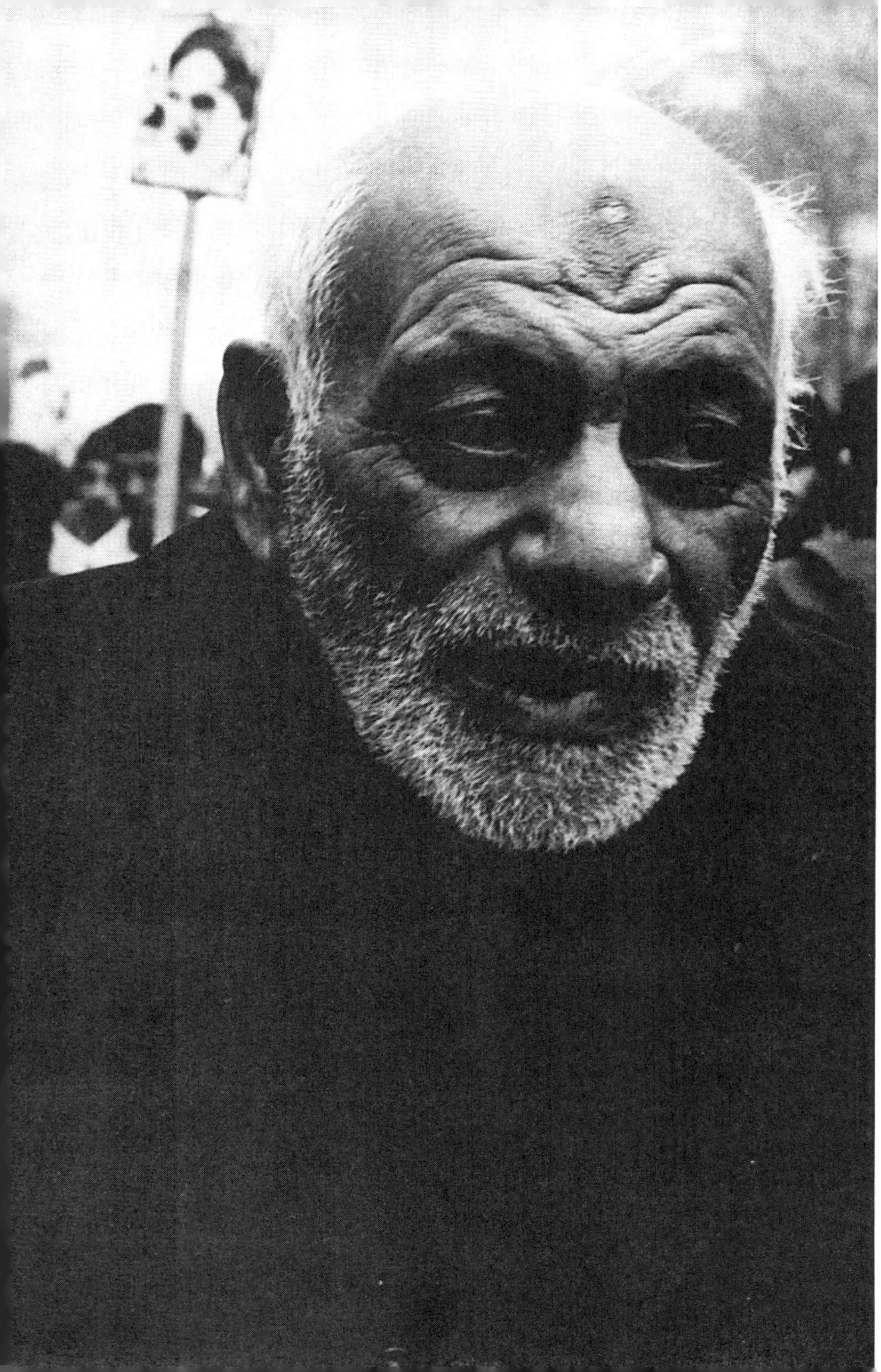

حزب فقط حزب الله
رهبر فقط روح الله

نهضت ما حسینی است
رهبر ما خمینی است

◀۳۰ ▼۲۹

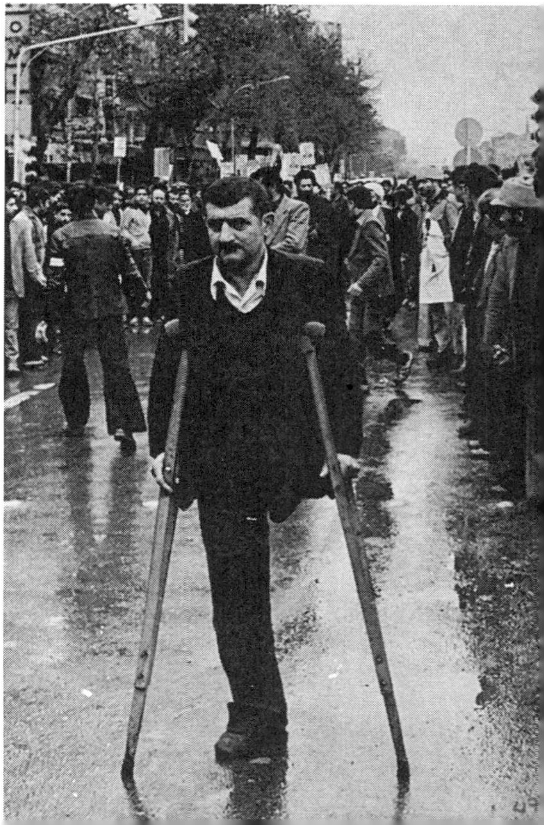

● گرچه این پایداری و مقاومت مردم مسلمان چنان شورانگیز و حماسه‌آفرین است که مسلمانها و حتی شرق تحقیر شده را می‌رود که از خواب قرون و اعصار برانگیزاند و به خویشتن خویششان بازگرداند ولی نالهٔ مادران، ضجهٔ فرزندان و صحنه‌های خون‌آلود خیابانها و این محشر کبرای بهشت‌زهرا بالاخره باید پایانی داشته باشد....

از اعلامیهٔ آیت‌الله طالقانی
به‌تاریخ ١٤ آذر ١٣٥٧ / ٤ محرم ١٣٩٩

۳۱ ▼

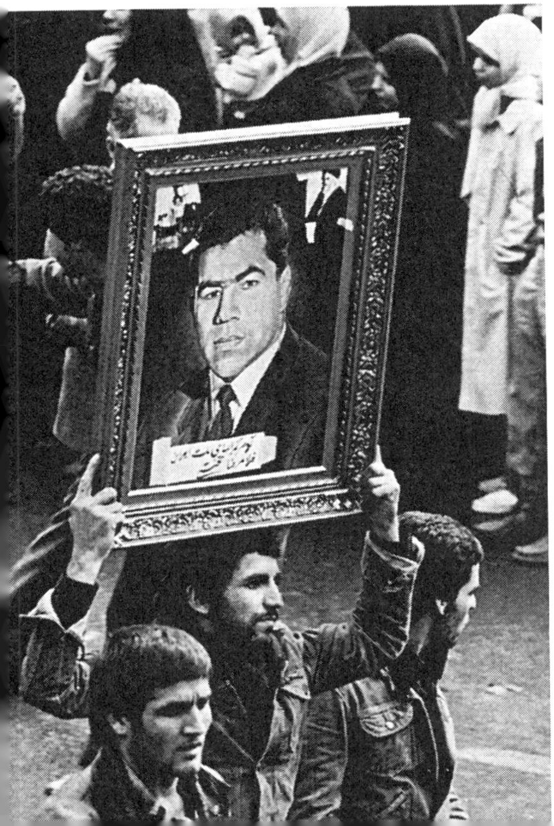

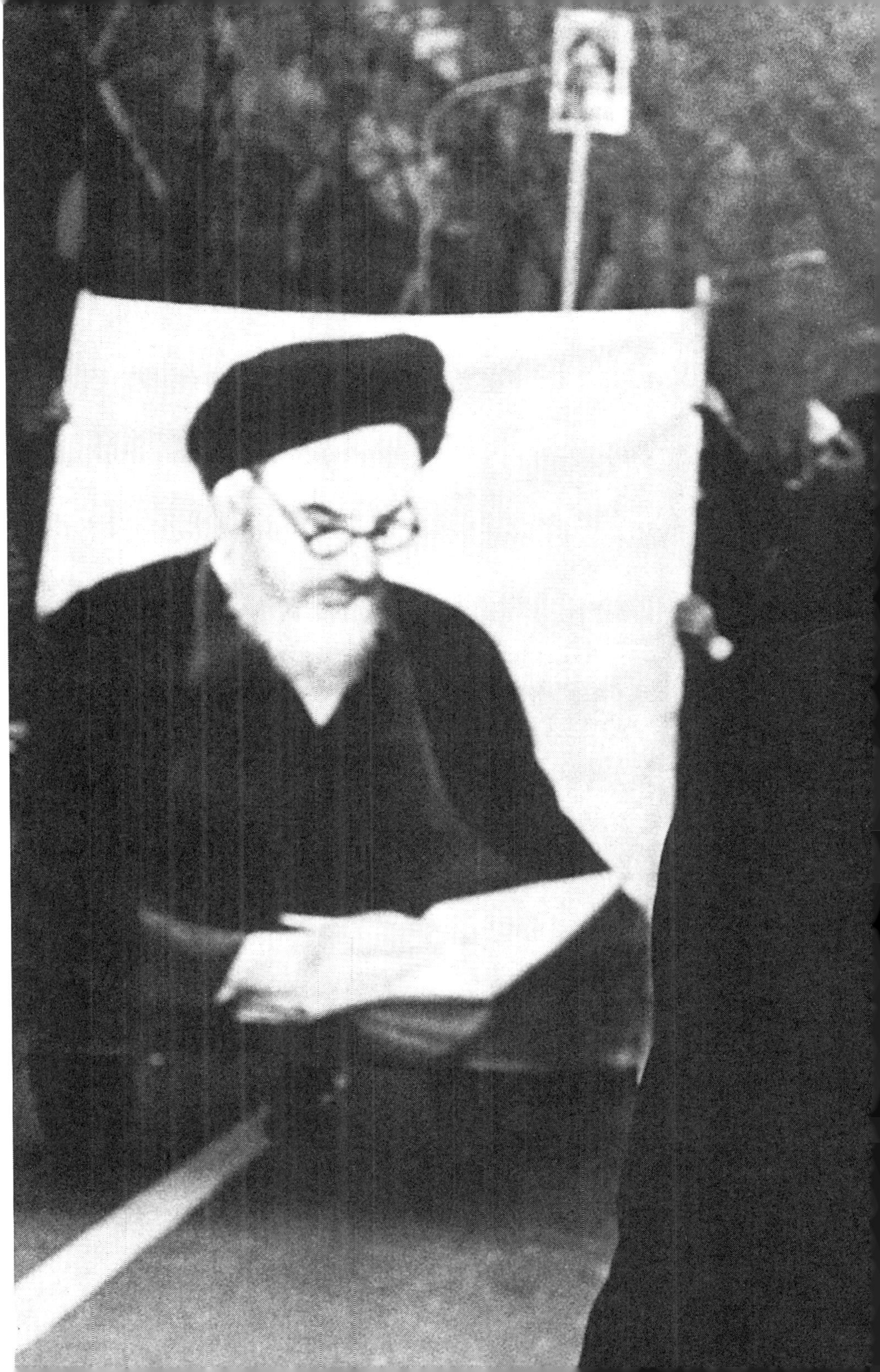

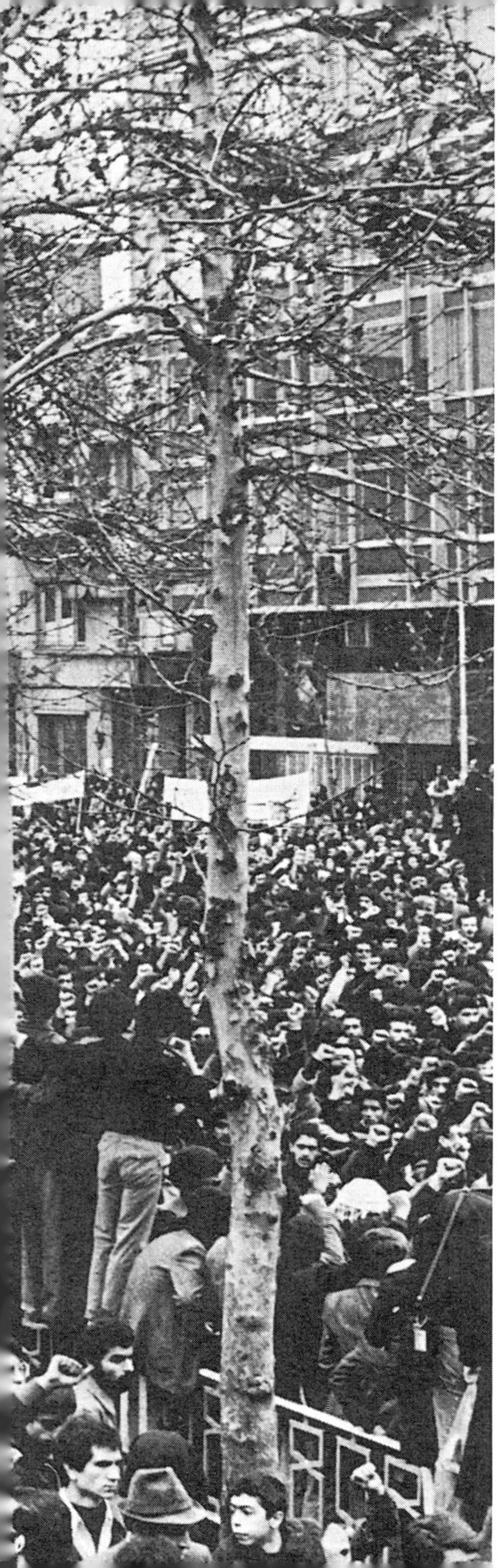

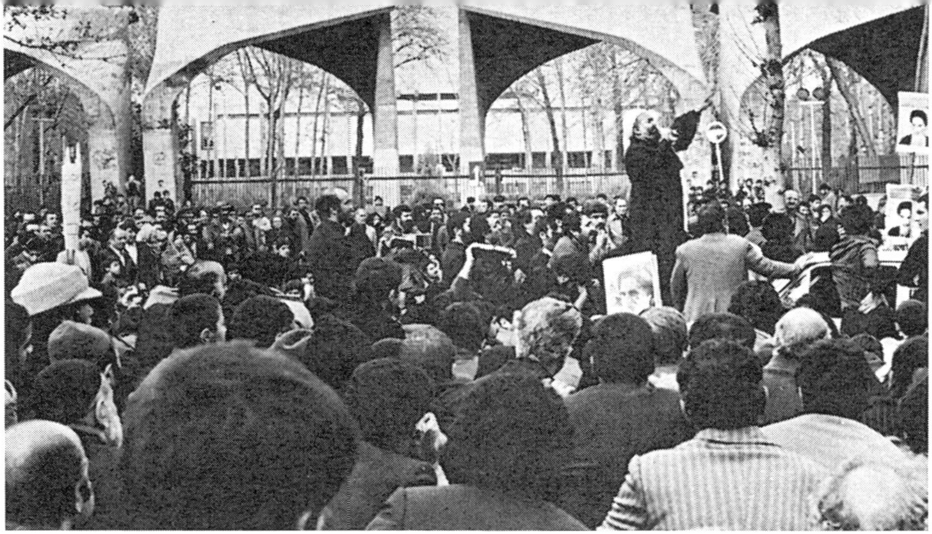

▲ ۳۲

اتحاد ، اتحاد ، ضرورت انقلاب

● امپریالیسم ممکن است با تکیه بر ارتش چند صباحی دیگر از سقوط شاه جلوگیری نماید ولی هیچ حیلهٔ تبلیغاتی و سیاسی نمی‌تواند حتی ذره‌ای هم از کینهٔ عمیق مردم نسبت به شاه بکاهد. مردم ما با تحمل رنجها و محرومیت‌های بیشمار و به قیمت خون بهترین فرزندان این سرزمین دشمنان واقعی و عاملین اصلی تمام جنایات را شناخته‌اند. خواست واقعی مردم در فریادهای میلیونها توده که یك زبان شعارهای «مرگ بر این سلطنت پهلوی» و «این شاه امریکایی، اعدام باید گردد» را [برزبان آورده‌اند] صراحتاً اعلام شده است. قدرت عظیم خلق قطعاً این احکام را به مرحلهٔ عمل درمی‌آورد....

از اعلامیهٔ سازمان چریکهای فدائی خلق ایران
به‌تاریخ دی‌ماه ۱۳۵۷ / صفر ۱۳۹۹

▼ ۳۳ ◀ ۳۴

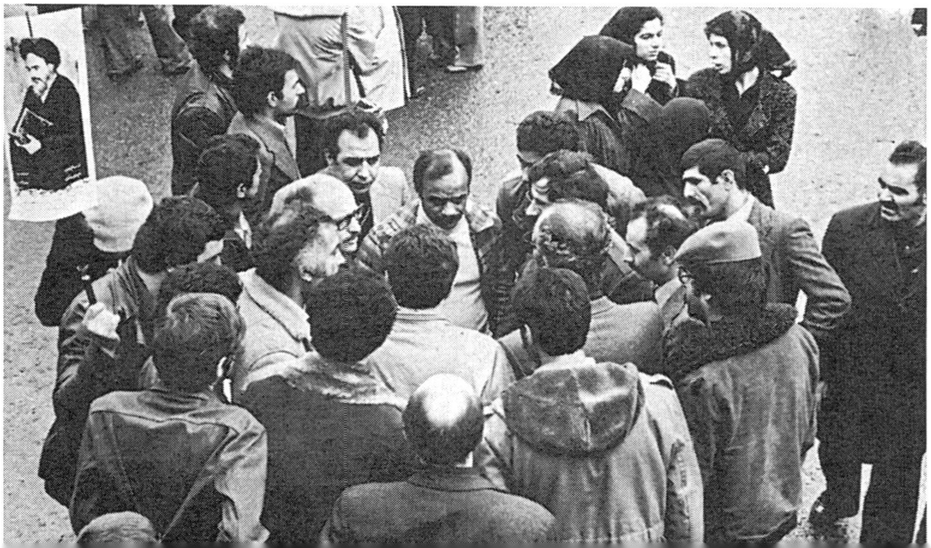

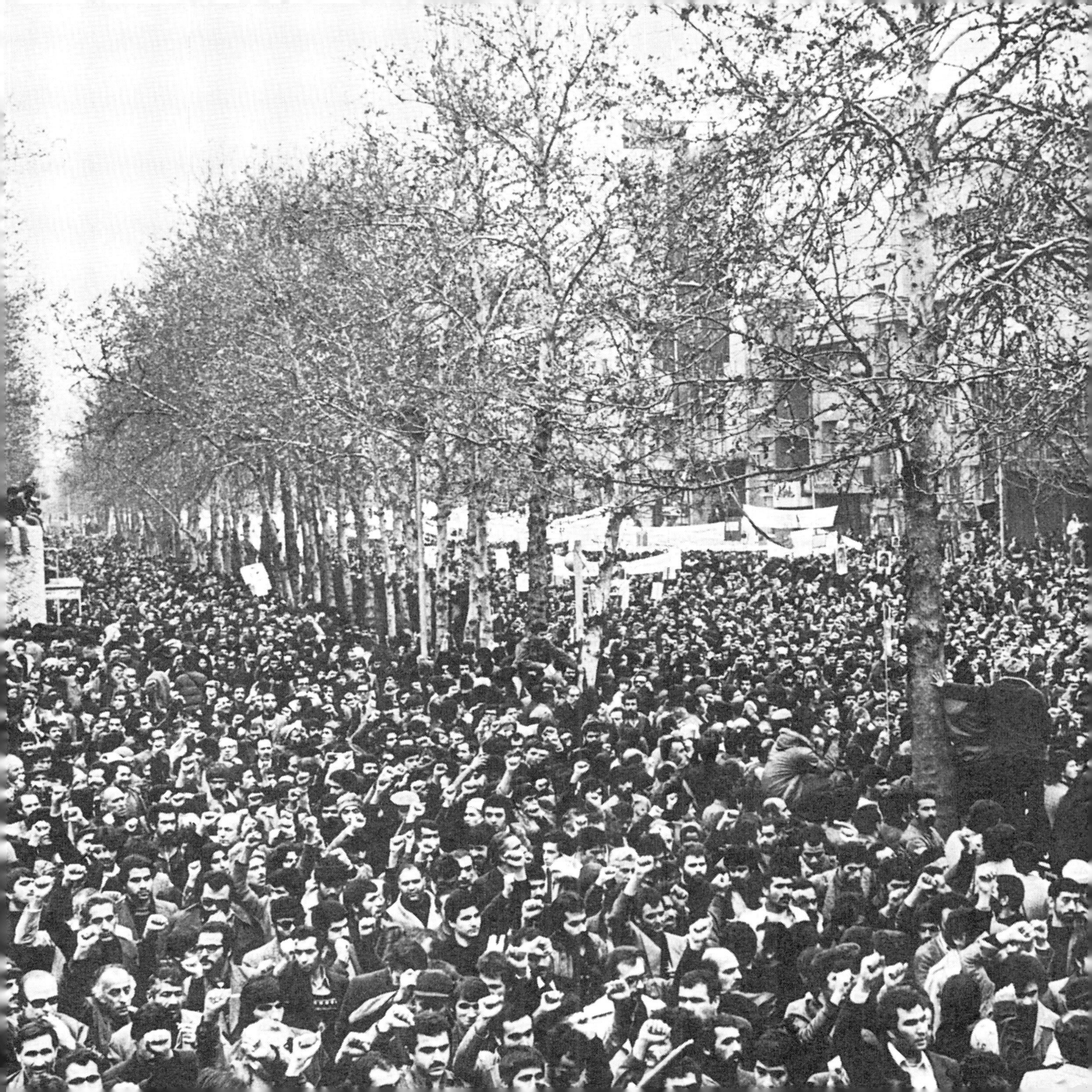

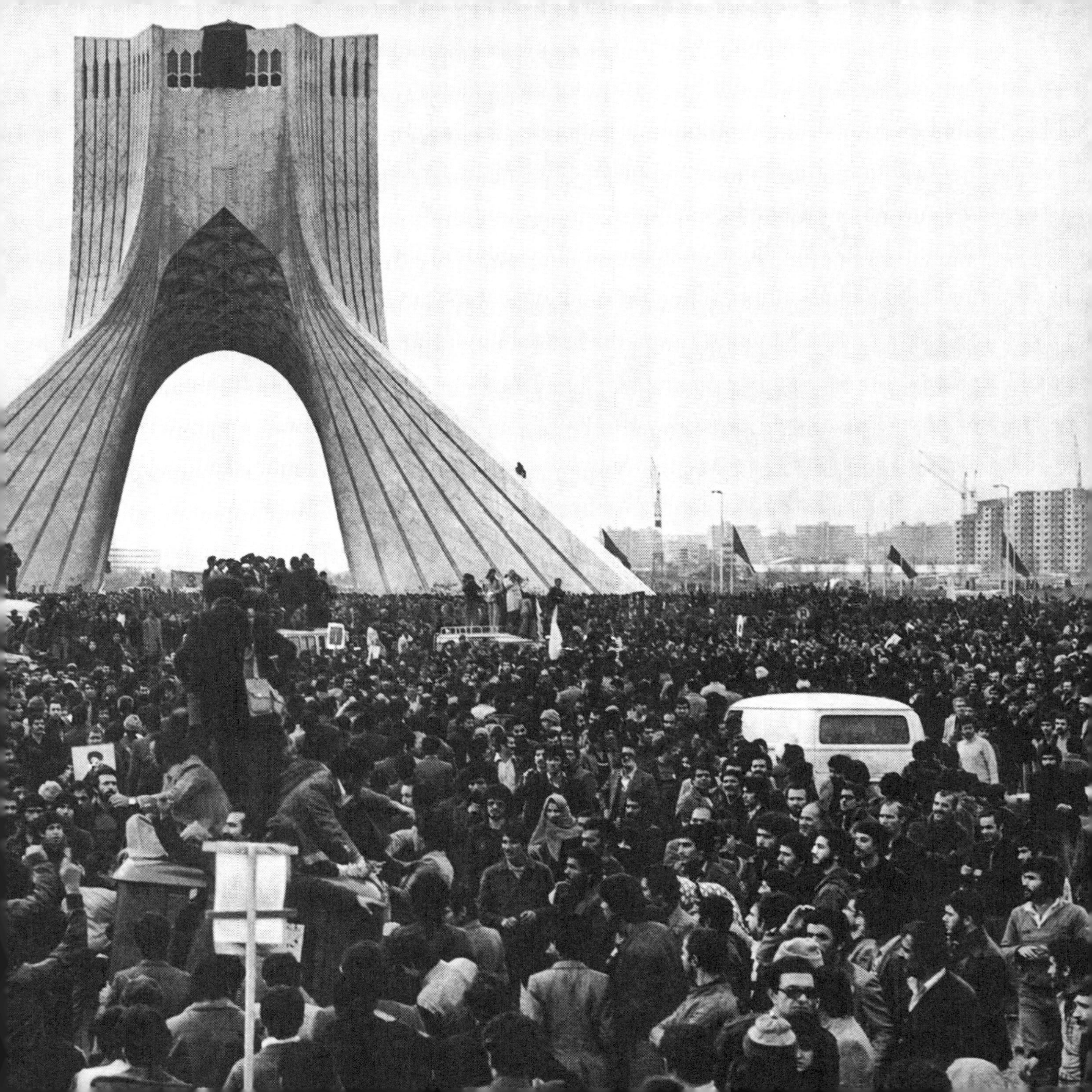

استقلال، آزادی، جمهوری اسلامی

● حضرت آیت‌الله‌العظمی امام خمینی رهبر امت و خواسته‌های ایشان خواست عموم ملت است و این پیاده‌روی رأی اعتمادی است که از دل و جان برای چندمین‌بار به ایشان داده می‌شود و قدردانی صمیمانه‌ای است که ملت مسلمان و مبارز ایران از رهبری ارزشمند مراجع تقلید می‌نماید.

● سقوط و برچیده شدن بساط شاه، رژیم سلطنتی استبداد و پایان یافتن همه‌گونه آثار استعمار خارجی که با استبداد داخلی پیوند بنیادی دارد و استقلال واقعی قدرت به مردم مسلمان و مبارز ایران.

● برقراری حکومت عدل اسلامی براساس آراءِ مردم و حفظ و پاسداری استقلال و تمامیت ارضی کشور و تأمین آزادیهای فردی و اجتماعی با معیارها و ضوابط اسلامی.

● تقارن این ایام مذهبی را با روز اعلامیهٔ جهانی حقوق بشر غنیمت دانسته و اعلام می‌داریم که نه‌تنها تأمین حقوق فطری و طبیعی بشر از اساسی‌ترین هدفهای جنبش ماست بلکه اسلام خود مبتکر حقیقی حقوق بشر است.

● استثمار و استعمار بیگانه و وابستگی به امپریالیسم شرق و غرب و قدرتهای سلطه‌گر اجنبی به هرشکل که باشد باید ریشه‌کن گردد و به روابط حسنهٔ متقابل با رعایت حقوق و مصالح طرفین با کشورهایی که درموضع خیانت و تجاوز به سرزمین و منافع ملت ایران نیستند مبدل گردد.

از قطعنامهٔ راه‌پیمایی روزهای تاسوعا و عاشورا به‌تاریخ ۱۹ و ۲۰ آذر ۱۳۵۷ / ۹ و ۱۰ محرم ۱۳۹۹

۳۵◀

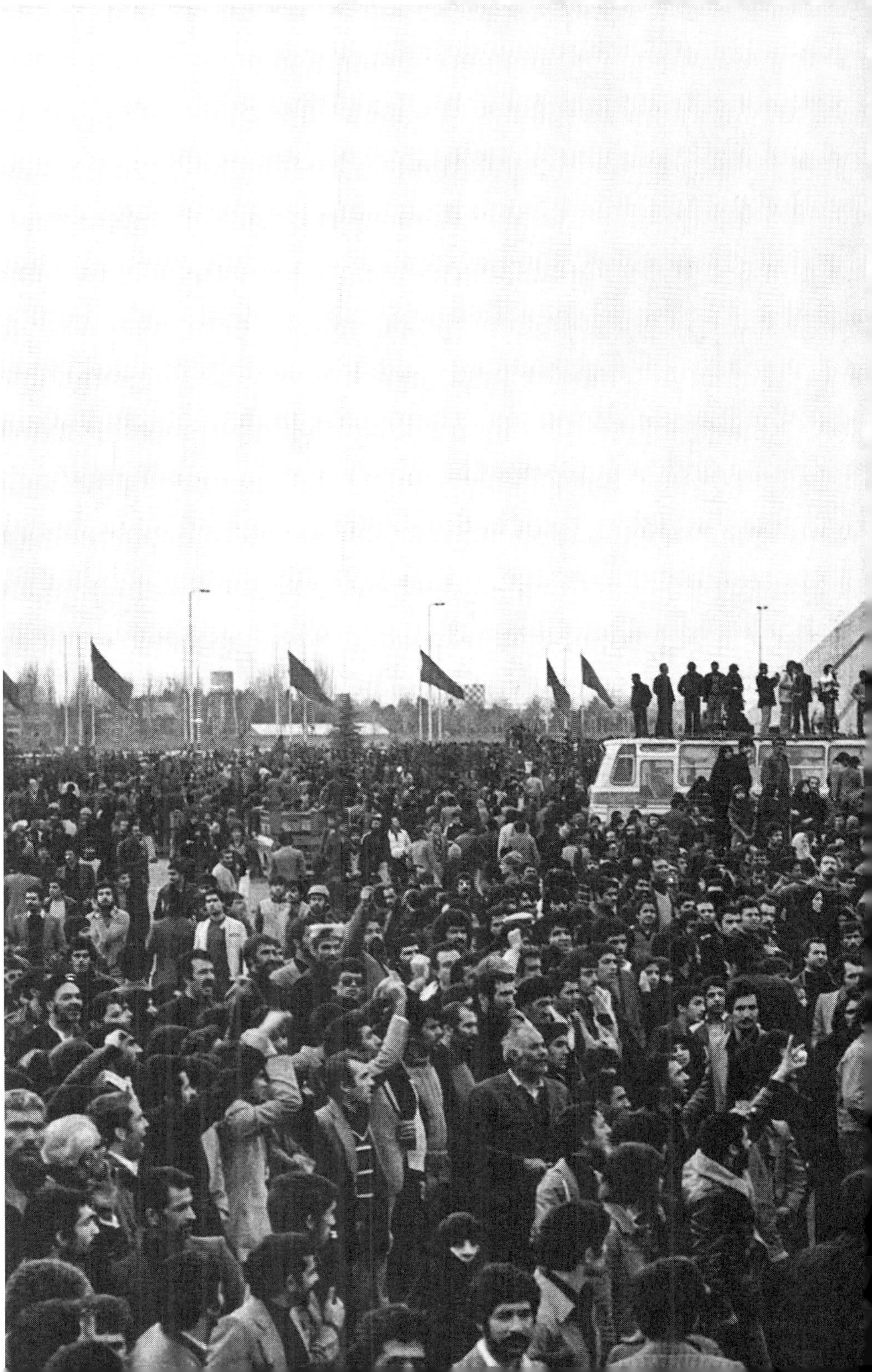

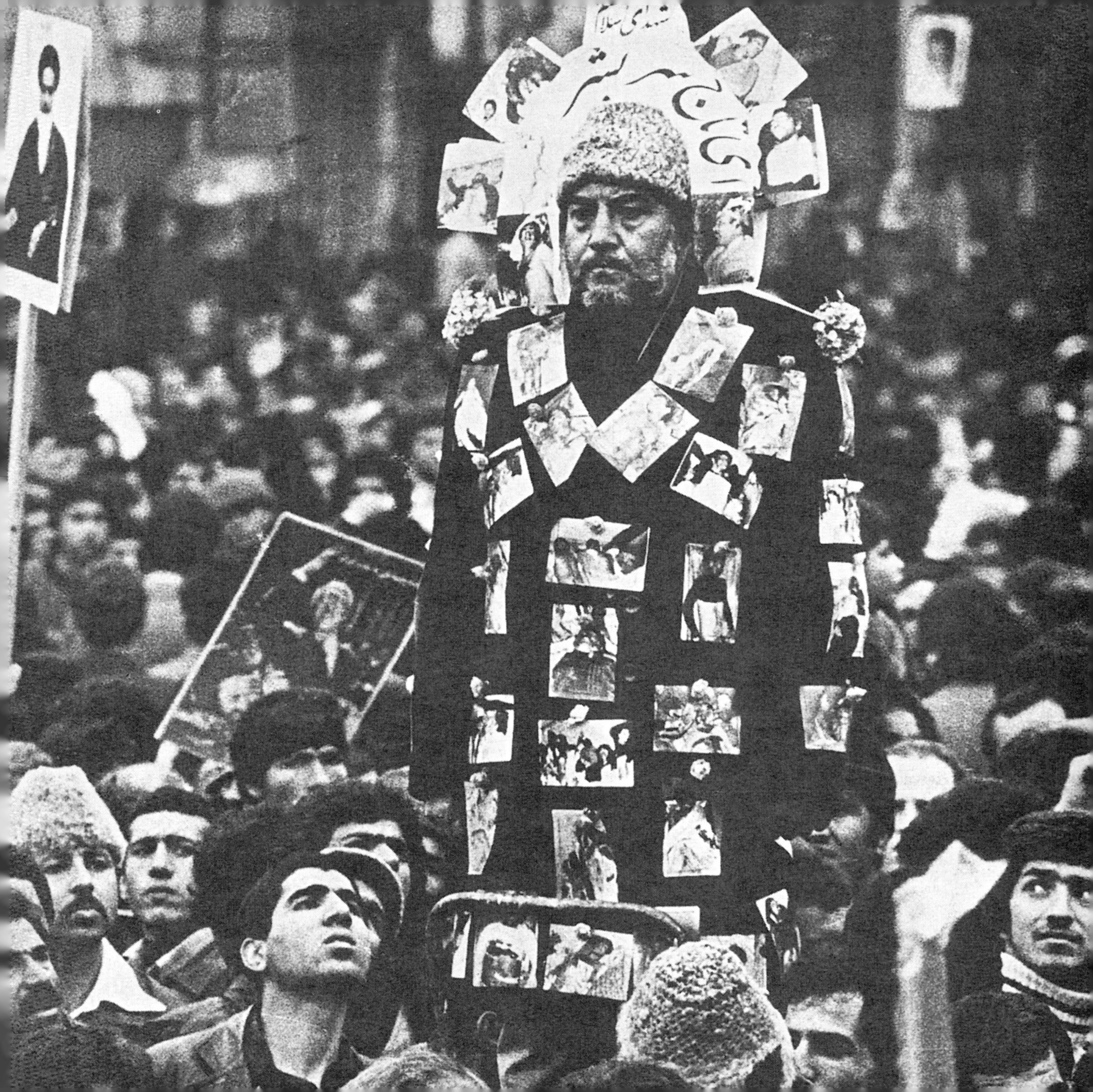
شهدای اسلام

برادر ارتشی   چرا برادر کشی ؟

۲

حتی اگر شب و روز . . . .

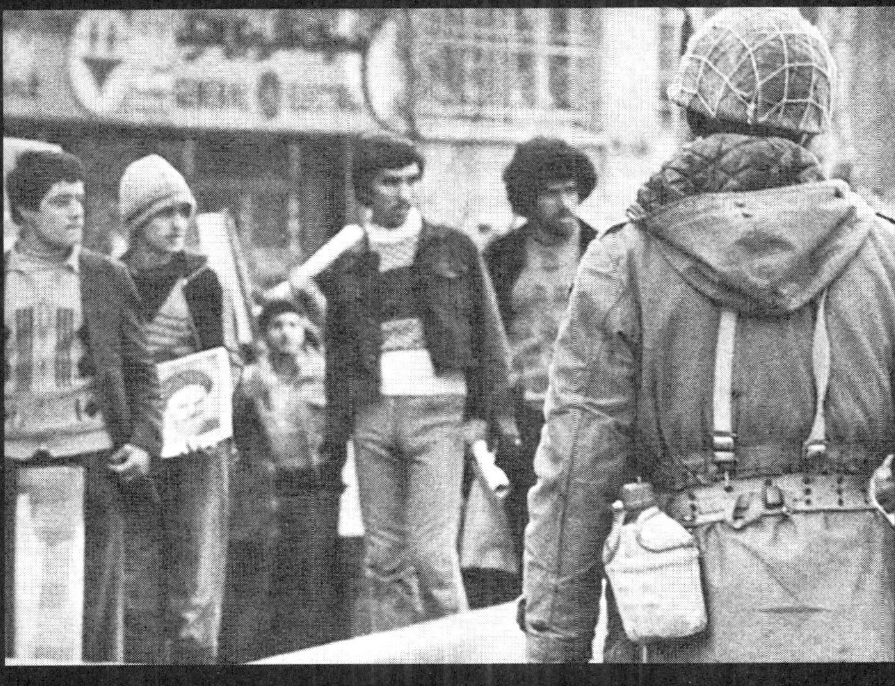

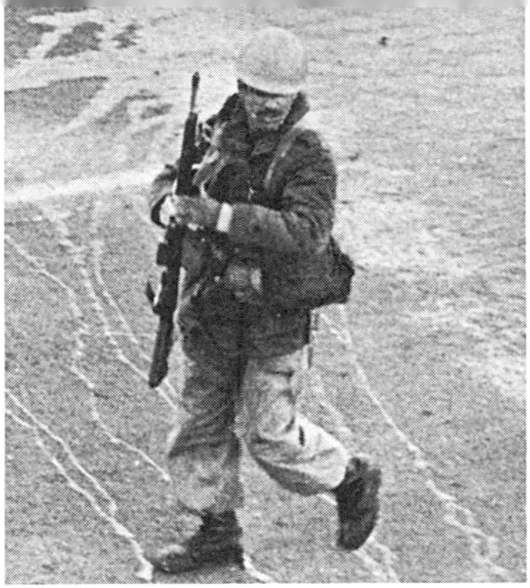

▲۳۸

# سینهٔ ما سپر شده	گلوله بی اثر شده

● با حلول ماه محرم، ماه حماسه و شجاعت و فداکاری آغاز شد: ماهی که خون بر شمشیر پیروز شد، ماهی که قدرت حق باطل را تا ابد محکوم و داغ باطله بر جبههٔ ستمکاران و حکومتهای شیطانی زد، ماهی که به نسلها در طول تاریخ راه پیروزی بر سرنیزه را آموخت، ماهی که شکست ابرقدرتها را در مقابل کلمهٔ حق به‌ثبوت رساند، ماهی که امام مسلمین راه مبارزه با ستمکاران تاریخ را به ما آموخت، راهی که باید مشت گره کردهٔ آزادیخواهان و استقلال‌طلبان و حق‌گویان بر تانکها و مسلسلها و جنود ابلیس غلبه کند و کلمهٔ حق باطل را محو نماید....

از پیام امام خمینی به‌مناسبت فرا رسیدن ماه محرم
به‌تاریخ اول آذر ۱۳۵۷ / ۲۱ ذی‌الحجهٔ ۱۳۹۸، پاریس

▼۳۹

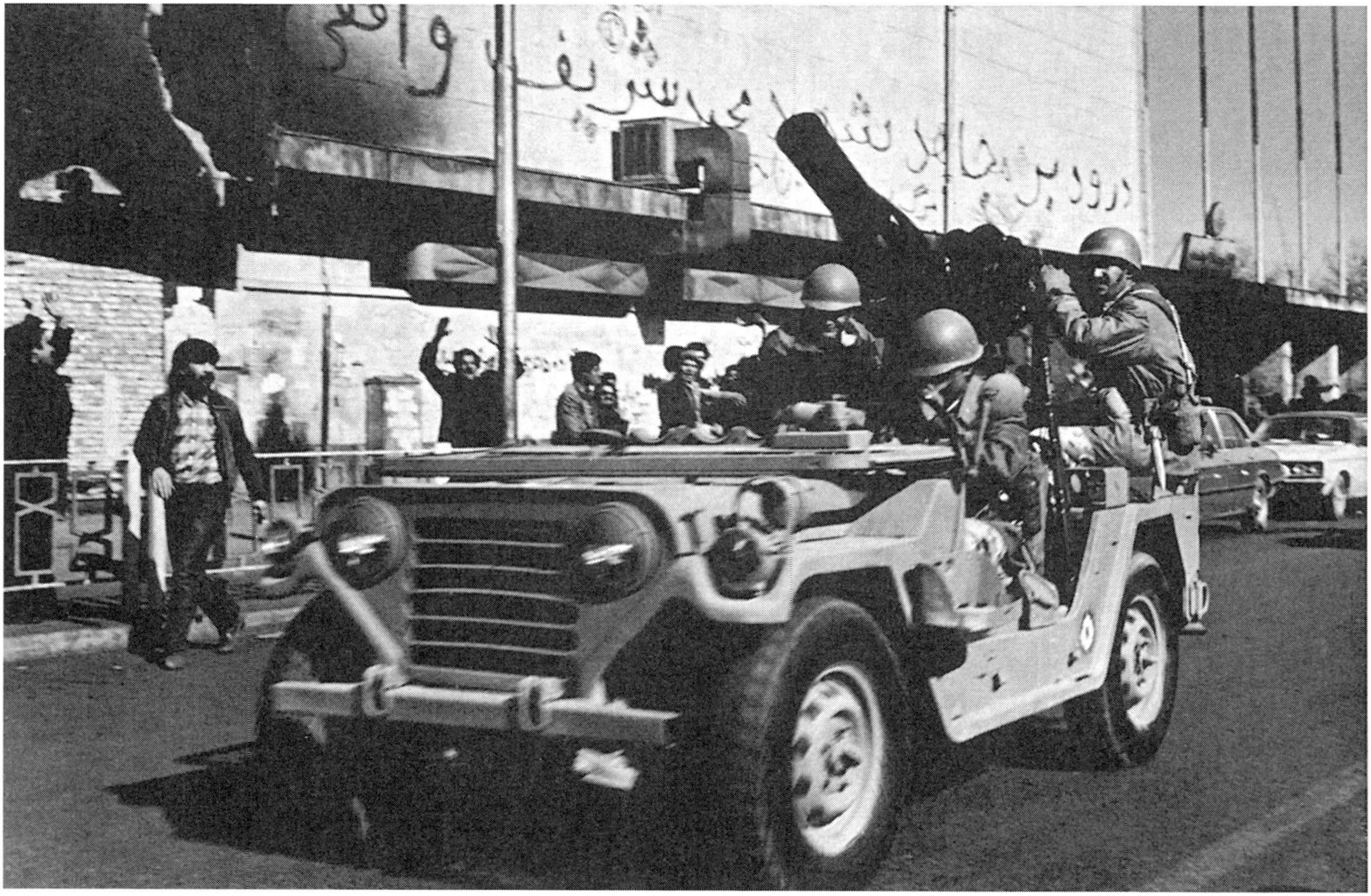

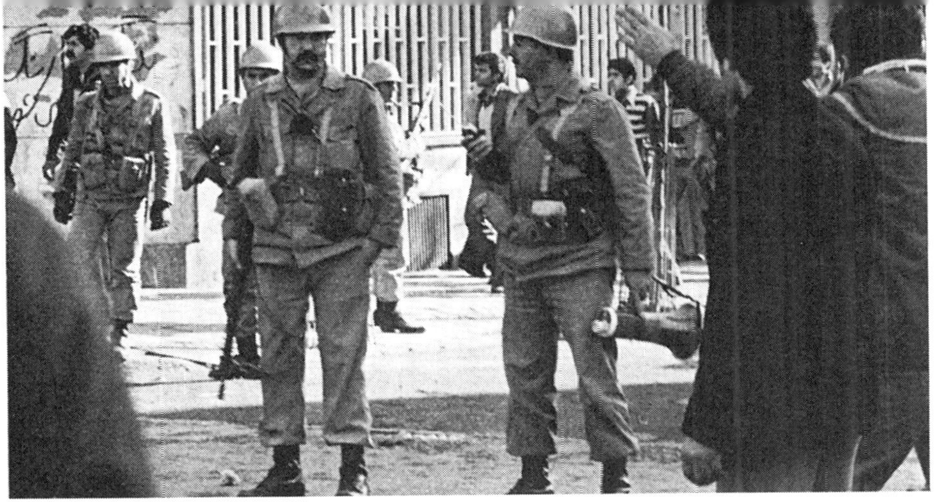

توپ، تانک، مسلسل
دیگر اثـر ندارد
حکومت نظامی
دیگر ثمر ندارد

◀۴۰

▼۴۱

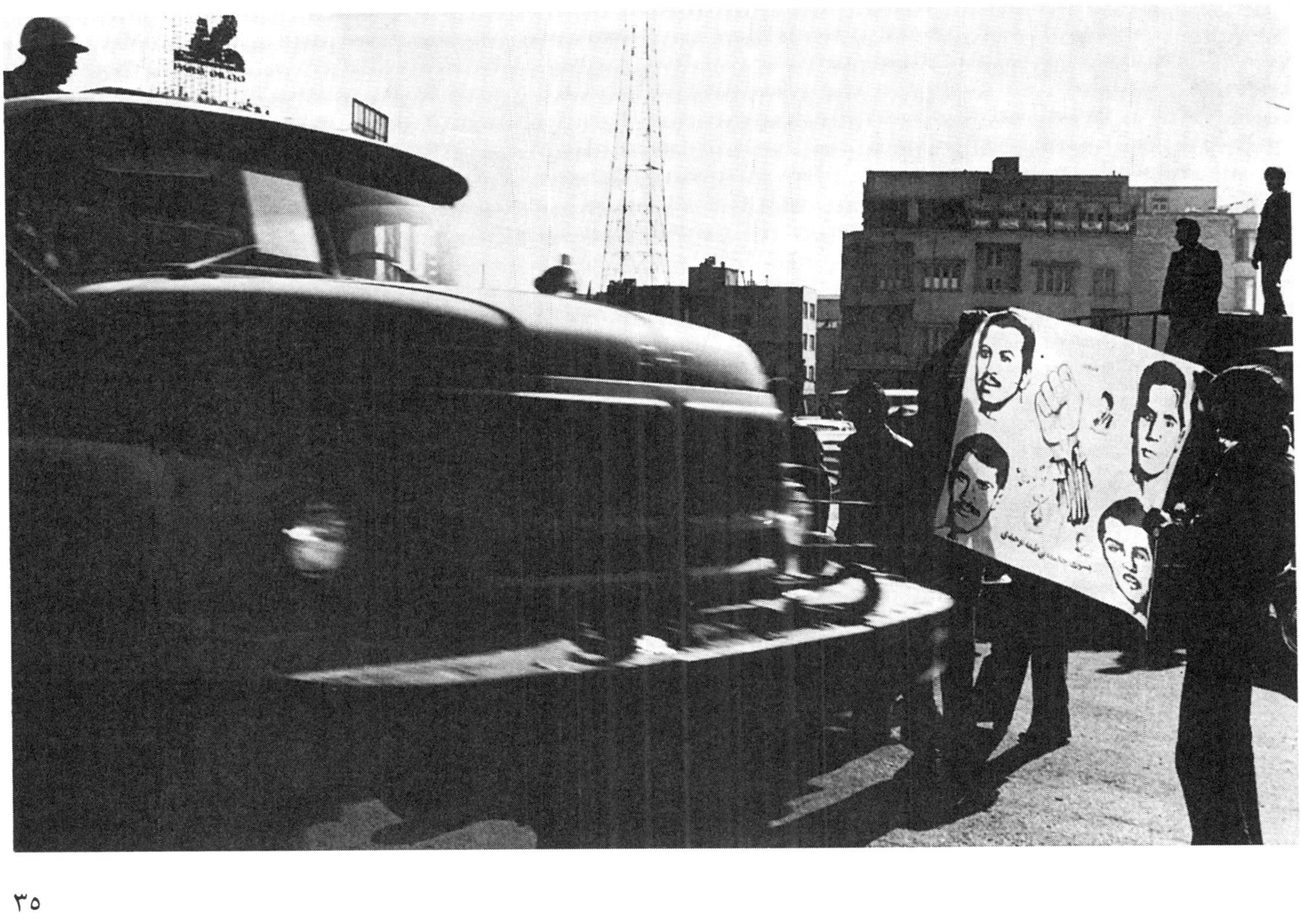

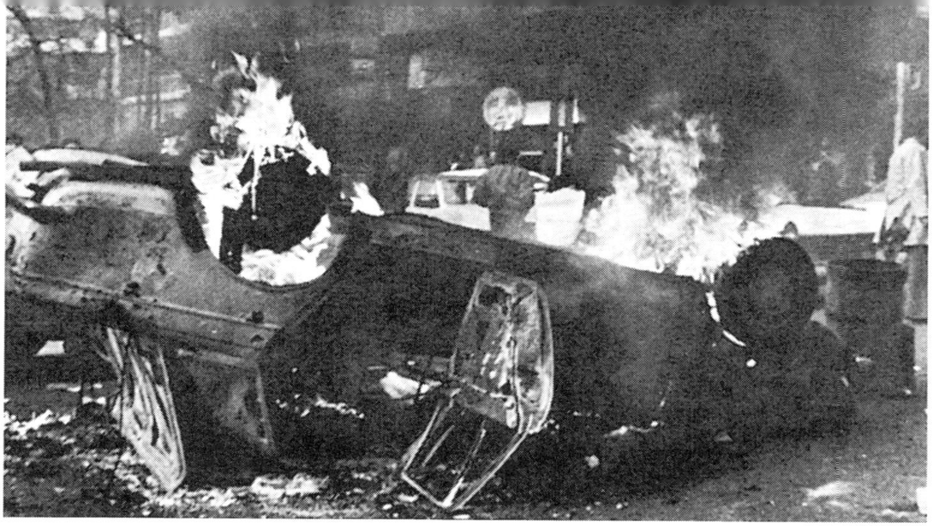

نصر من الله و فتحا قریب
مرگ بر این سلطنت
پر فریب

◄٤٢

▼٤٣

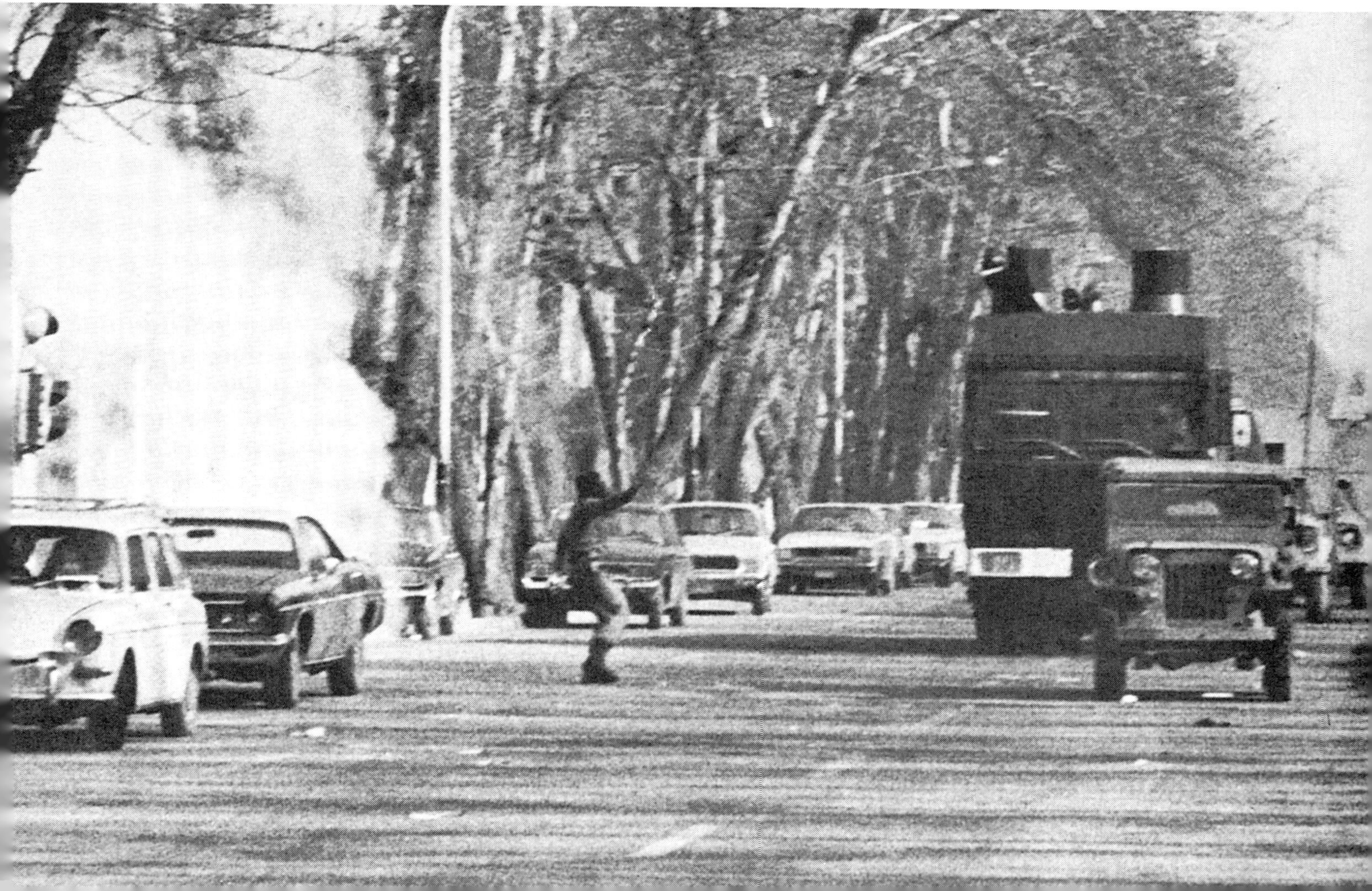

شاه خیانت می کند
ارتش حمایت می کند

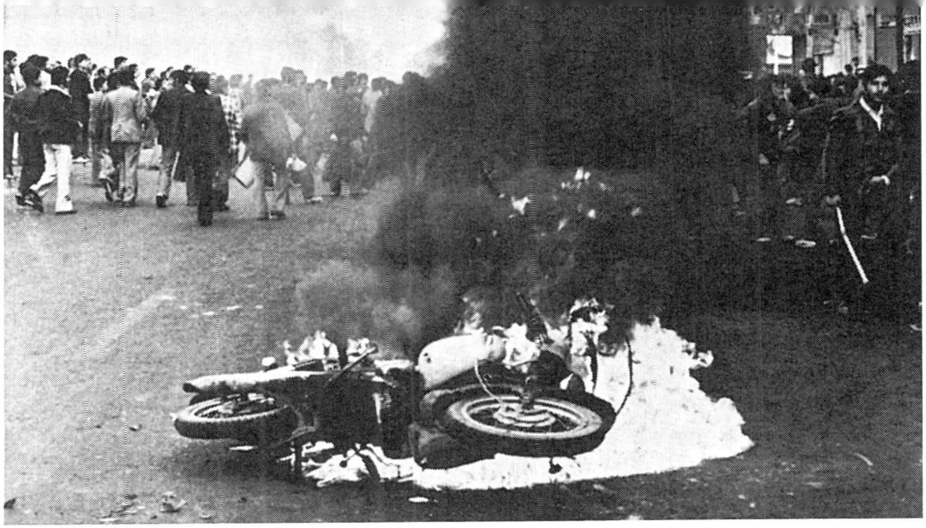

۴۴ ◀

۴۵ ▼

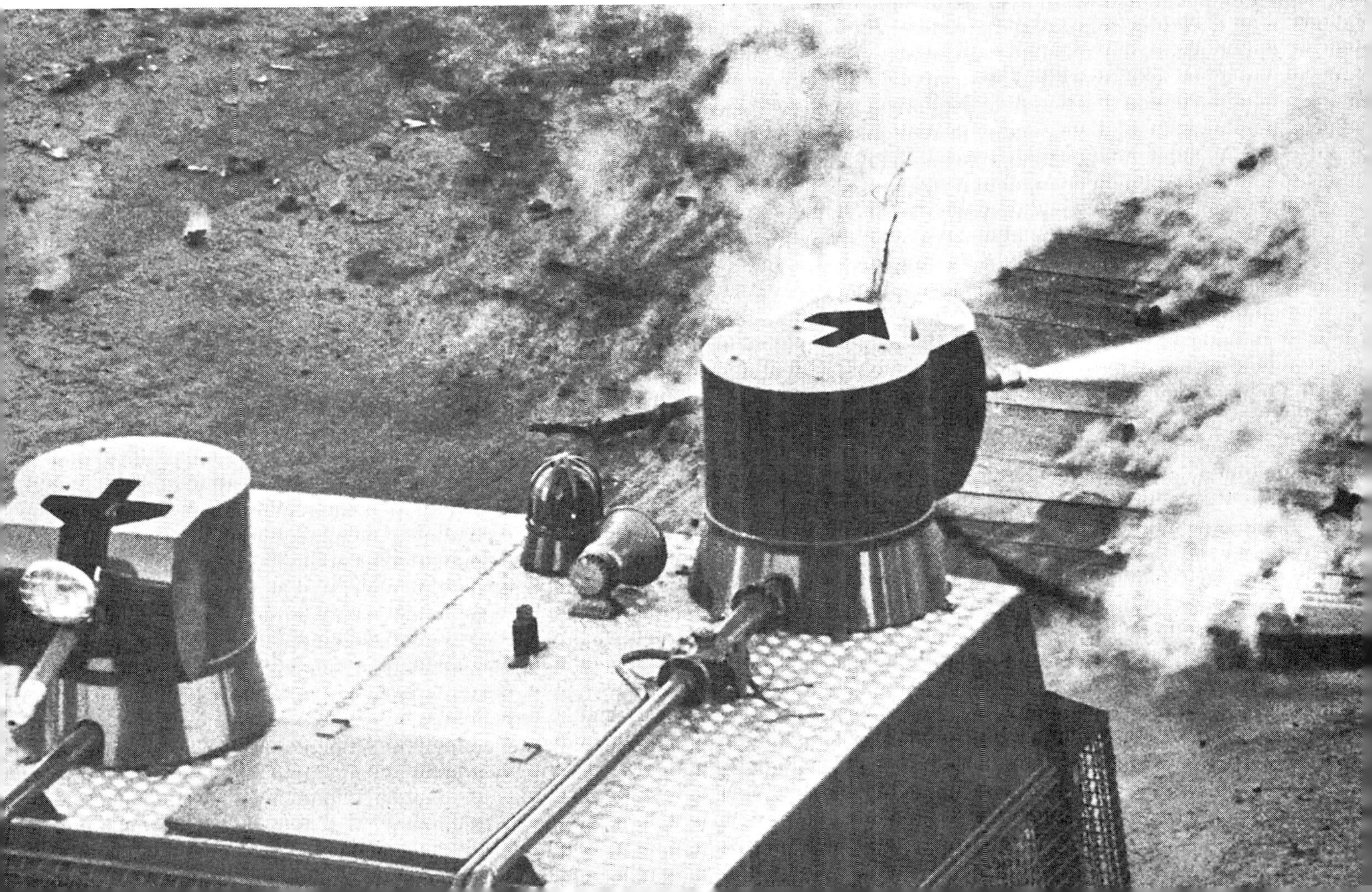

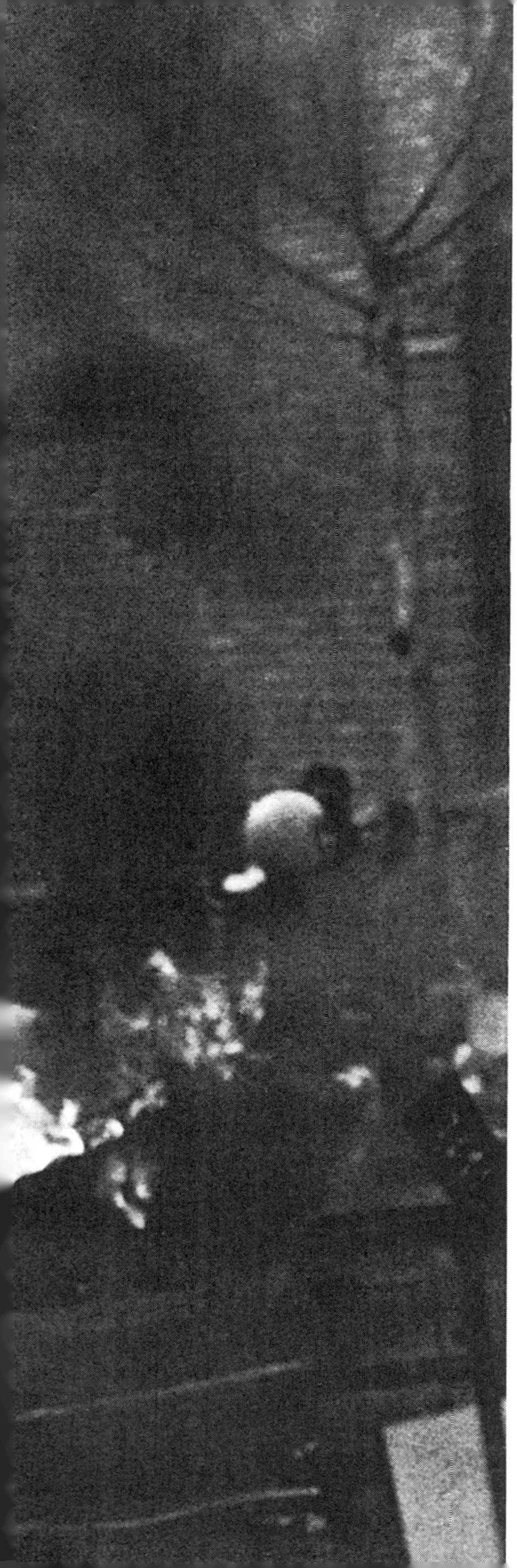

تا مرگ شاه خائن نهضت ادامه دارد
حتی اگر شب و روز بر ما گلوله بارد

● شما ای طبقهٔ جوان ارتش بپاخیزید و کشور خود را از زبونی و ذلّت نجات دهید و دست غارتگران را کوتاه کنید و شرف و عزت را برای خود به یادگار بگذارید و سعادت دو دنیا را بیمه کنید. وظیفهٔ دانشجویان است که در محیط دانشگاه هرچه بیشتر ارتش را برای یك قیام همگانی تشویق و ترغیب کنند و آنان را برادر خود بنامند و با صدای بلند از آنان سؤال کنند آیا جواب گُل گلوله است؟...

از پیام امام خمینی
به‌تاریخ ۱۶ مهر ۱۳۵۷ / ۵ ذیقعده ۱۳۹۸، پاریس

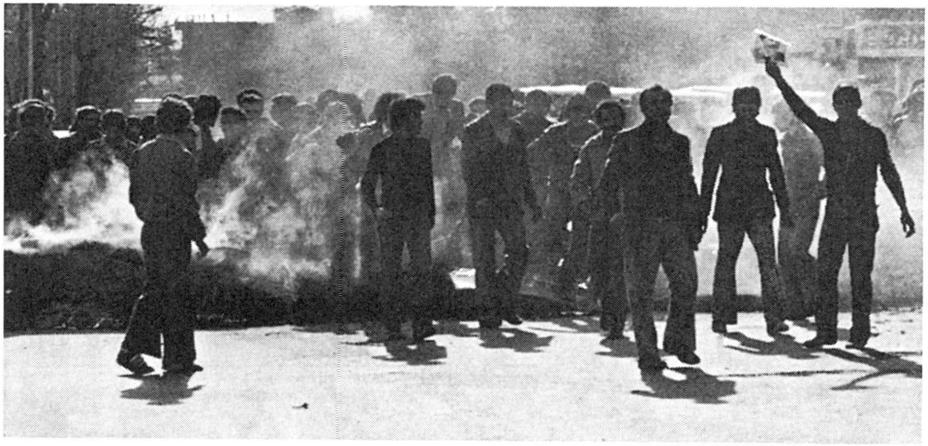

◀ ۴۷

۴۶ ▲

● من از سربازان سراسر کشور خواستارم از سربازخانه‌ها فرار کنند. این وظیفه‌ای است شرعی که در خدمت ستمکار نباید بود. من از پدرها و مادرها و عائلهٔ صاحب‌منصبان تقاضا دارم که آنان را از کمك به شاه خائن و اطاعت از صاحب‌منصبان خدمتگزار شاه و اجانب بازدارند و از درجه‌داران خواستارم به ملت خود بپیوندند و افتخار خدمت بر مسلمین را احراز کنند....

از پیام امام خمینی
به‌تاریخ ۱۲ آذر ۱۳۵۷ / دوم محرم ۱۳۹۹، پاریس

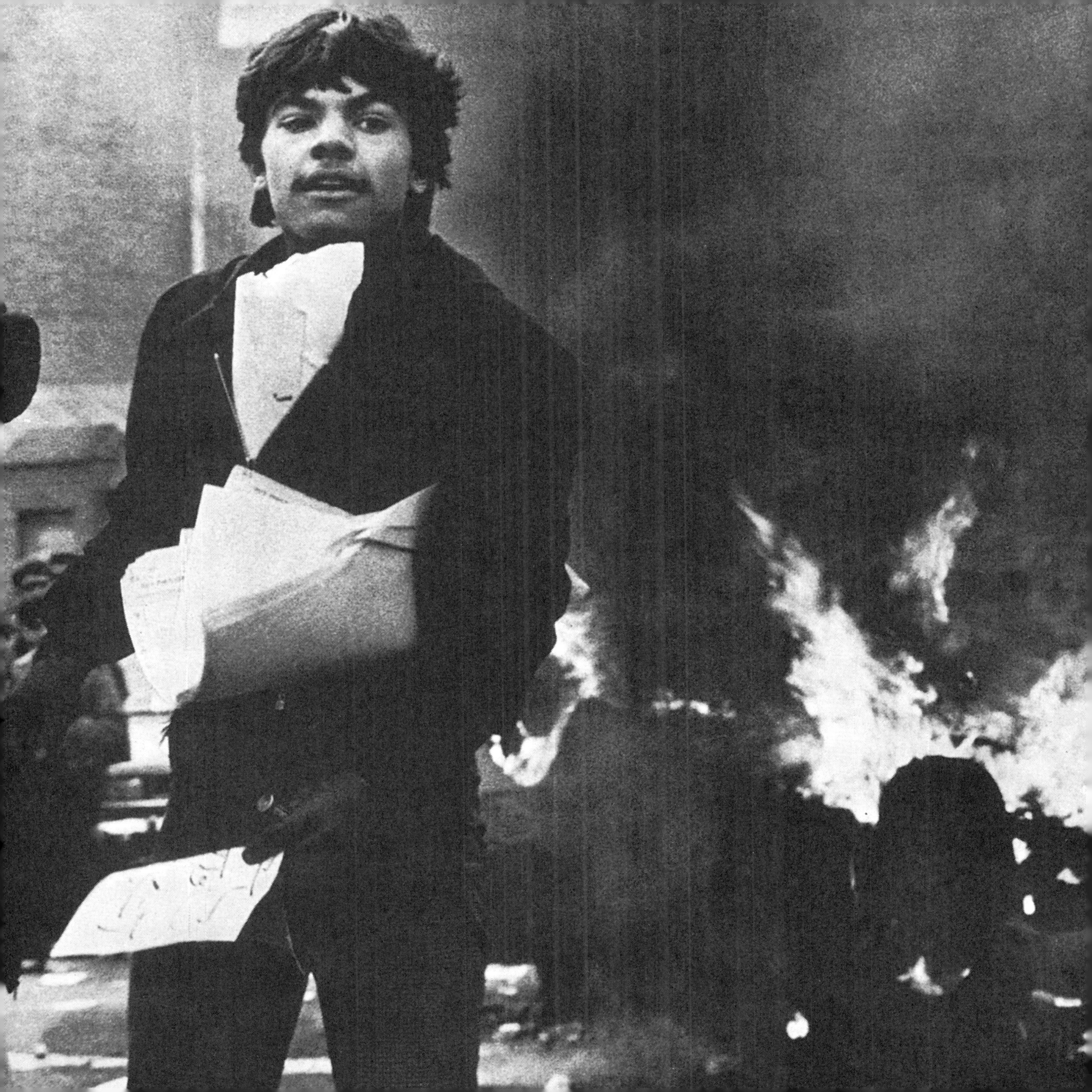

ارتش هر کشوری دشمن کش است

● اخبار طاقت‌فرسای سراسر ایران عزیز تا این ساعت که یك روز از محرم گذشته است روح و جان اینجانب را معذّب نموده، اخبار این شب و روز معرف ابعاد خیانتهای شاه و دولت یاغی است و نیز نشان‌دهندهٔ شجاعت و شهامت بی‌مانند ملت غیور است. اکنون دشمنان اسلام و ایران و هواداران رژیم یزیدی درمقابل هواداران قرآن و اسلام و مخالفان سرسخت رژیم طاغوتی ابوسفیانی صف‌بندی نموده و

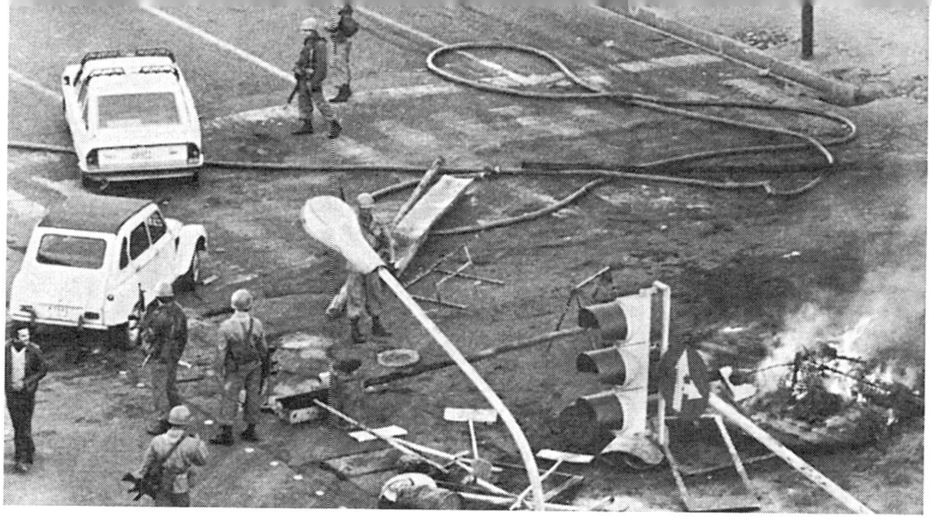

▲ ۴۸

▼ ۴۹

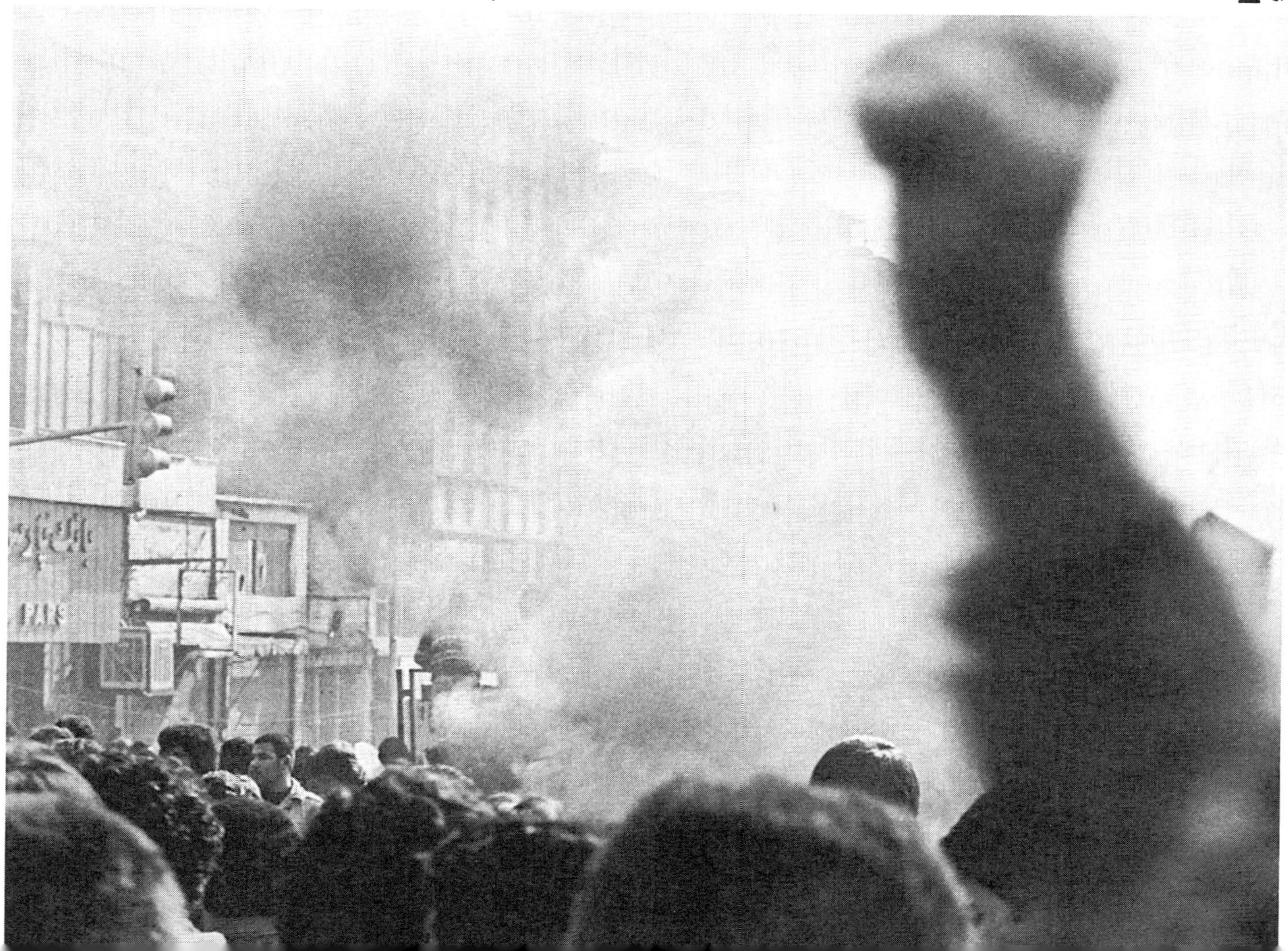

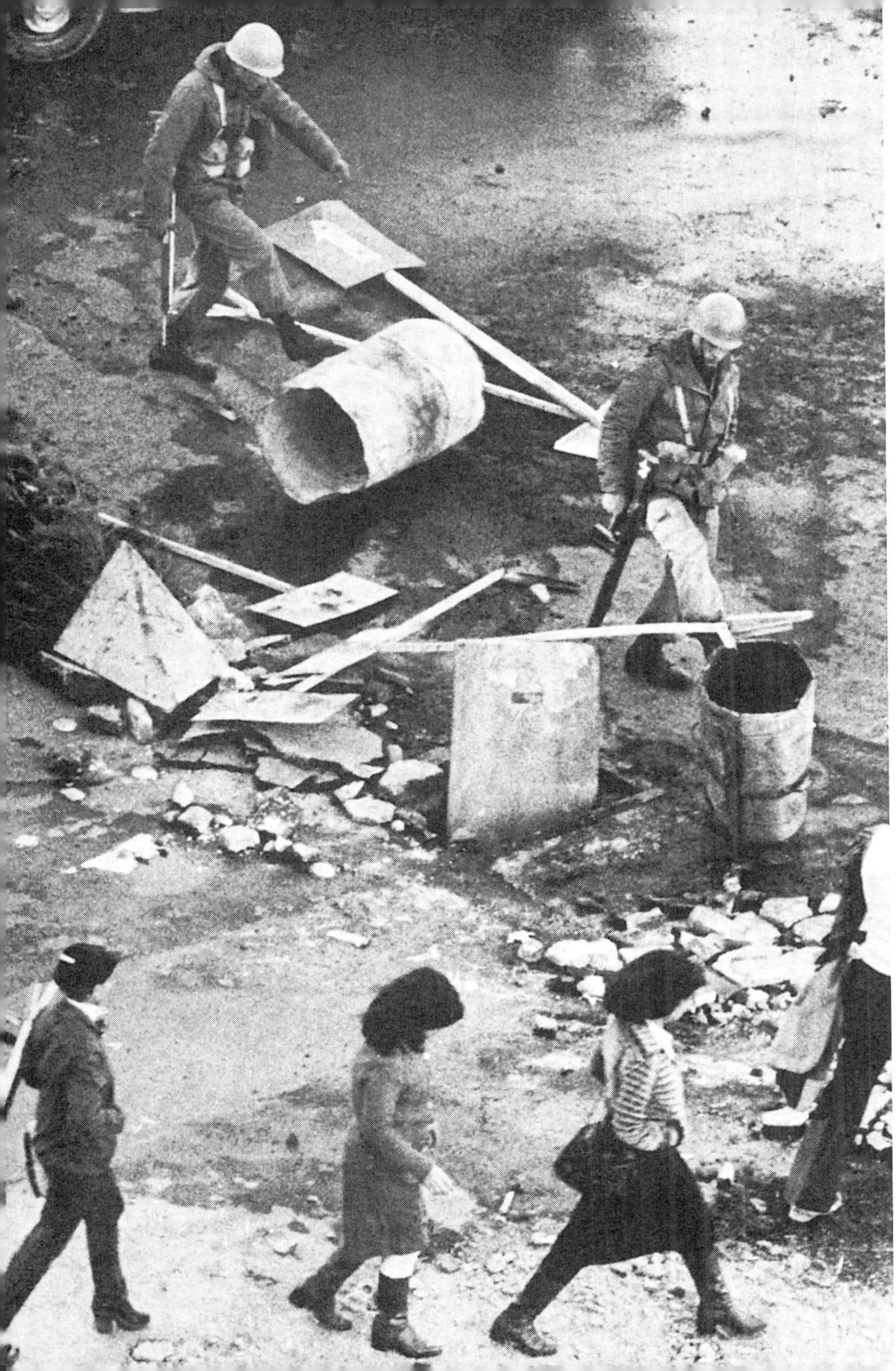

ارتش ایران براد ر می کشد

می‌خواهند شعارهای اسلامی و حسینی را ... با مسلسلها و توپها و تانکها که از خون دل ملت محروم تهیه شده است جواب دهند، غافل از آنکه ملتی که با بیداری و هوشیاری به‌پا خاسته و نهضت اصلی‌اش را وظیفهٔ شرعی و الهی تشخیص داده است به این سلاحهای زنگ‌زده با تمسخر می‌نگرد.

از پیام امام خمینی به‌مناسبت کشتار اول محرم به‌تاریخ ۱۲ آذر ۱۳۵۷ / دوم محرم ۱۳۹۹، پاریس

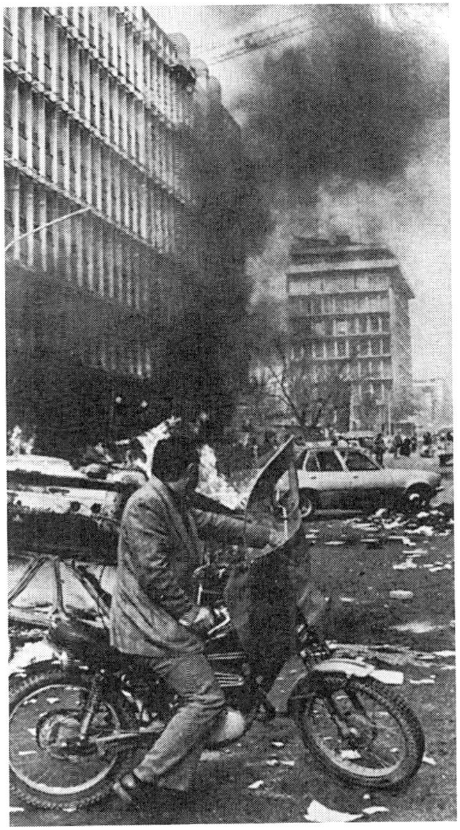

◀۵۱ ▲۵۰

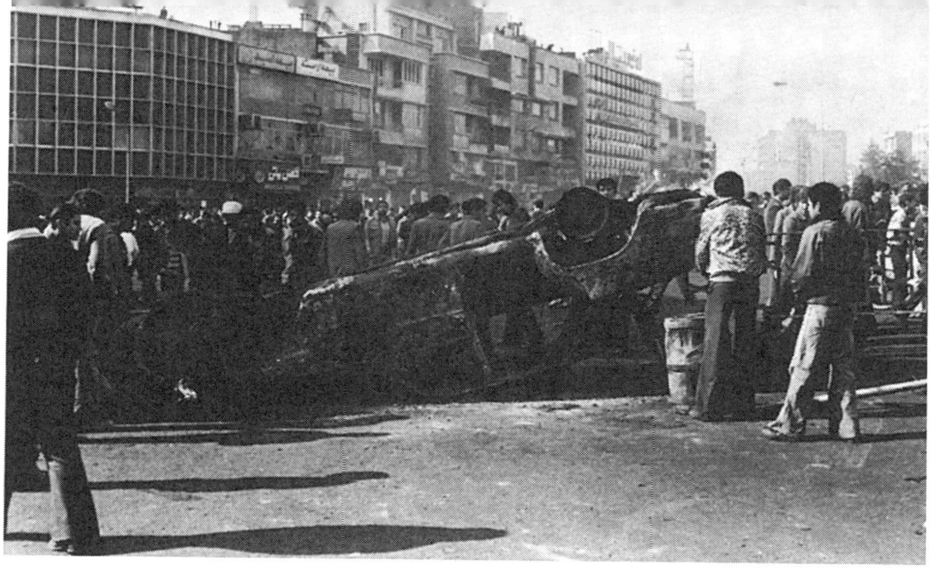

▲ ۵۲

●... برای افسران جوان پیام فرستادم که به صف ملت بپیوندند که ما آنان را از زیر یوغ مستشاران نظامی نجات داده و با آغوش باز پذیرایی می‌نماییم. افسران محترم جوان از مقابلهٔ خصمانه با برادران و خواهران خود جداً احتراز کنند و با آنان در صف واحد که خواست اسلام است درآیند. از ملت محترم تقاضا می‌کنم از سربازان و افسرانی که به آنان پیوستند یا می‌پیوندند به بهترین وجه با حفظ جهات امنیتی نگهداری و کمك نمایند....

از پیام امام خمینی

به‌تاریخ ۲۱ آذر ۱۳۵۷ / ۱۱ محرم ۱۳۹۹، پاریس

▼ ۵۳

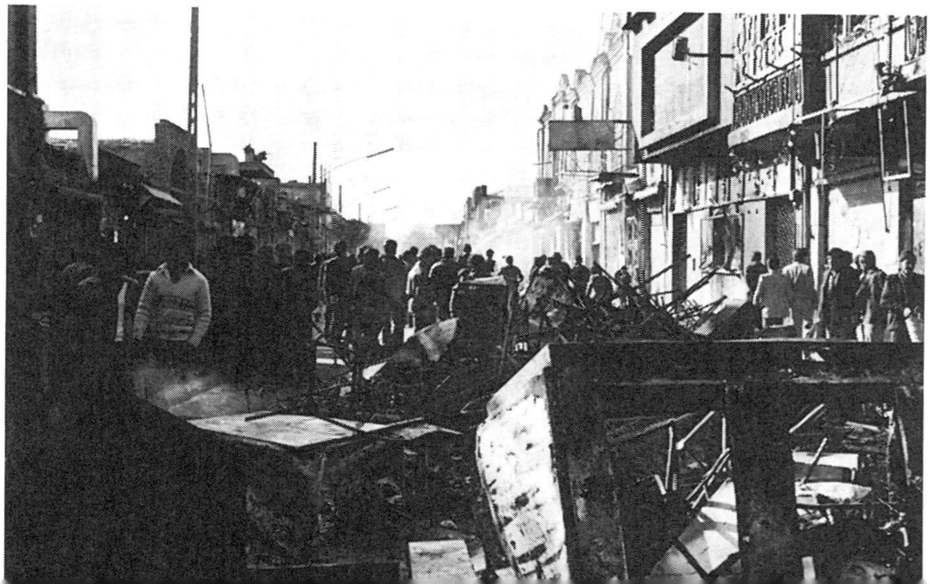

۵۴ ◄

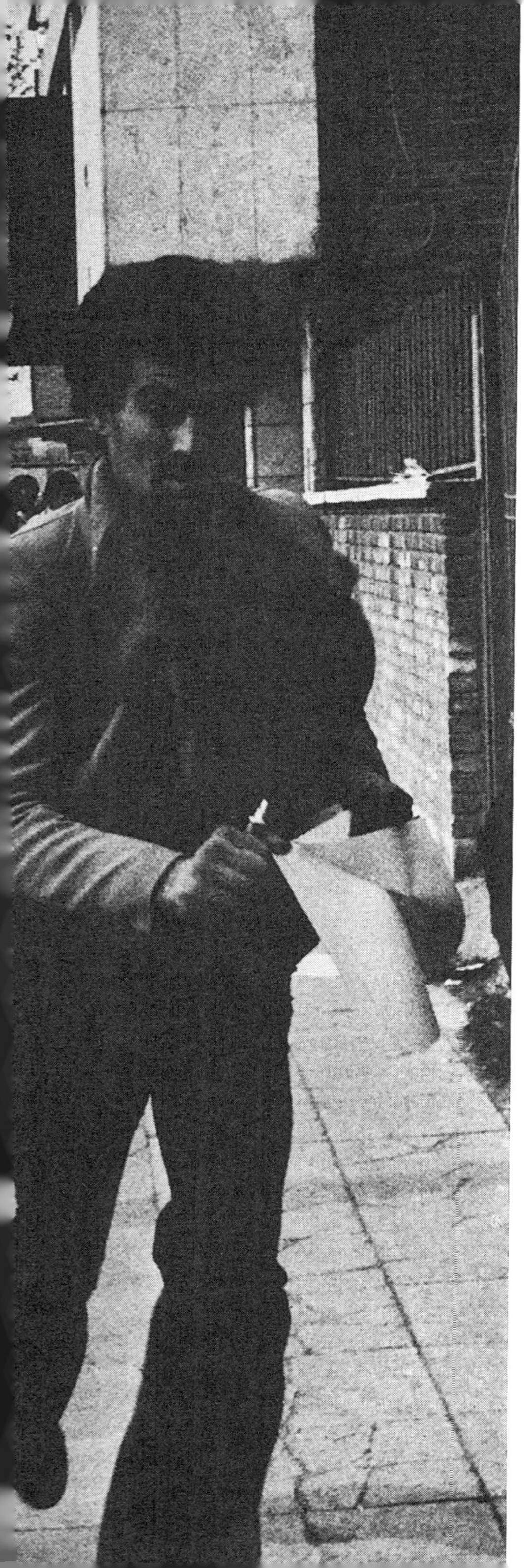

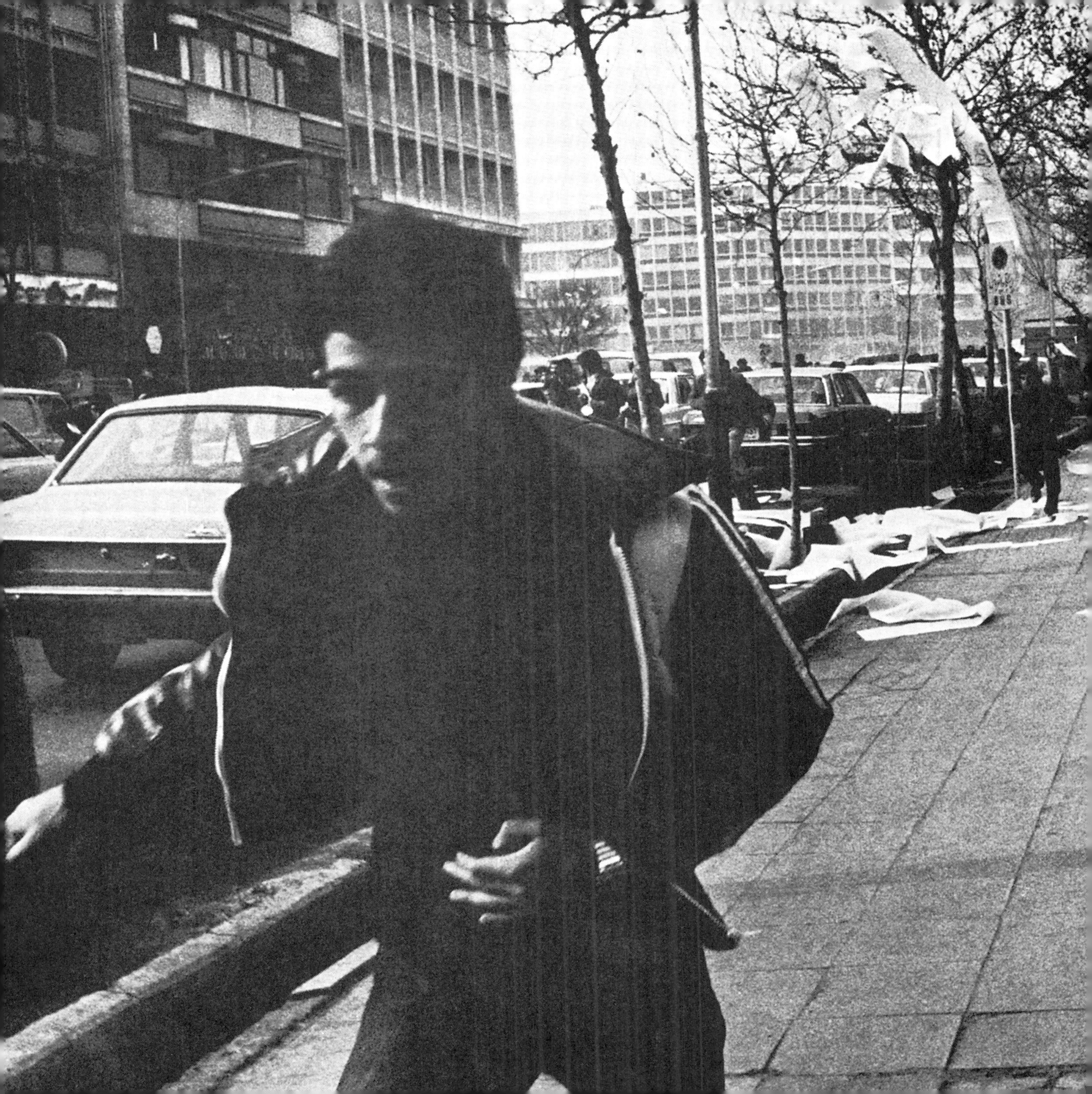

◀٥٦ ٥٥▶

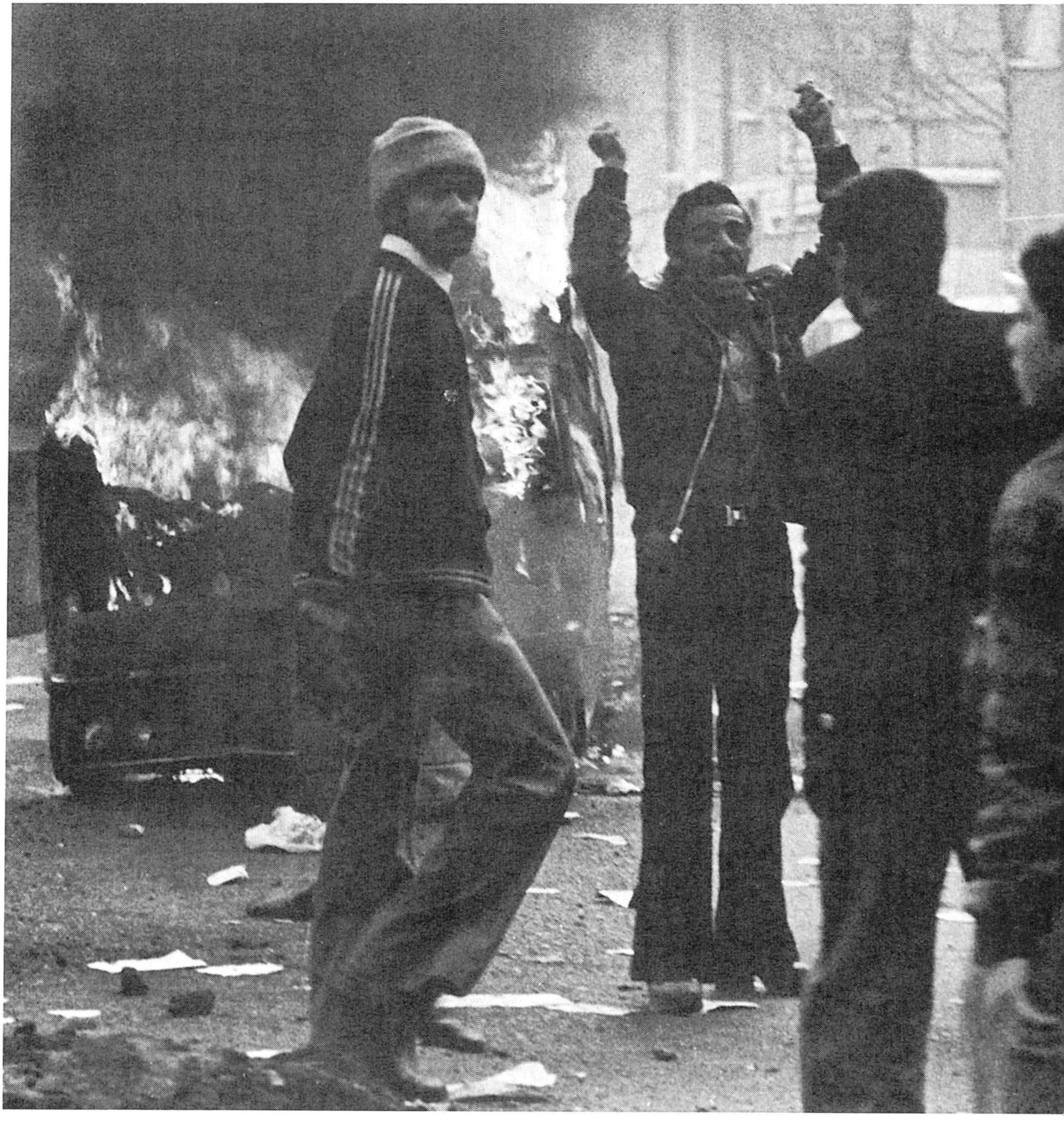

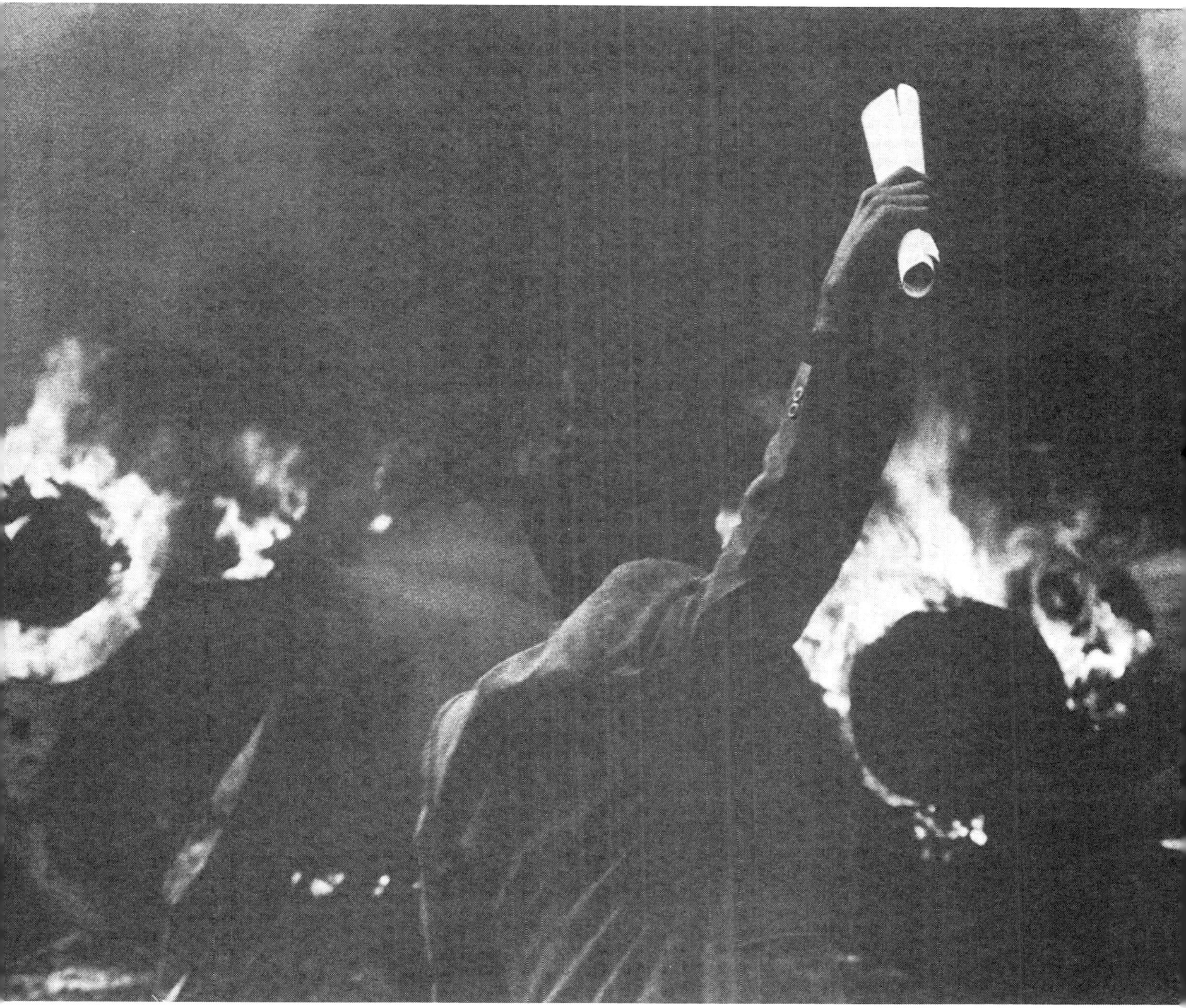

به یاری توده‌ها ، شاه ترا می کشیم
کاخ نیاوران را به خاك و خون می کشیم

مردم چرا نشستین ؟
ایران شده فلسطین

▼ ۵۷

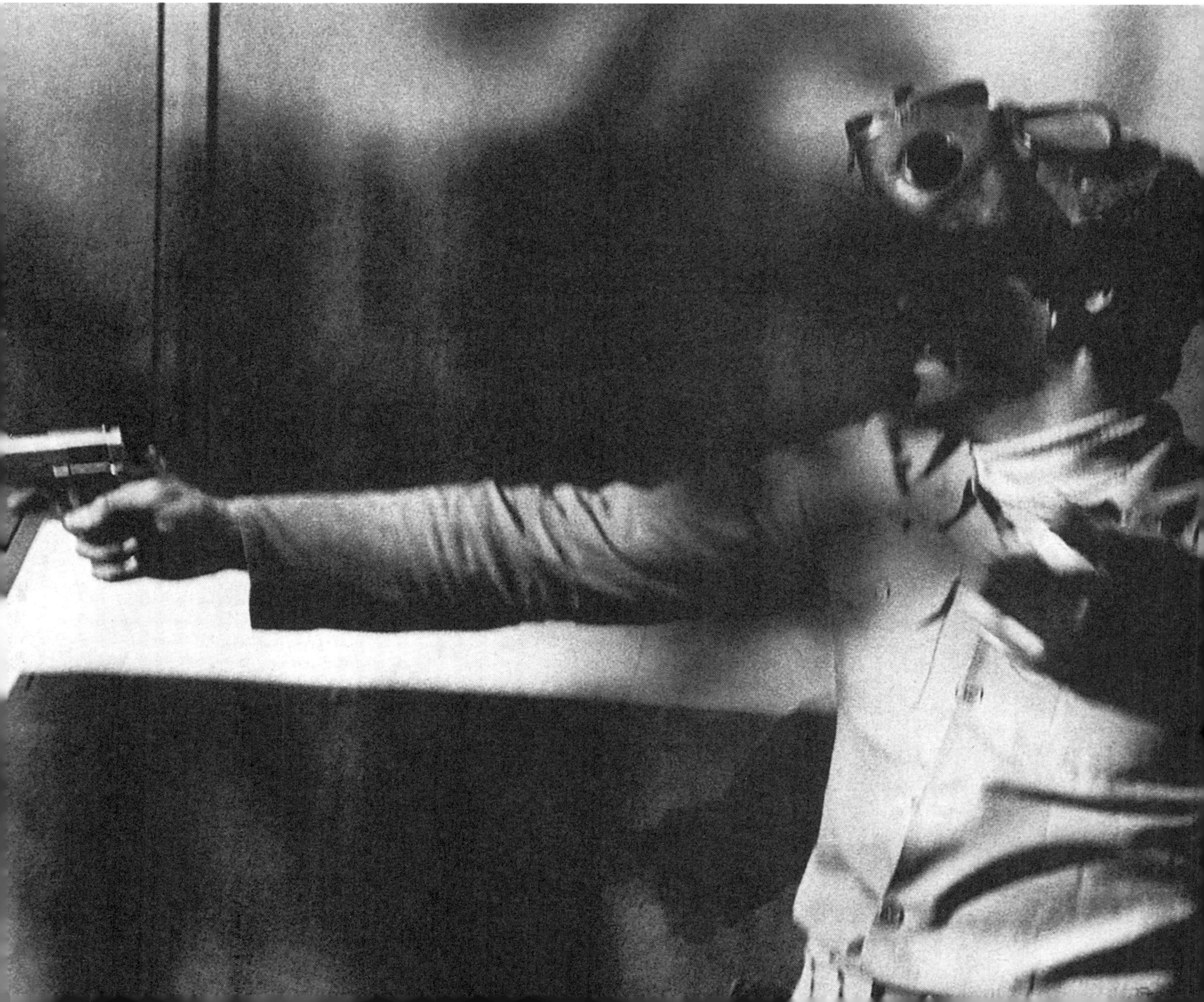

مردان حق زندانند
یا کشته در میدانند

مجاهد، مجاهد طلایه‌دار خلق است
مسلسل، مسلسل جواب ضد خلق است

۵۸ ▼

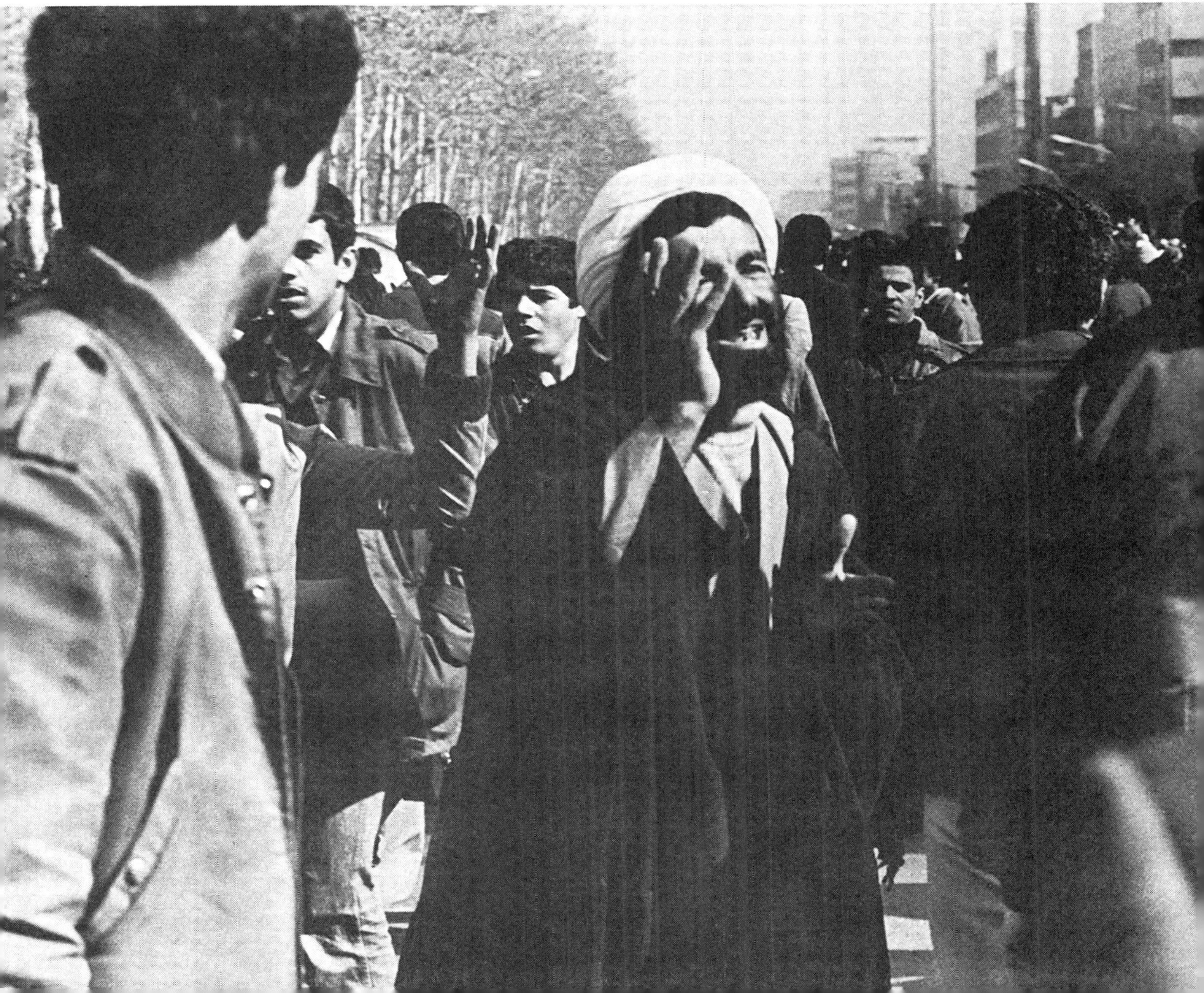

٥٩

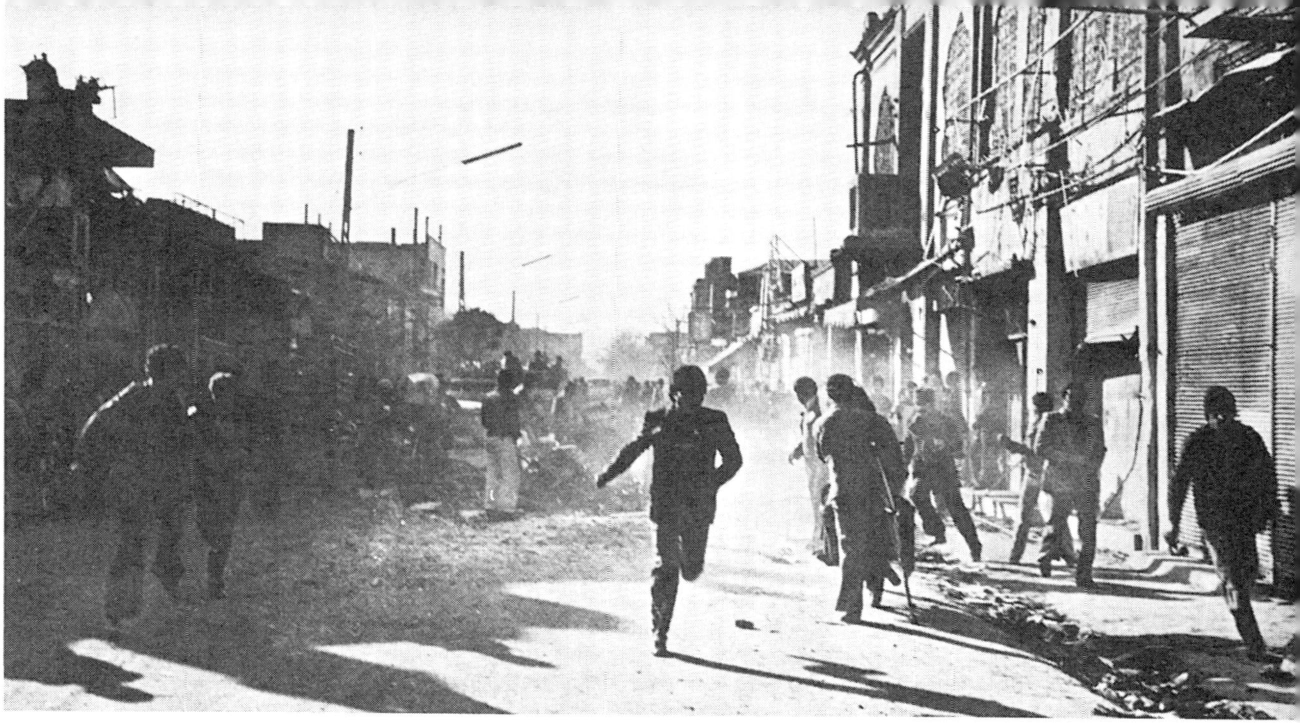

٦٠

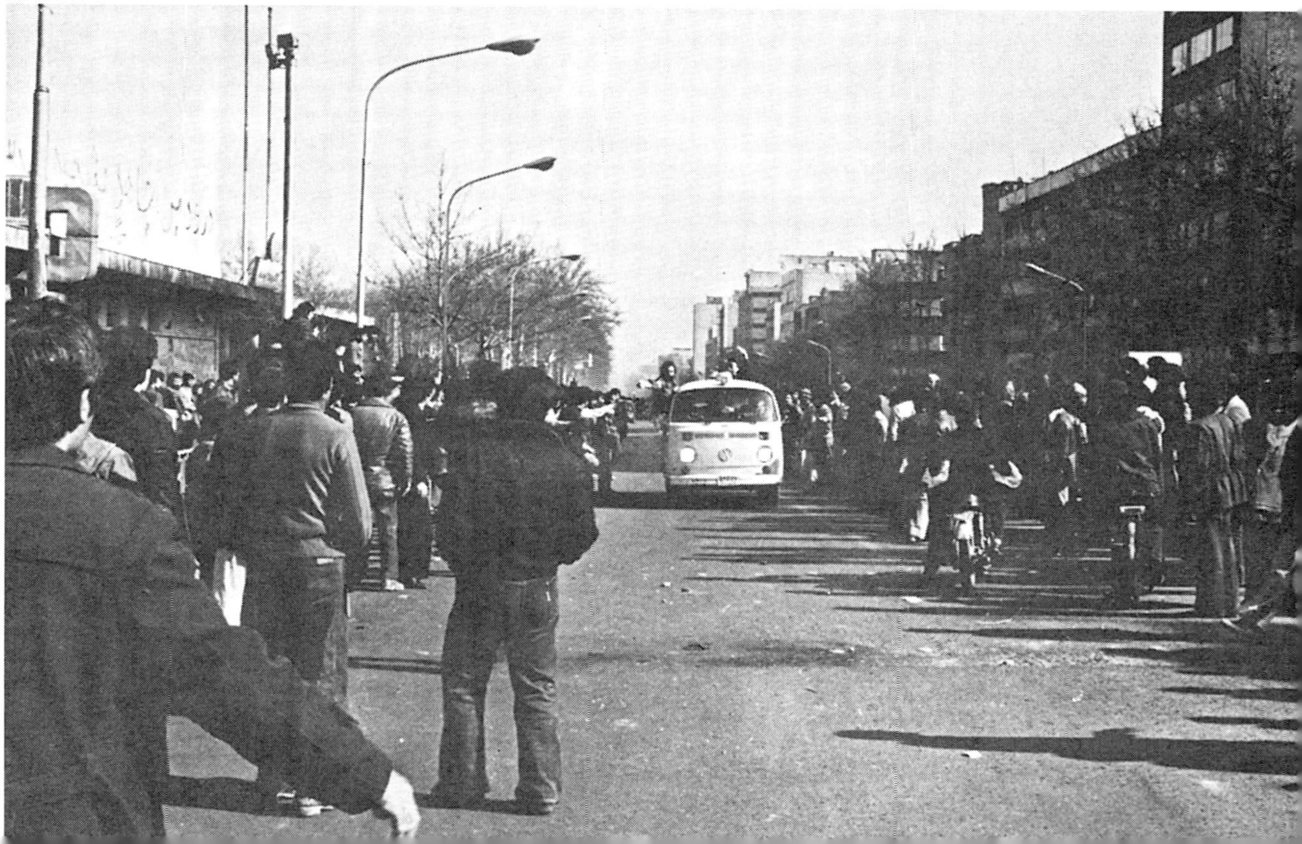

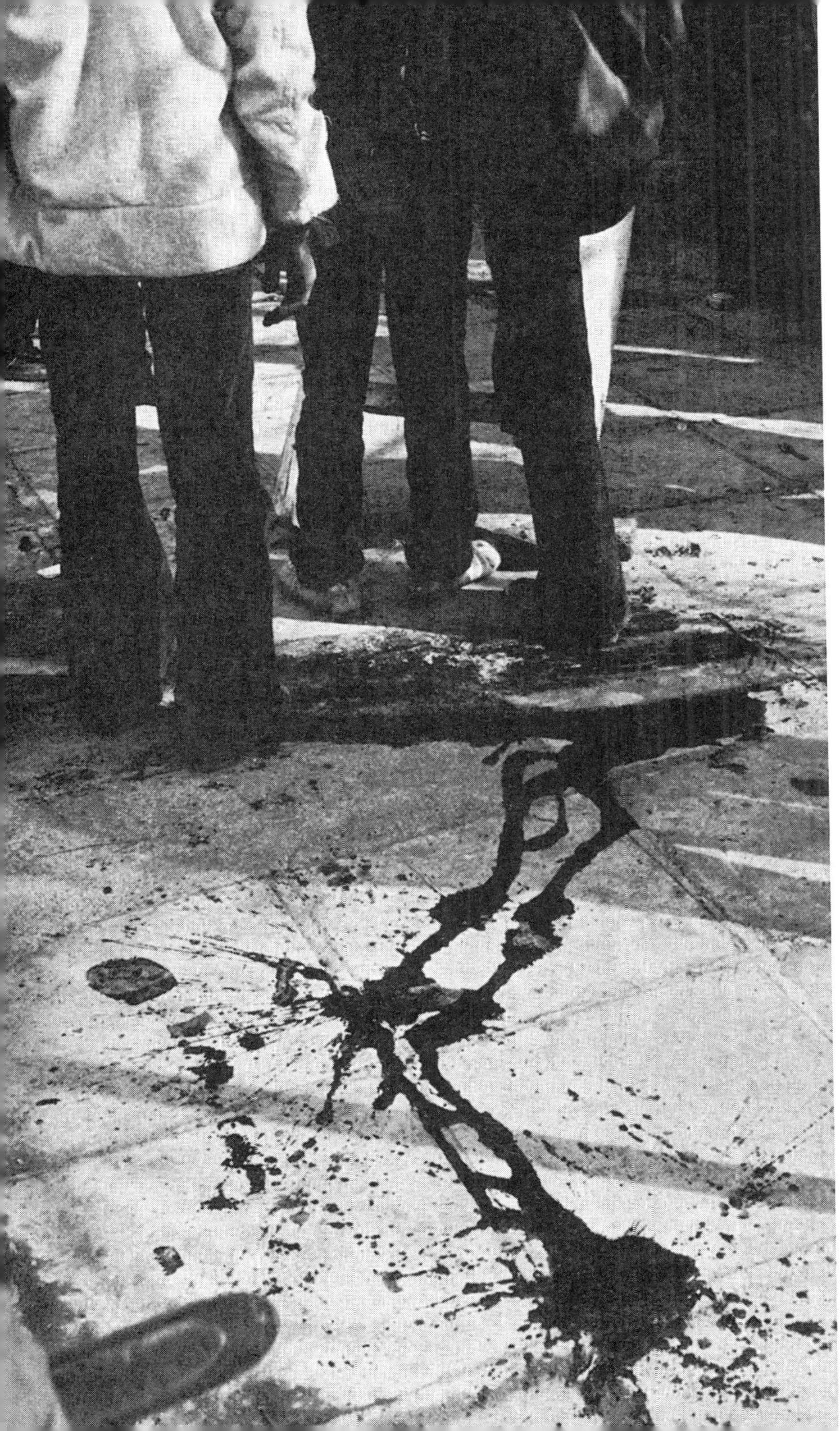

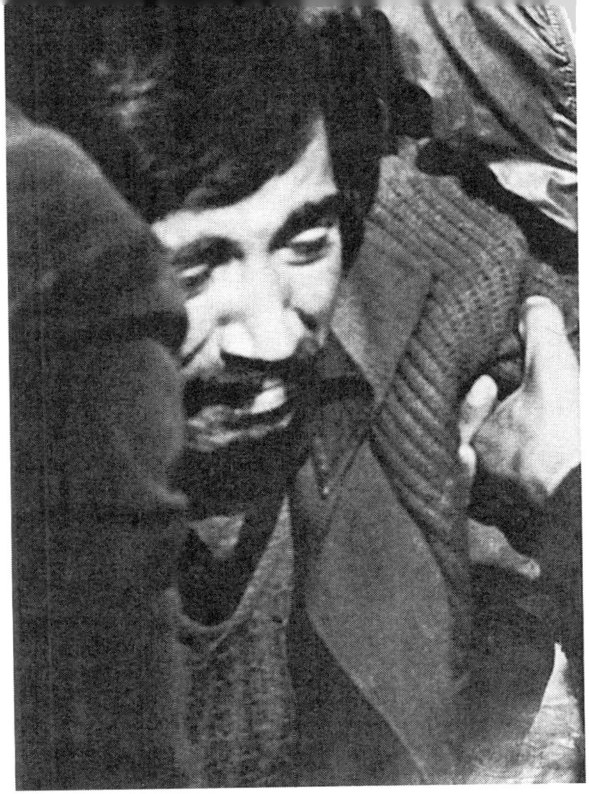

▲٦١ ▼٦٢ ◀٦٣

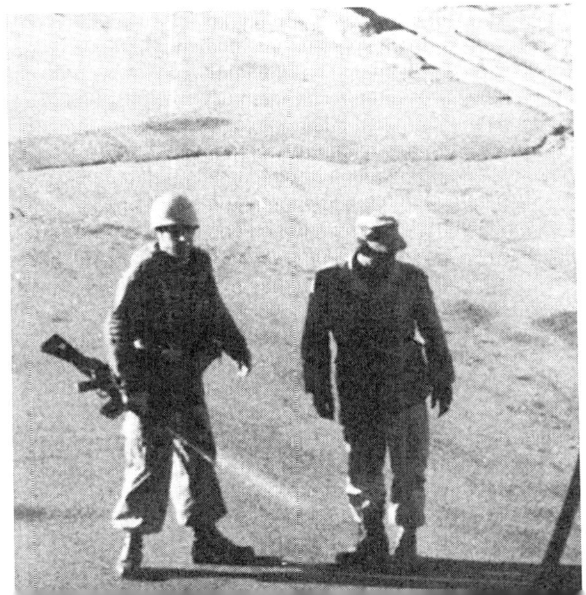

مسلمان به پا خیز
برادرت کشته شد

٦٥▼ ◄٦٦

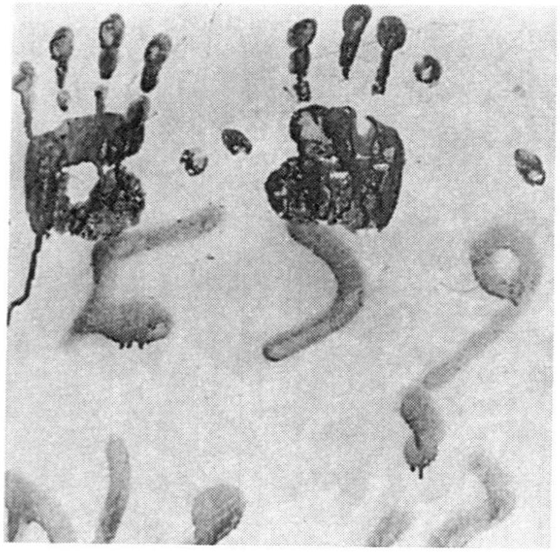

● من از طبقهٔ شریف ارتش که دستشان به خون جوانان ما آلوده نشده است می‌خواهم که ننگ اطاعت از خیانتکاران را تحمل نکنند و با قاطعیت آنان را از مقابله با ملت بازدارند. ملت از خود شماست و برای منافع اجانب برادرکشی نکنید و با پشتیبانی از اسلام و ملت نام خود را در تاریخ جاوید کنید....

از پیام امام خمینی
به‌تاریخ ۲۹ آذر ۱۳۵۷ / ۲۰ صفر ۱۳۹۹، پاریس

٦٤►

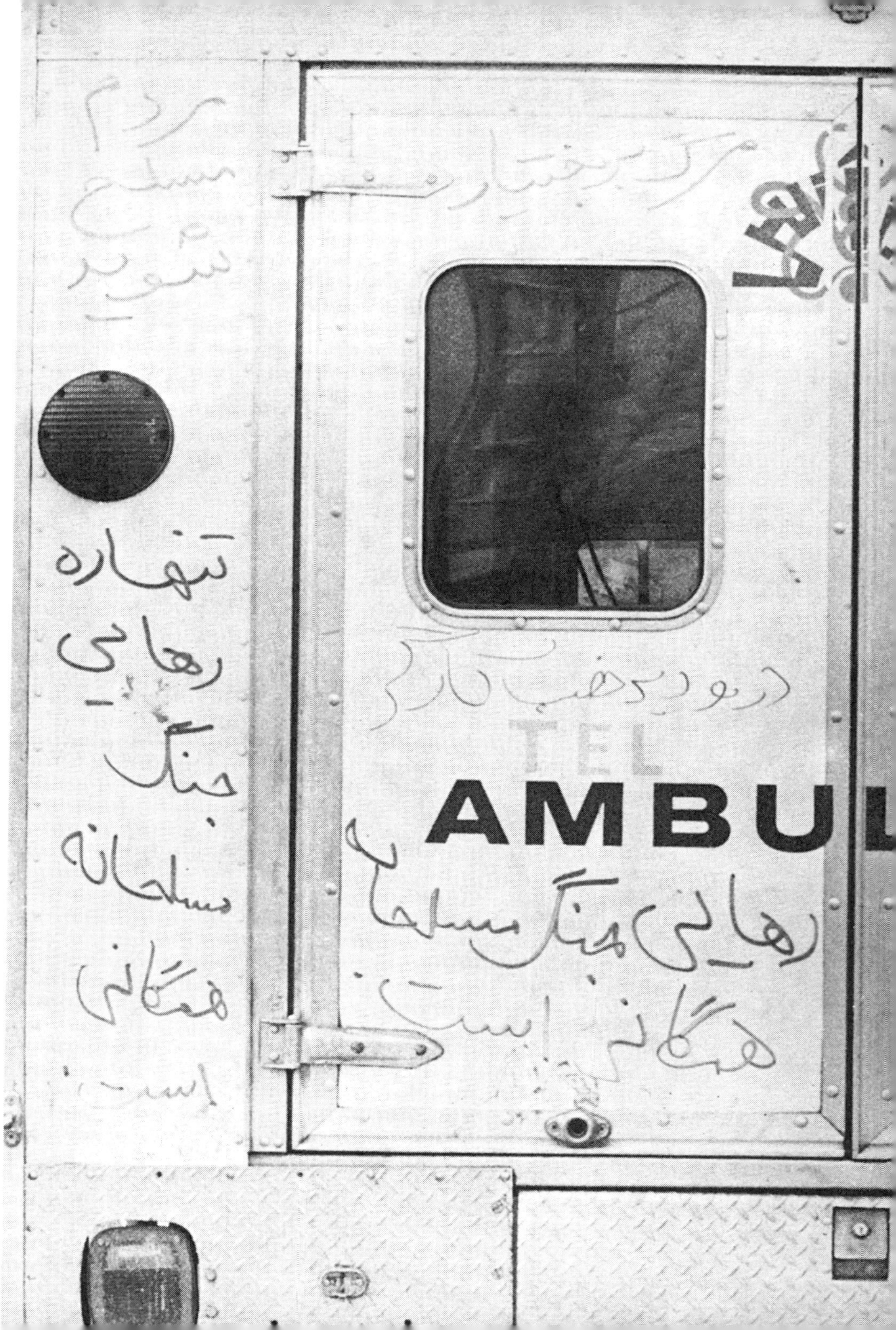

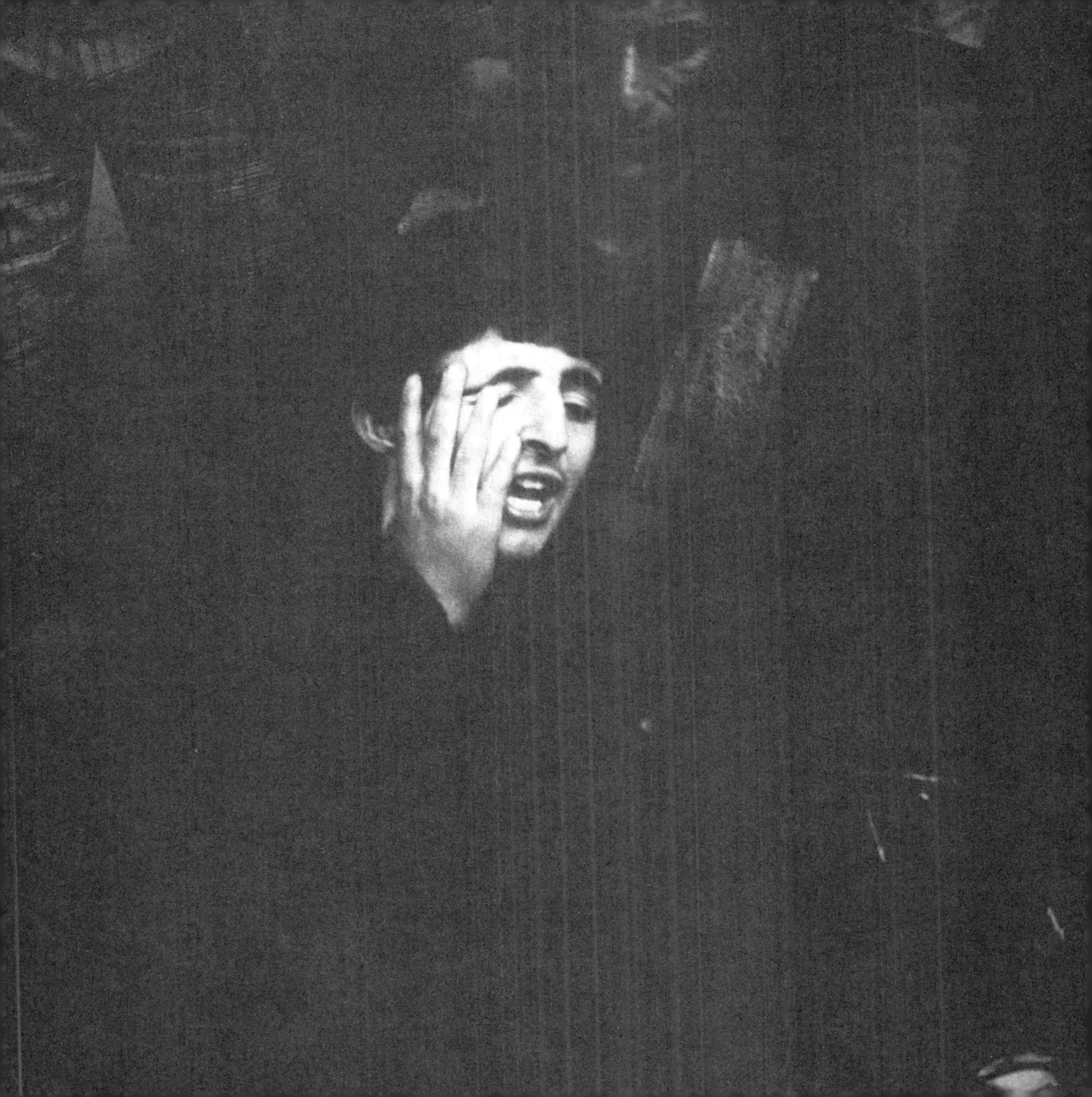

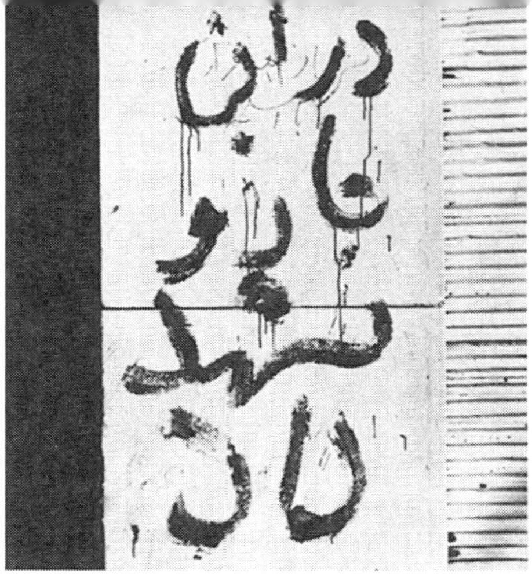

▲ ٦٧

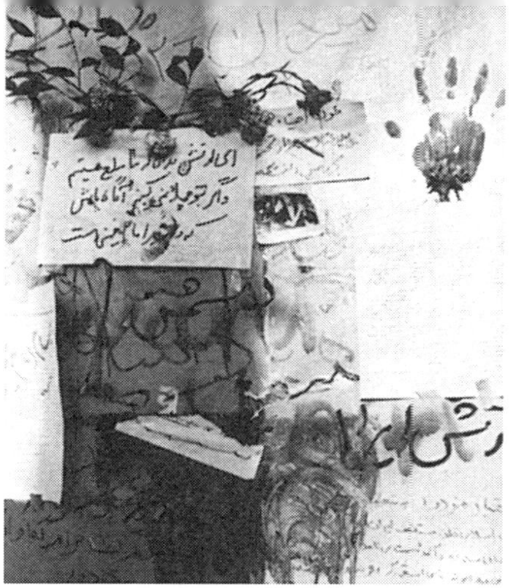

▲ ٦٨

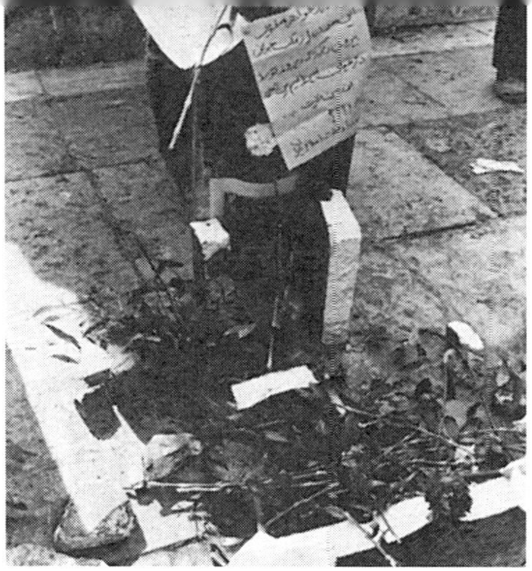

▲ ٦٩

▼ ٧٠

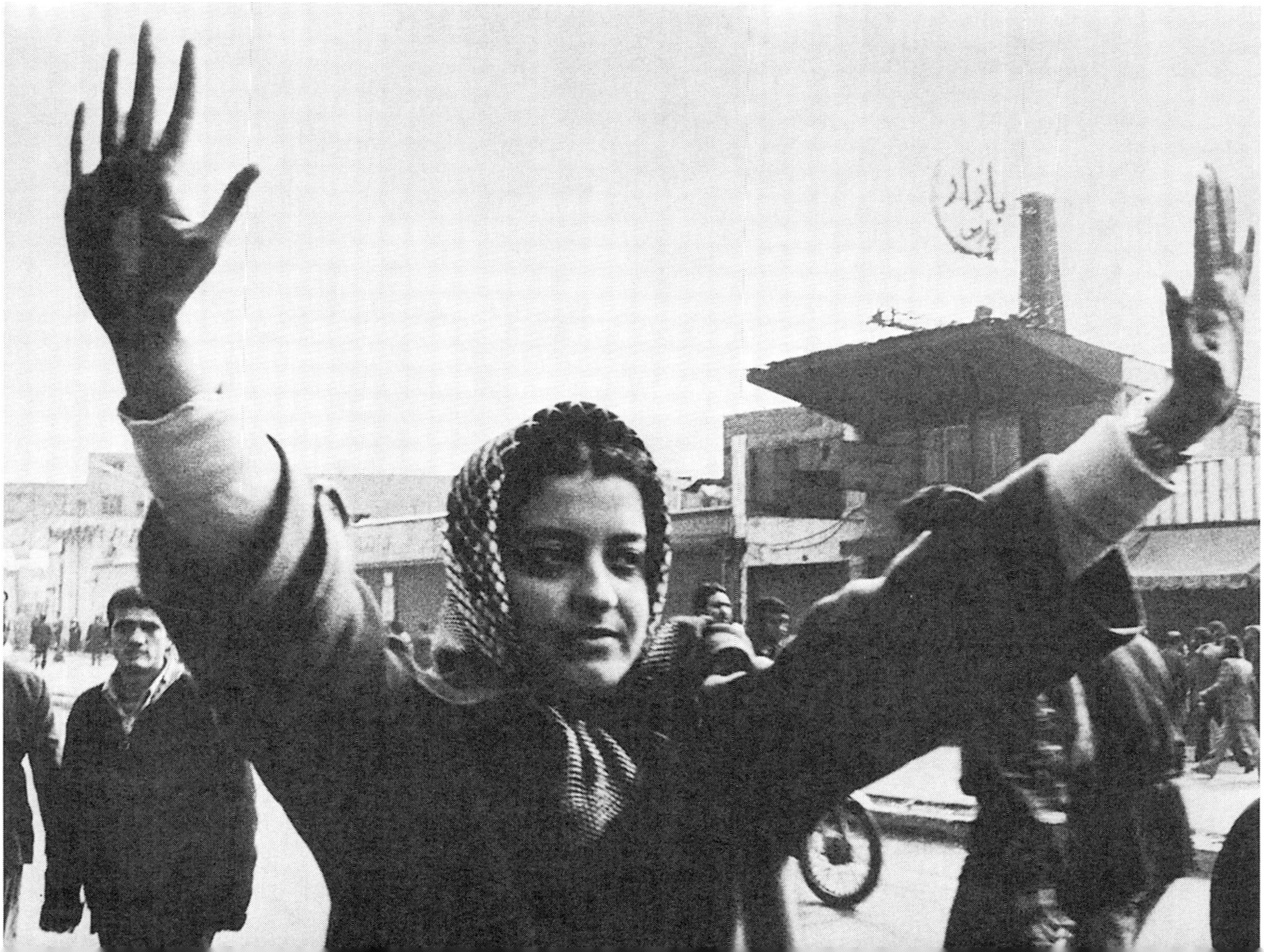

می کشم می کشم آنکه برادرم کشت

۳
جای شهدا خالی

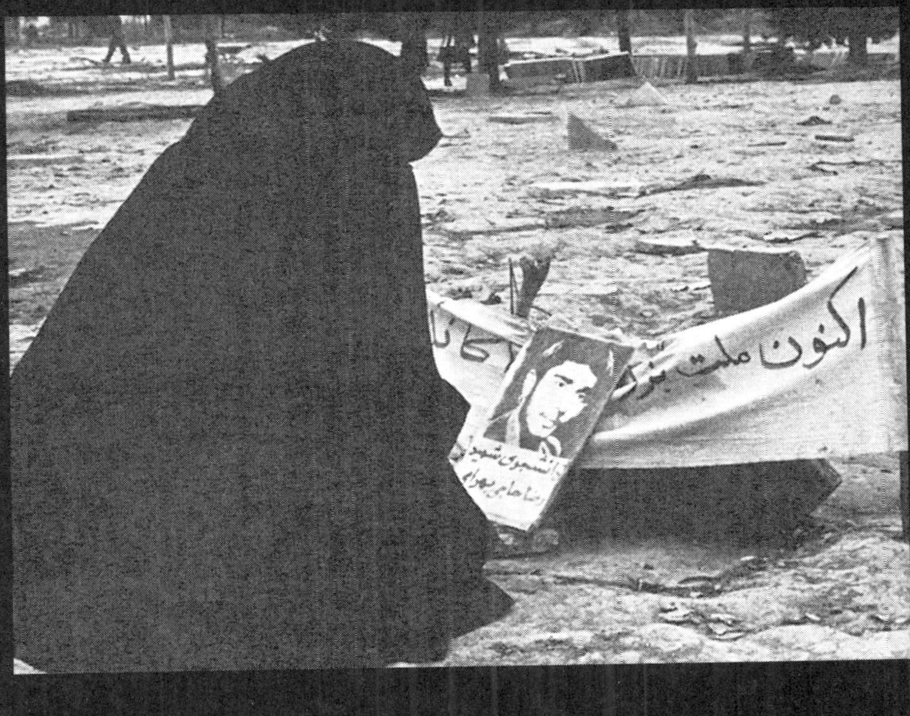

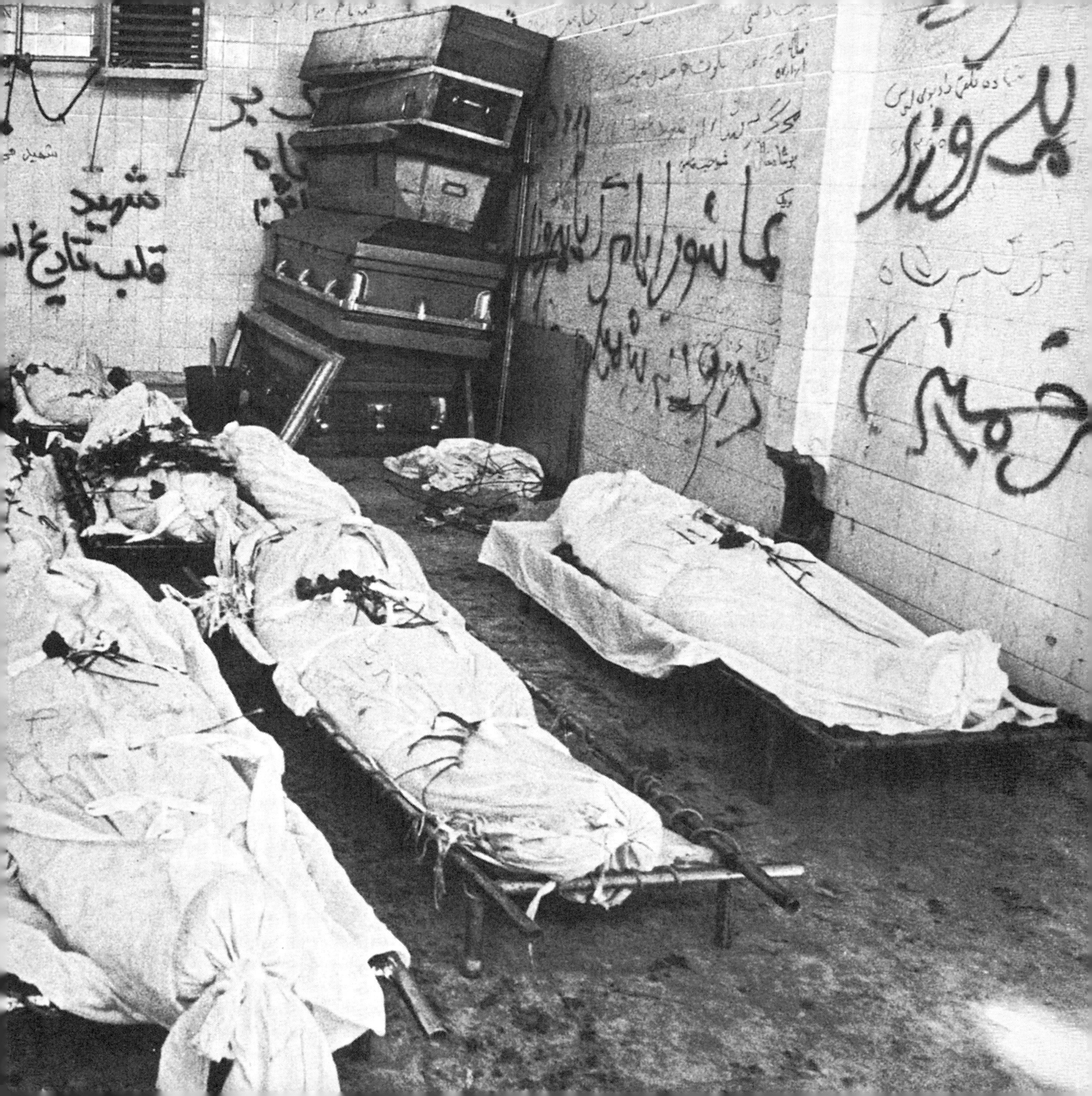
شهید

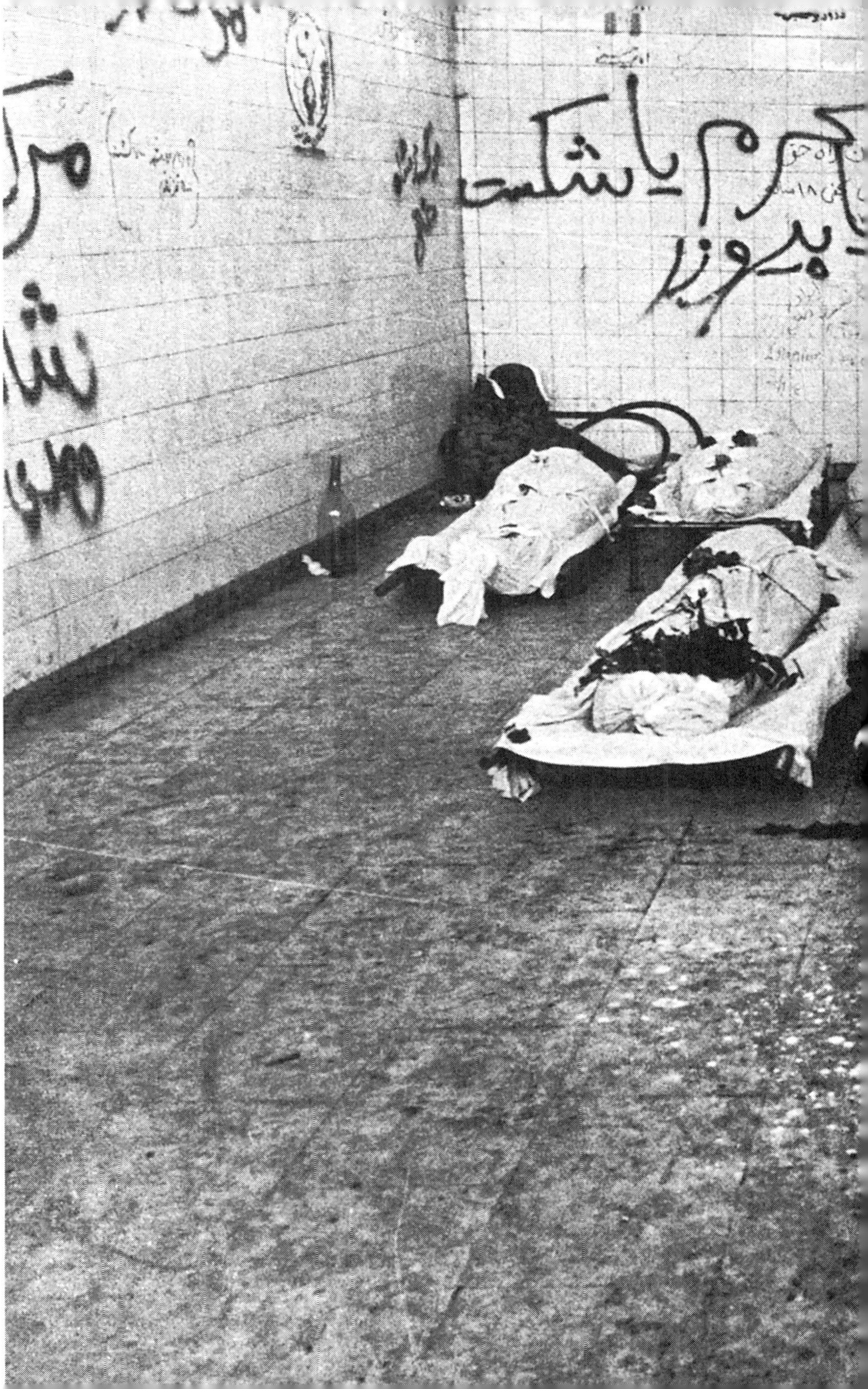

خون گرفته ایران را
تبریز و خراسان را
کشته است جوانان را
حامیان قرآن را
ای مرگ بر این شاه

● اکنون که ... ملت بیدار شده و برای احقاق حق خود به‌پا خاسته و فریاد مظلومانه‌اش بلند شده است، جواب آنها با مسلسل و تانک و توپ داده می‌شود. قتل‌عامهایی که دراین چندماه اخیر در شهرهای ایران رخ داده روی تاریخ را سیاه نموده. شاه با تمام قوای جهنمی به پشتیبانی امریکا به جان مردم مظلوم افتاده. ایران اکنون به شکل قبرستانی مبدل و اعتصابات عمومی سرتاسر کشور را فراگرفته و شاه در این نفسهای آخرش می‌خواهد از این ملت مستضعف انتقام بگیرد. سایهٔ شوم حکومت نظامی برسرملت برقرار و دست کوماندوهای مزدور برای قتل بزرگ و کوچک و زن و مرد باز است....

از پیام امام خمینی به زایران حج
به‌تاریخ ۲۶ مهر ۱۳۵۷ / ۱۵ ذیقعده ۱۳۹۸

▶ ۷۲

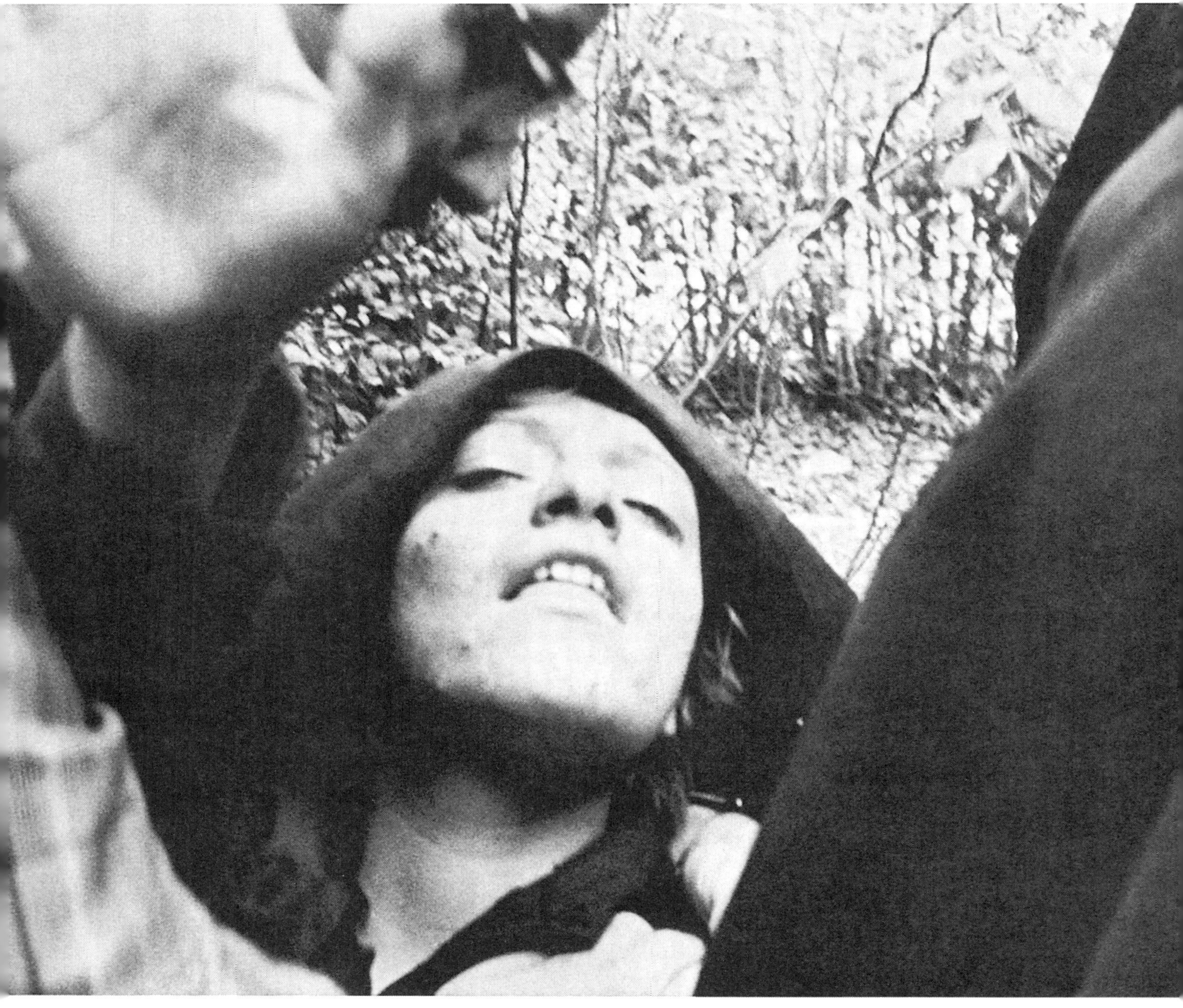

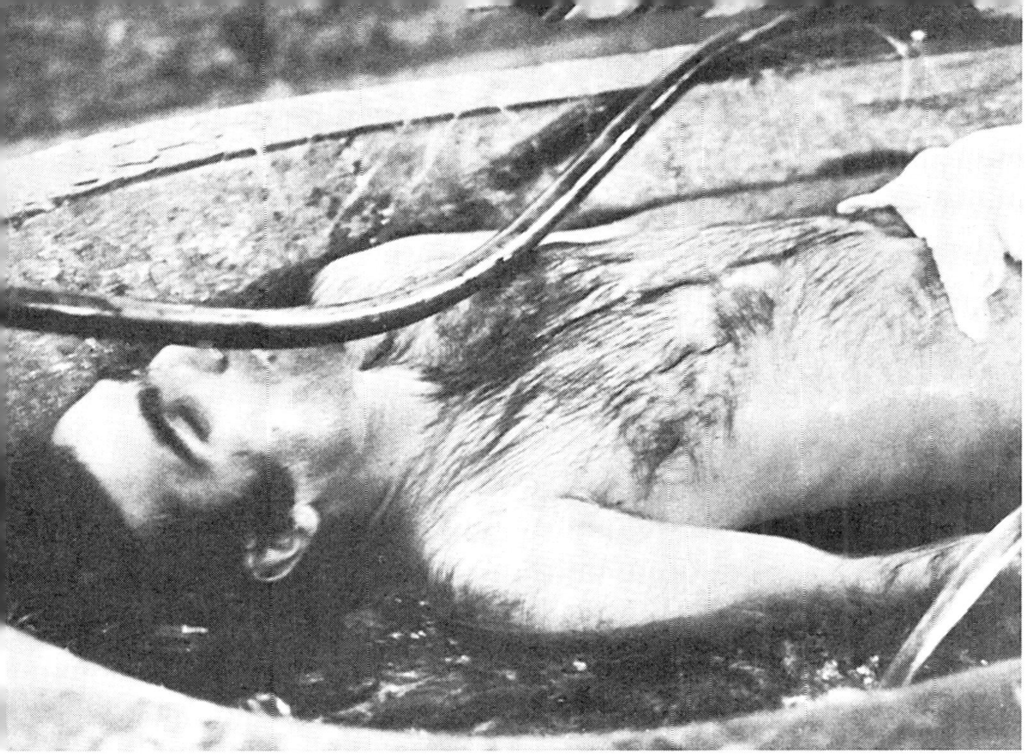

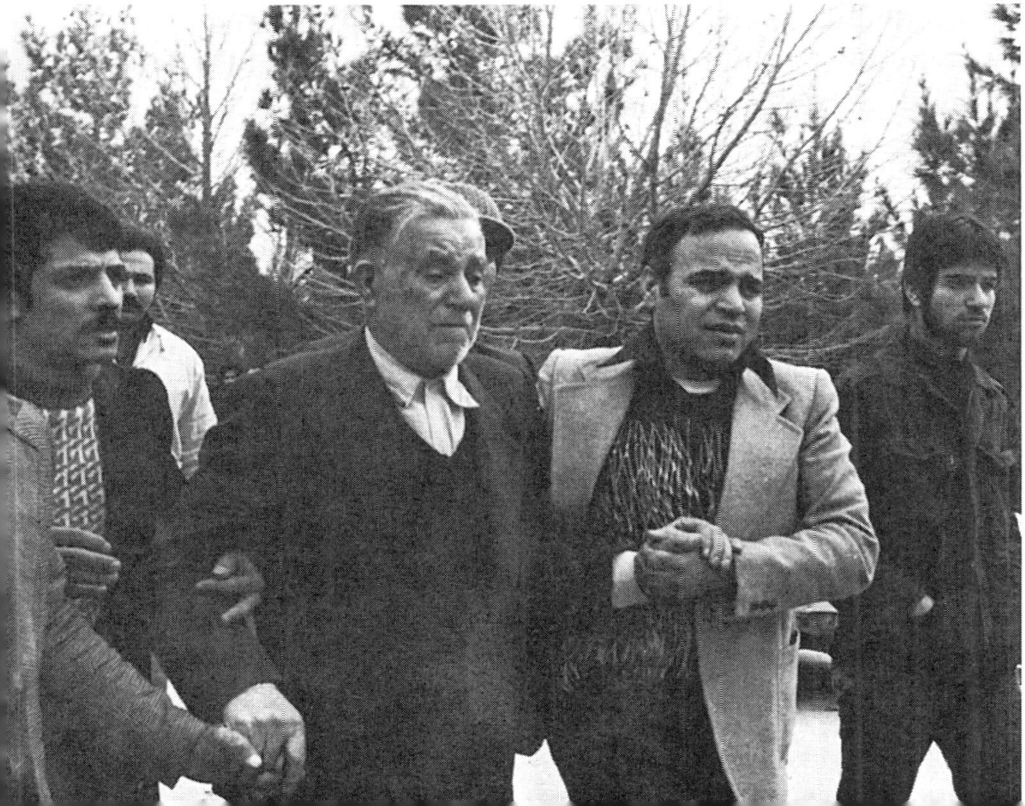

در طلوع آزادی جای شهدا خالی

◀۷۴

● تظاهرات عظیم و کم‌نظیر تاسوعا و عاشورا در تهران و همهٔ شهرها و روستاهای دیگر که سند گویایی بر یکپارچگی اکثریت قاطع ملت ایران علیه رژیم است، رژیم حاکم را چنان گیج و خشمگین کرده که بار دیگر مزدوران چماق‌به‌دست یا مسلسل به‌دست خود را به جان مردم به‌پا خاستهٔ ایران انداخته است. یورش وحشیانهٔ این مزدوران به مردم مبارز اصفهان، نجف‌آباد، آبادان، اراک، کرمان، خوی و مناطق دیگر کشتار، آتشسوزی، حمله به مساجد، تعرض به بانوان، حملهٔ مستقیم به روحانیون مبارز، شهید کردن حجت‌الاسلام آقای عاشوری بوشهری در منزل ایشان در بوشهر، حمله به مردم در درون خانه‌هایشان در اصفهان و نجف‌آباد و مناطق دیگر برای چندمین‌بار ماهیت یزیدی رژیم را به همه نشان داد و معلوم شد پاسخ رژیم به صدای انقلاب ملت که به گوشش رسیده و نتیجهٔ عملی سوگند ریاکارانه‌ای که در برابر ملت تجدید کرده همین آدمکشی‌هاست. غافل از اینکه این یورشهای وحشیانه در ارادهٔ آهنین ملت ما بر طرد رژیم کمترین رخنه‌ای ایجاد نمی‌کند و مردم ما را در ادامهٔ مبارزه برای ریشه‌کن کردن مادهٔ فساد مصمم‌تر می‌سازد....

از اعلامیه جمعی از روحانیون تهران
به‌تاریخ ۲۷ آذر ۱۳۵۷ / ۱۷ محرم ۱۳۹۹

◀۷۵ ۷۳▶

ای شاه خائن
آواره گردی
خاك وطن را
ویرانه کردی
کشتی جوانان وطن
الله اکبر
کردی هزاران تن کفن
الله اکبر

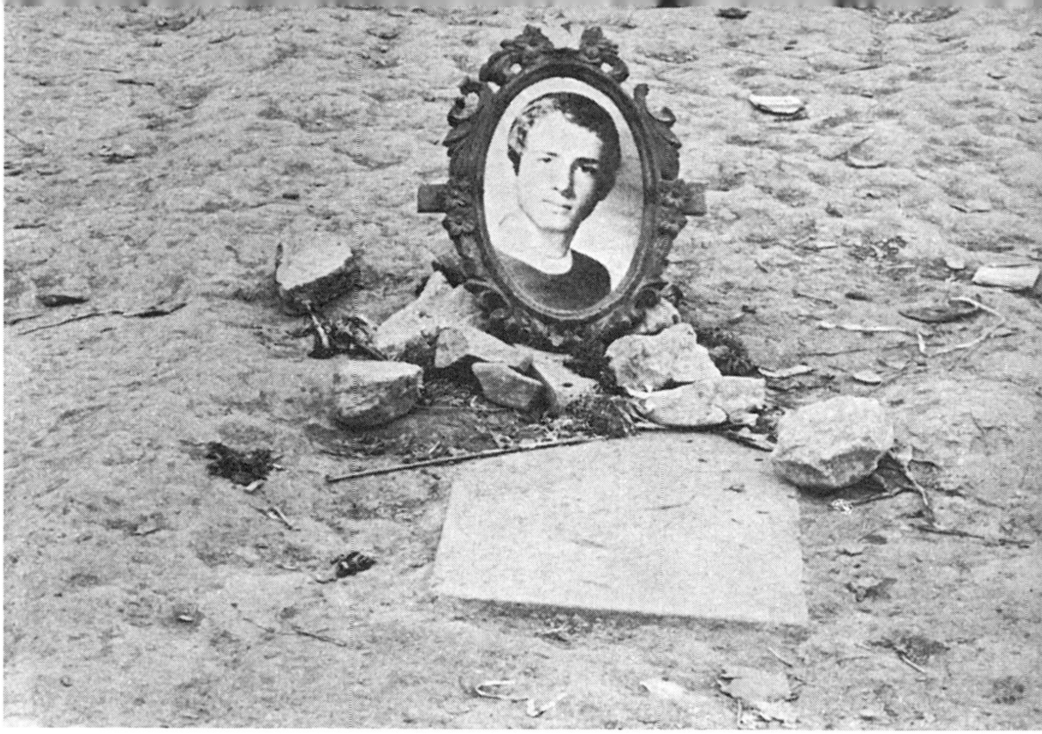

▲٧٦

ای شهید حق
آیم به سویت
بهشت موعود
در پیش رویت
مادرند یده خیرتو
الله‌اکبر
پدر نشسته سوگ تو
الله‌اکبر

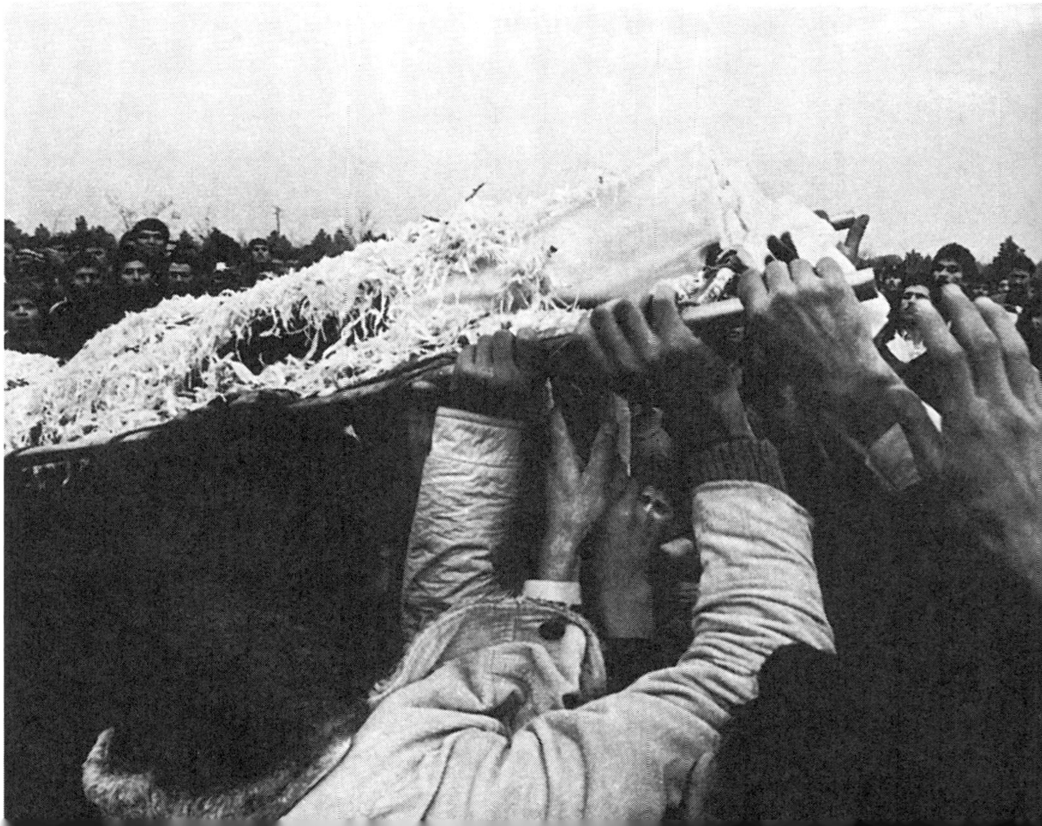

٧٧◄

٧٨◄

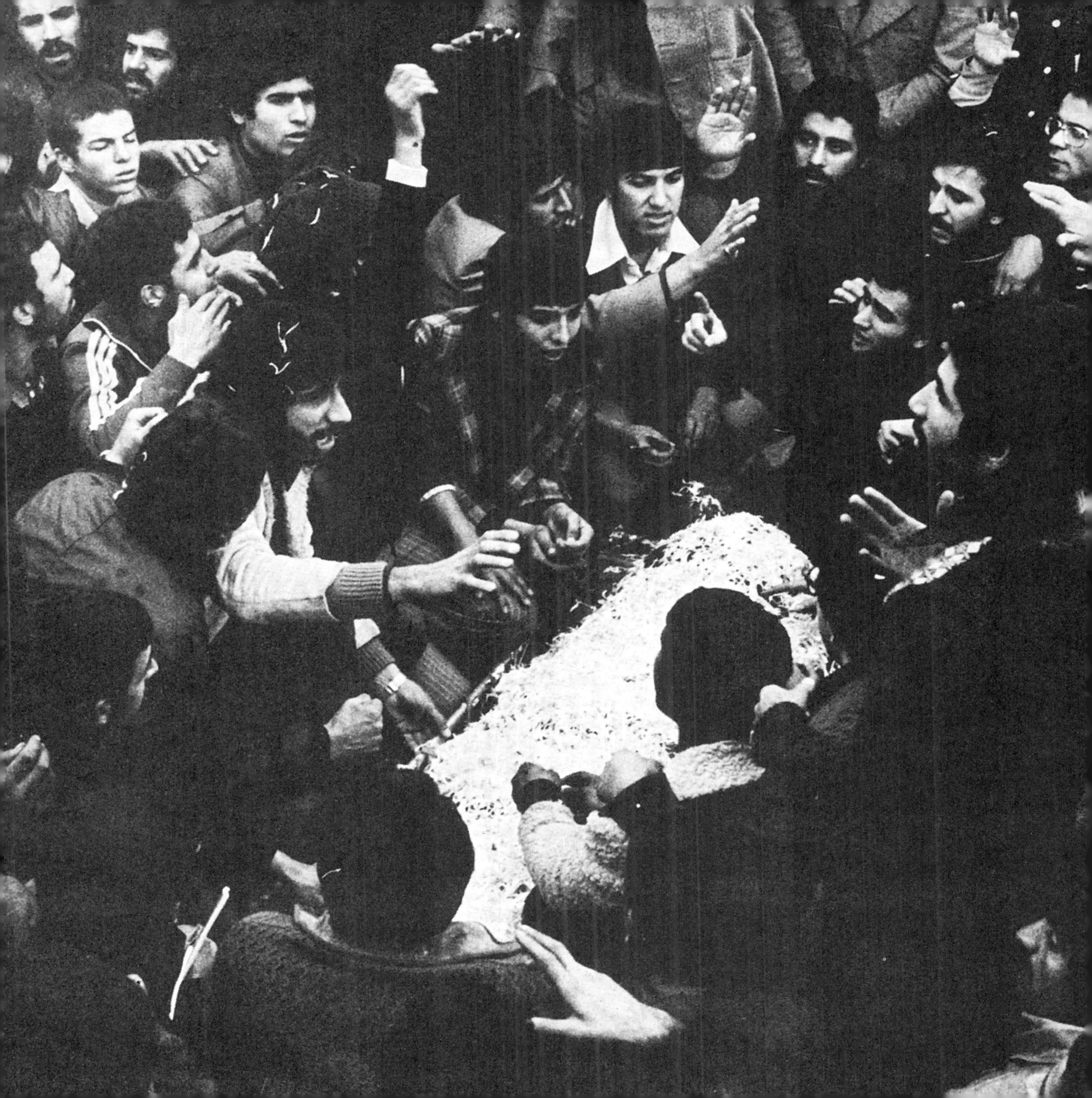

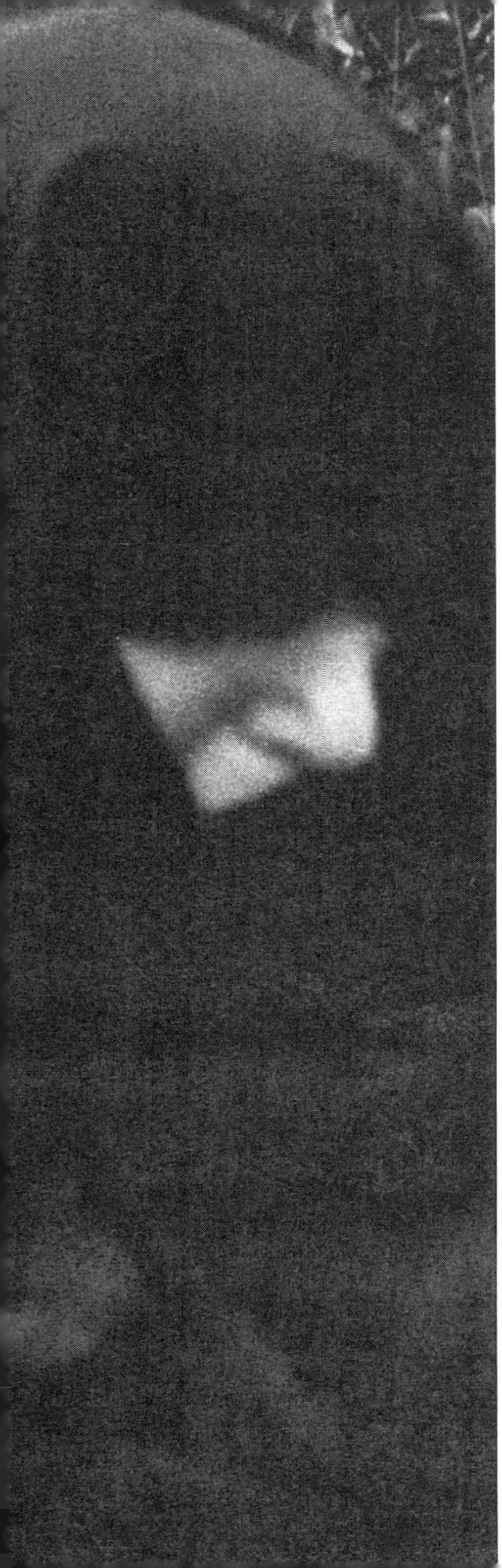

برادر شهیدم شهادتت مبارک
◄۸۰

برادر شهیدم راهت ادامه‌دارد
▼۷۹

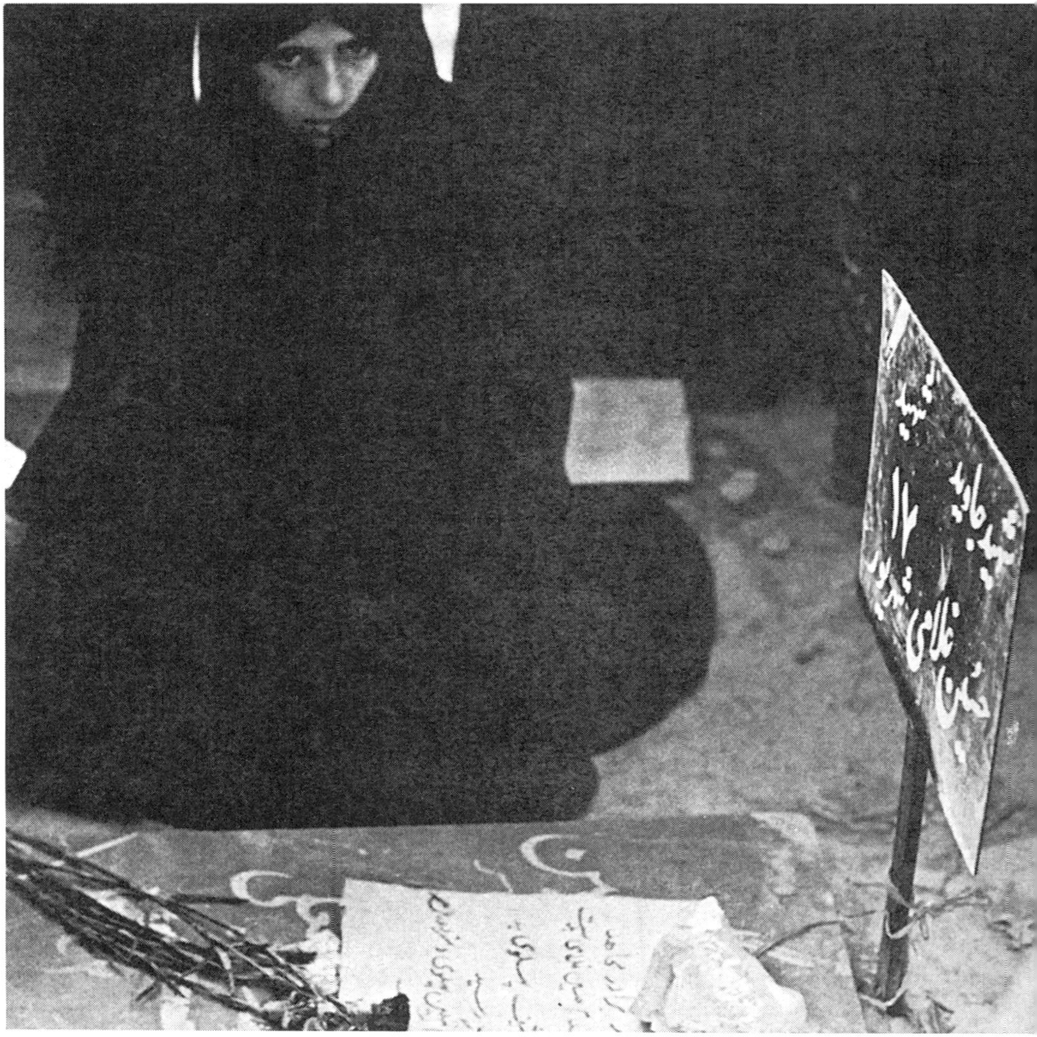

●... من شهادت در راه حق و اهداف الهی را افتخار جاودانی می‌دانم. من به مادران و پدران جوانانی که در راه اسلام و آزادمنشی خون داده‌اند تبریک عرض می‌کنم. من به جوانان عزیز و غیوری که جان خود را در راه دوست فدا کرده‌اند حسرت می‌برم....

از پیام امام خمینی به‌مناسبت فرا رسیدن ماه محرم
به‌تاریخ اول آذر ۲۱/۱۳۵۷ ذی‌الحجهٔ ۱۳۹۸، پاریس

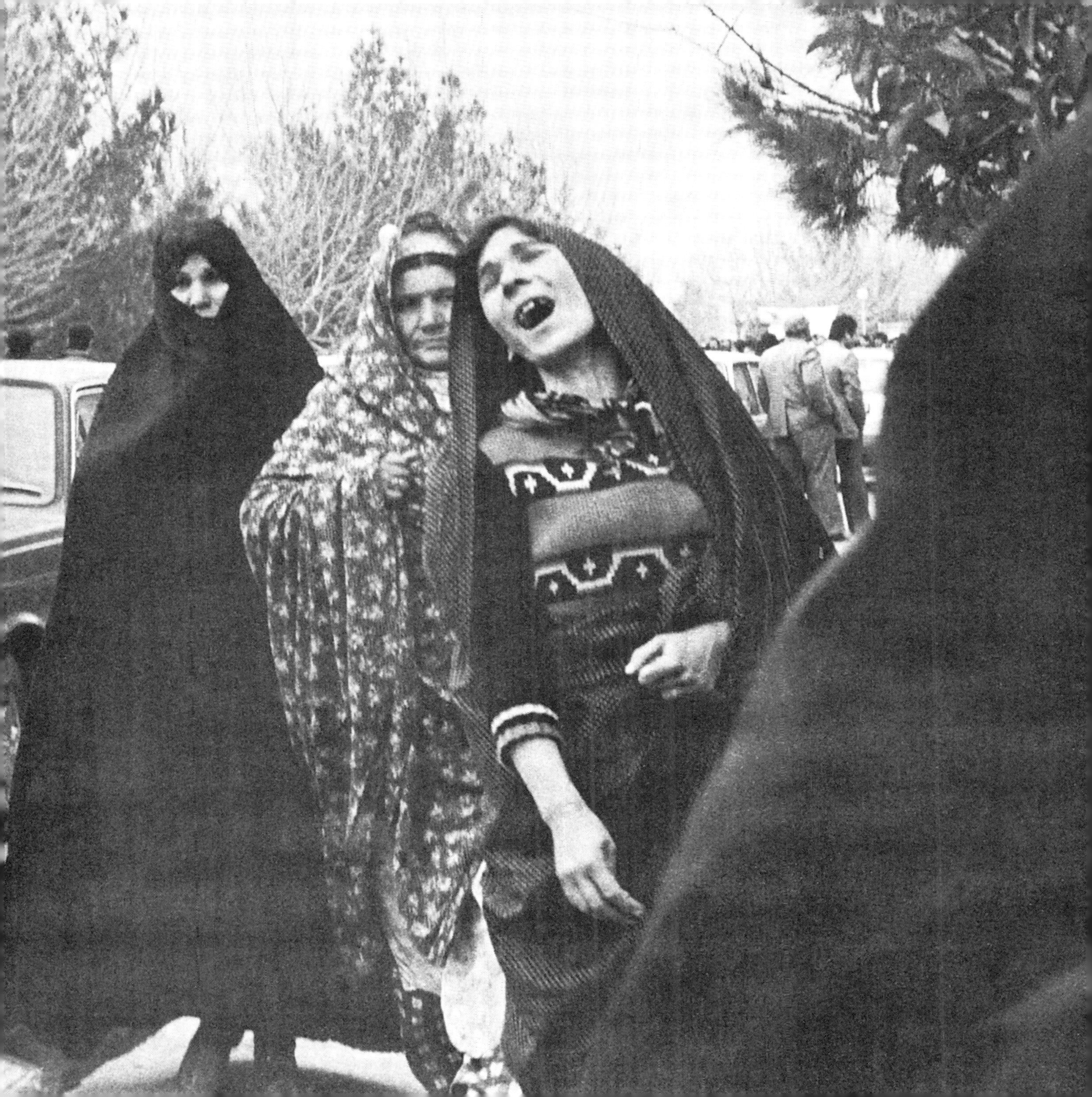

ظهر عاشوراست امروز
پهلوی رسواست امروز

▼۸۲

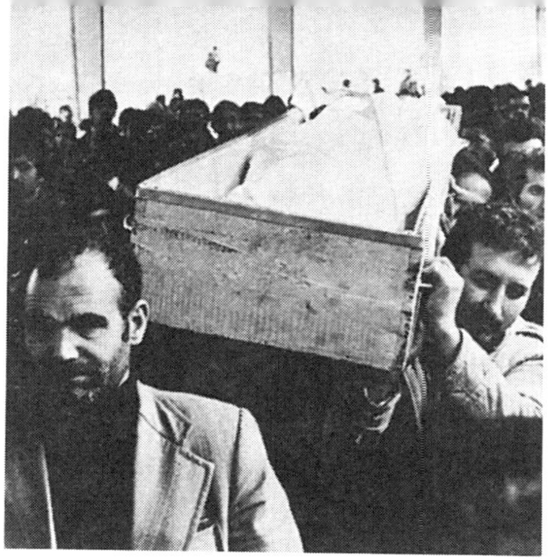

ای خواهر مجاهد
شهادتت مبارک

◀۸۱

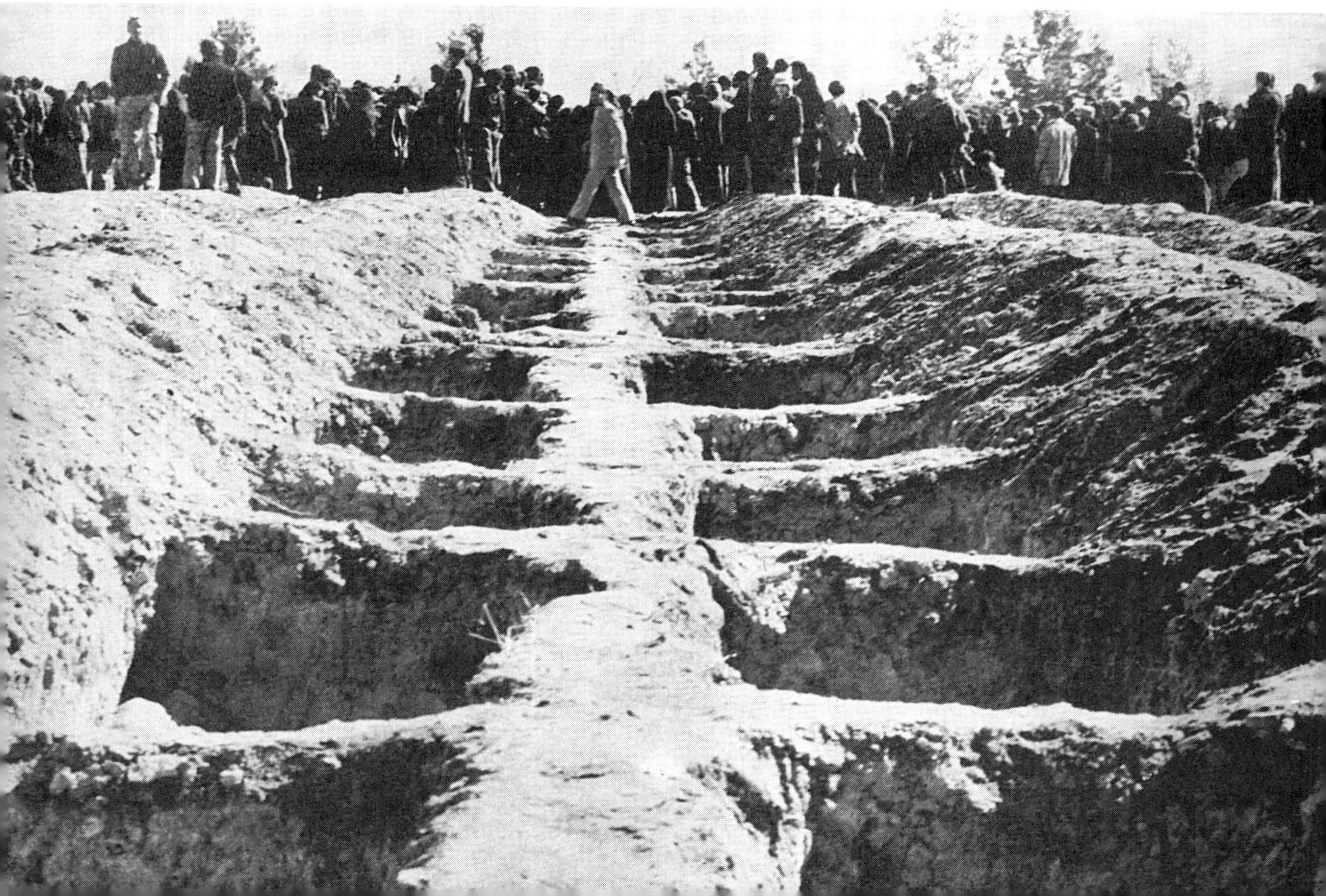

انتقام شهیدم را نگیرم
پا ننشینم اگر خود بمیرم

◄ ۸۳

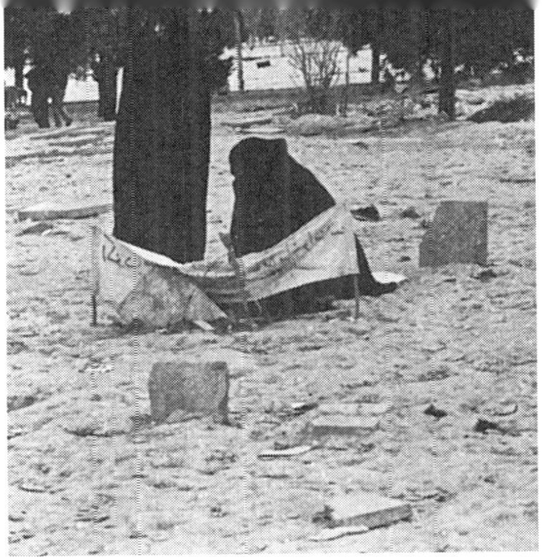

نه سازش نه ذلت
یا فتح یا شهادت

▼ ۸۴

◄ ۸۵

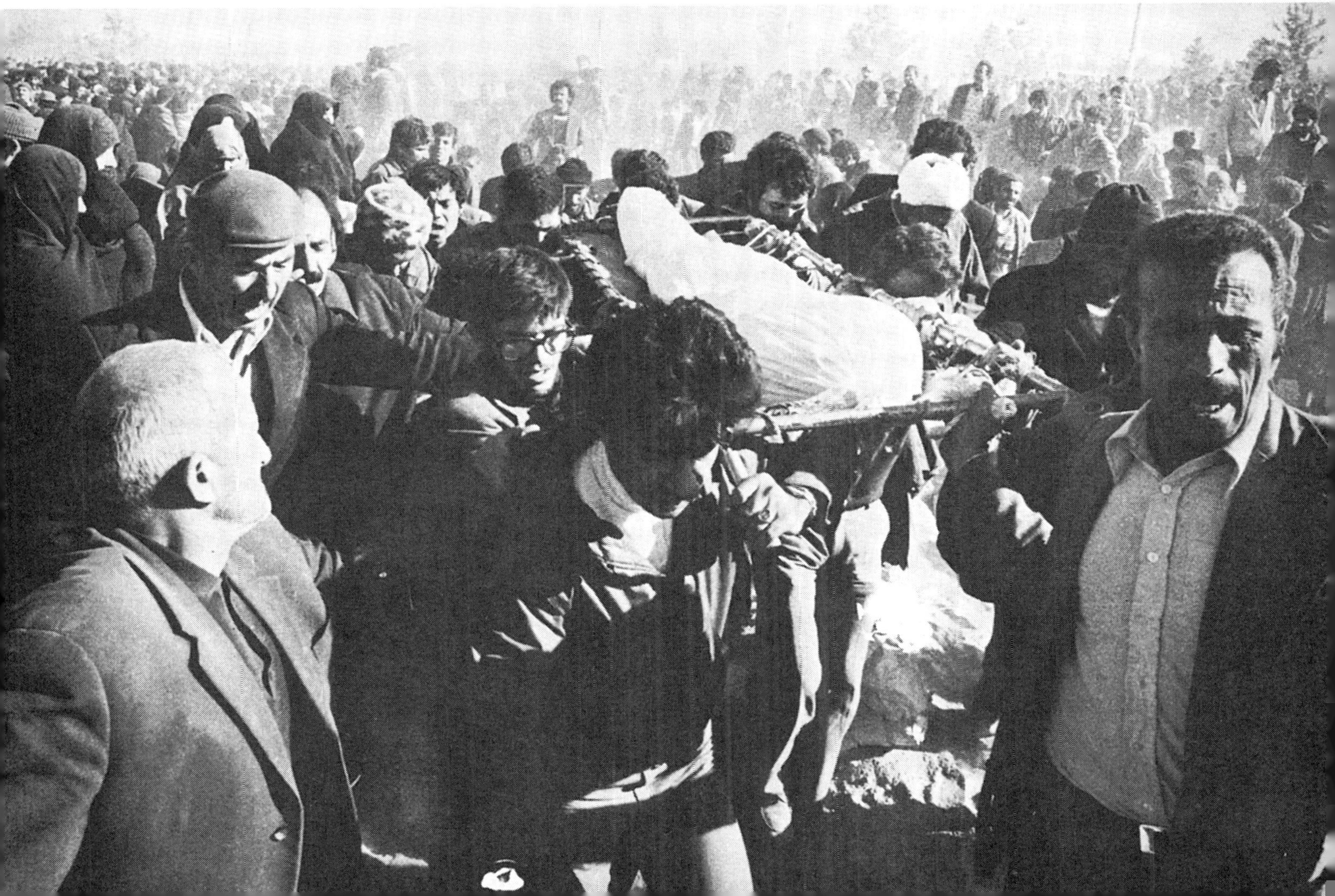

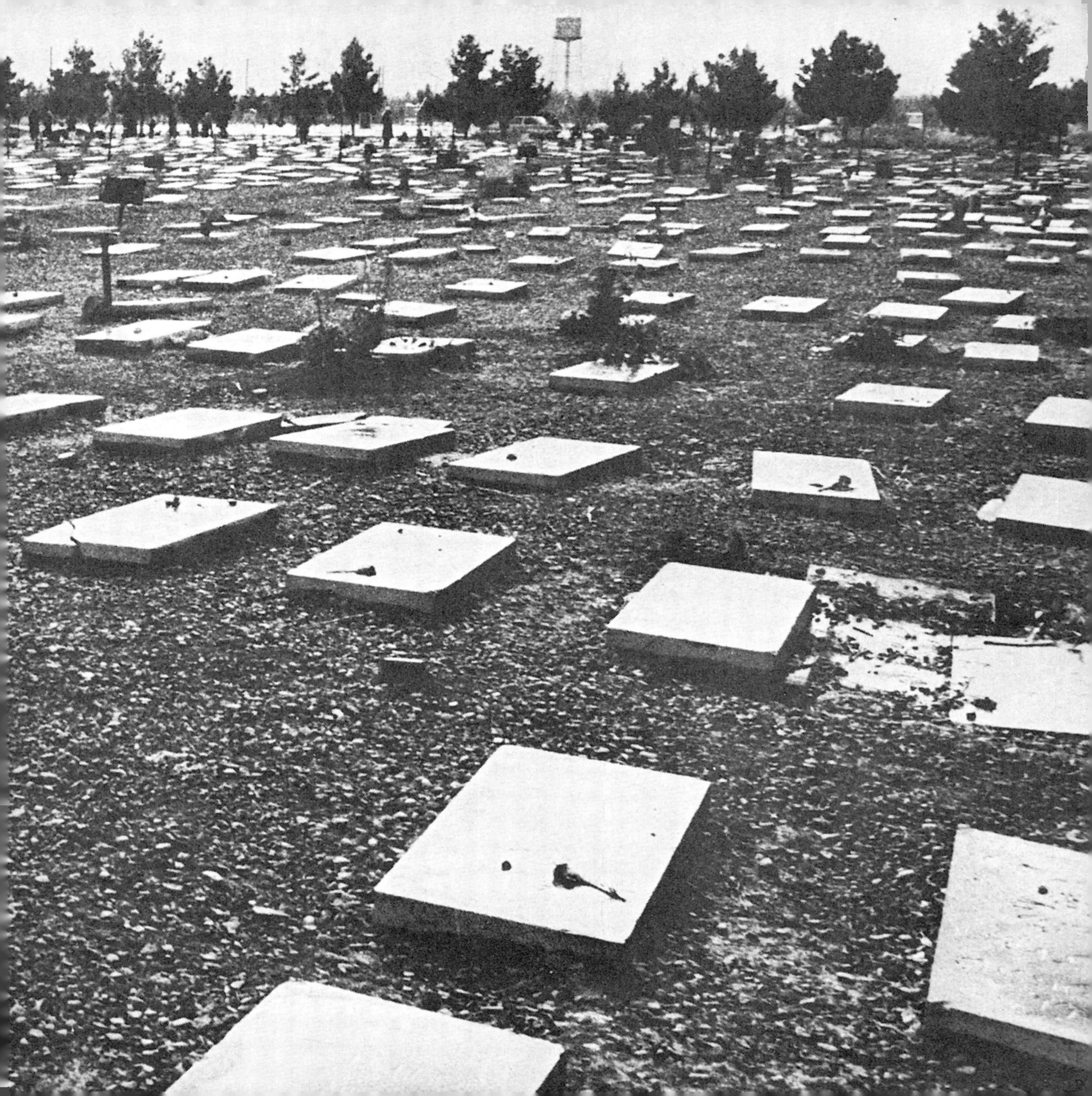

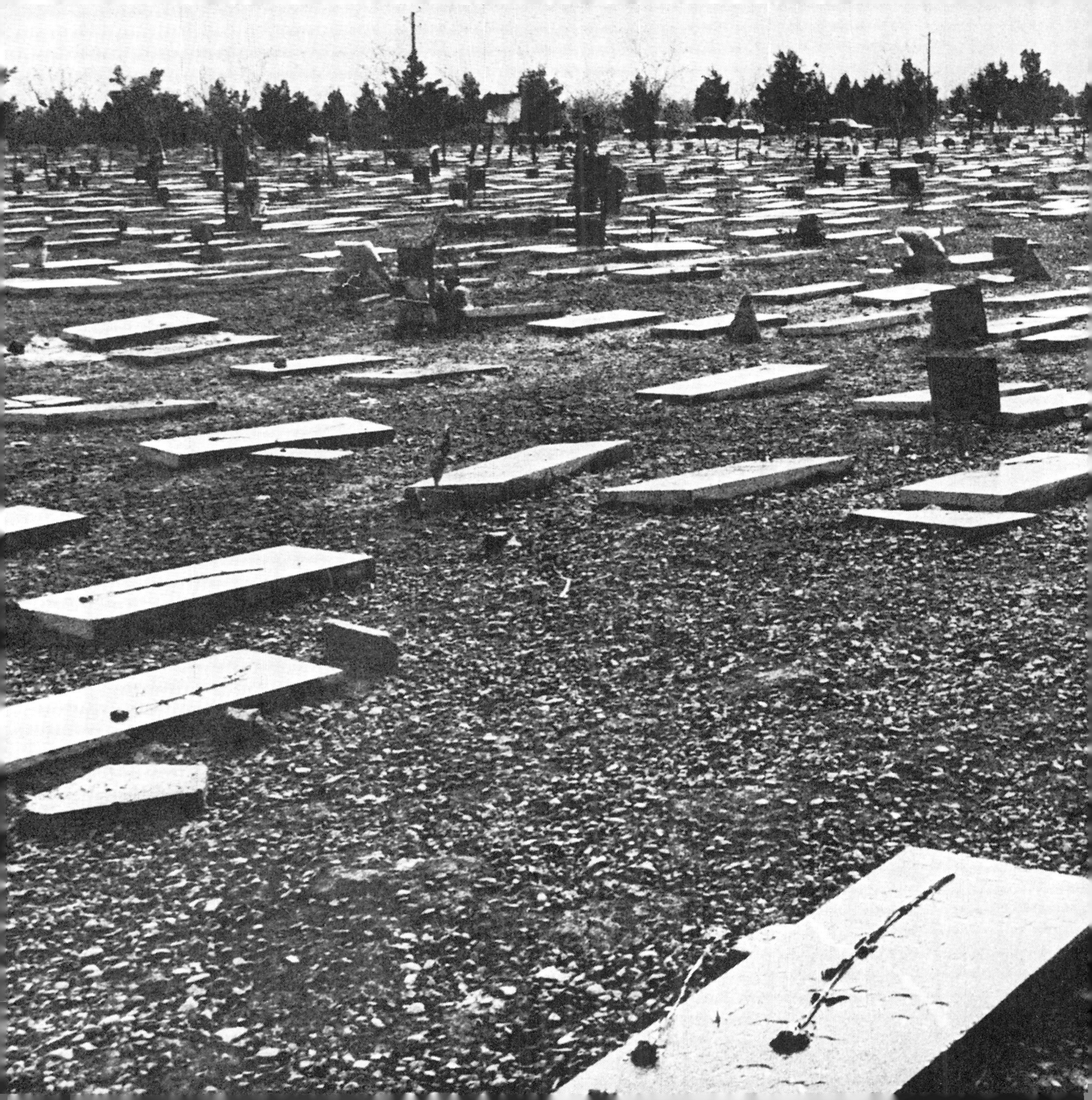

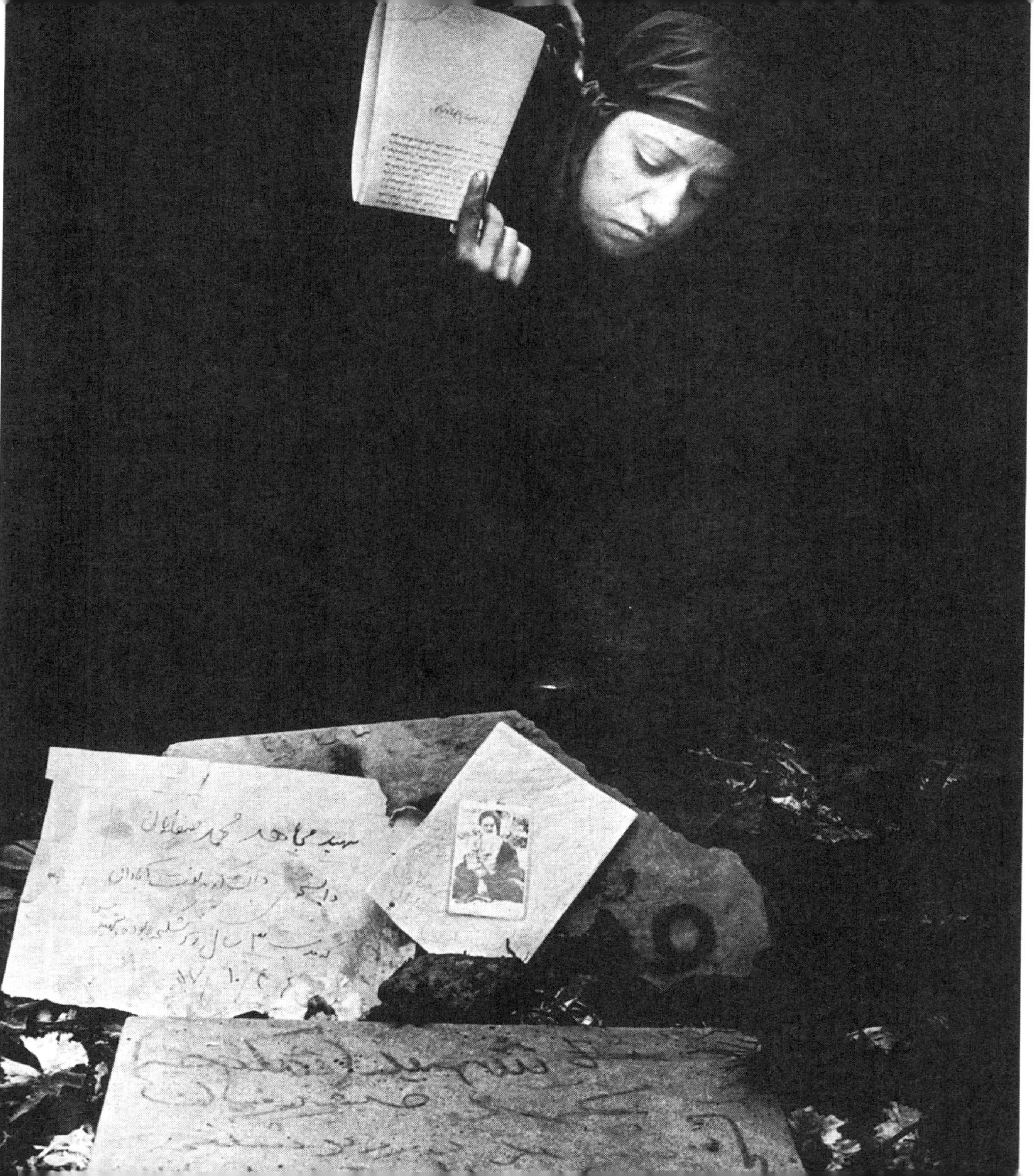

◄٨٦

به همت خمینی پهلوی در به در شد

فرعون قرن بیستم در مصر مستقر شد

٤

شاه فراری شده

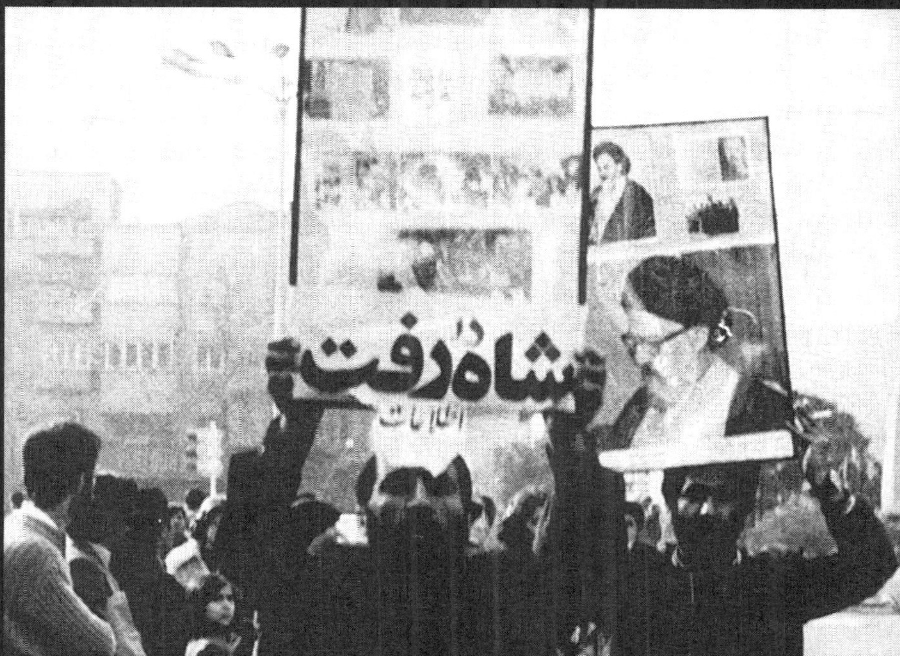

شاه در به در شده
ساواک بی پدر شده

شاه فراری شده
سوار گاری شده

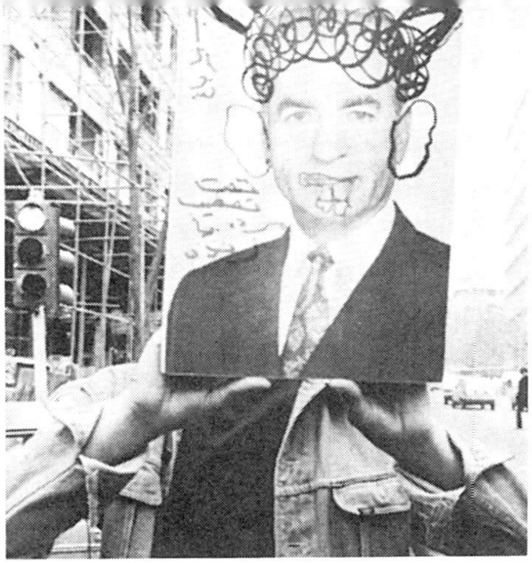

۸۸◄

۸۹▼

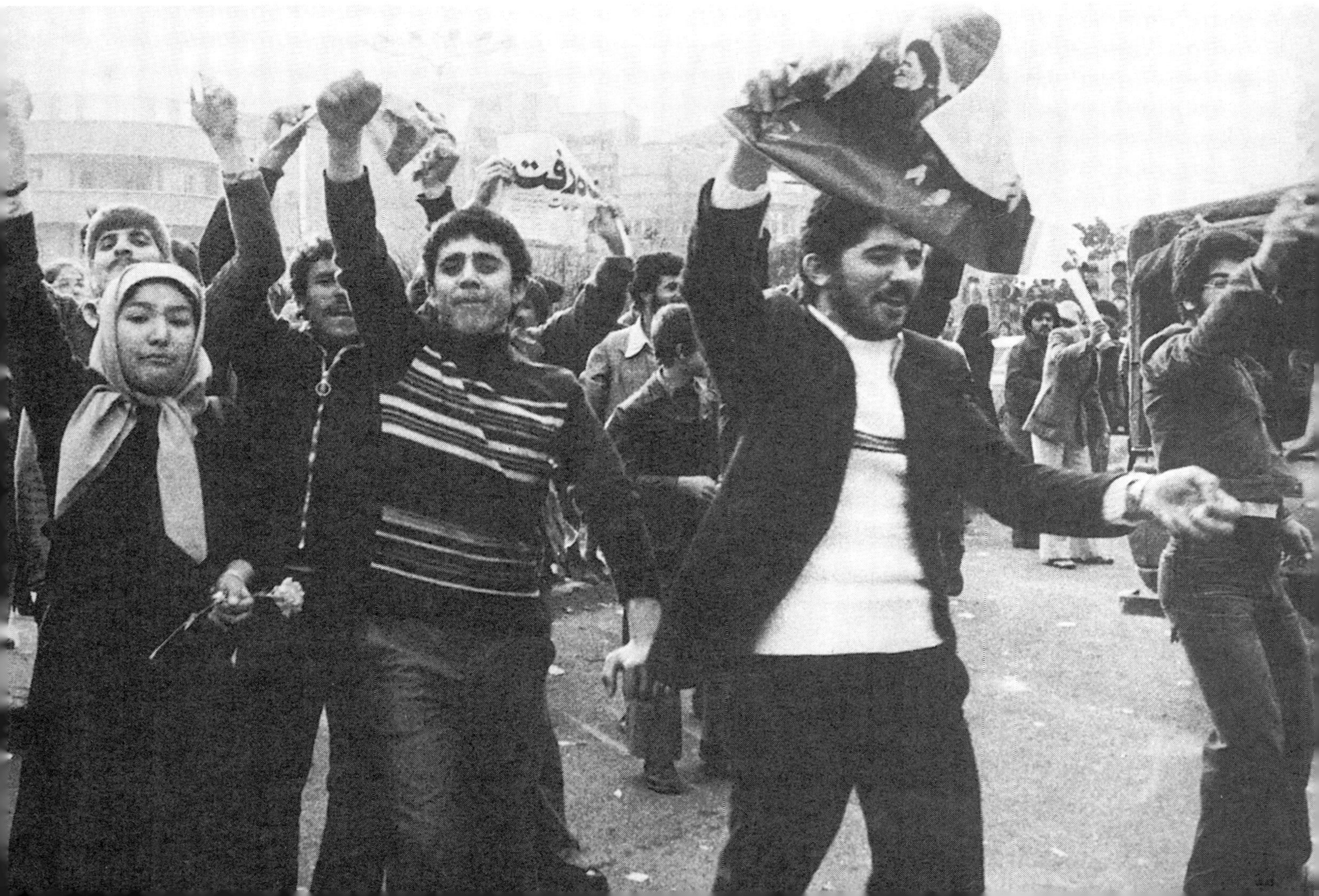

● شاه رفت و رژیم شاهنشاهی فرو ریخت؛ دزدان بیت‌المال سرمایه‌ها را خارج کردند و یکی پس از دیگری گریختند. ملت شجاع در اولین فرصت به حساب آنان خواهد رسید.... اینجانب با تقدیم تشکرات صمیمانه به ملت عزیز تذکراتی را لازم می‌دانم:

● اینجانب انشاءالله تعالی بزودی به شما می‌پیوندم تا در خدمت شما باشم و با همت شجاعانهٔ شما به رفع مشکلات کوشا بوده و با همصدا و همقدم‌شدن همهٔ اقشار ملت بر فسادها غلبه کنیم....

● به نمایندگان محمدرضا پهلوی که مجلسین را غصباً اشغال کرده‌اند اخطار کنید که خانهٔ ملت را خالی کنند تا نمایندگان مردم پس از پنجاه سال که ملت از حق خود محروم بود به خانهٔ خود بیایند....

● بار دیگر به اعضای شورای سلطنتی که شاخه‌ای است از ریشهٔ غیرقانونی اخطار می‌شود که از شورا کناره‌گیری کنند و بیش از این با ملت مخالفت نکنند....

از پیام امام خمینی پس از خروج شاه از کشور
به تاریخ ۲۹ دی ۲۰/۱۳۵۷ صفر ۱۳۹۹، پاریس

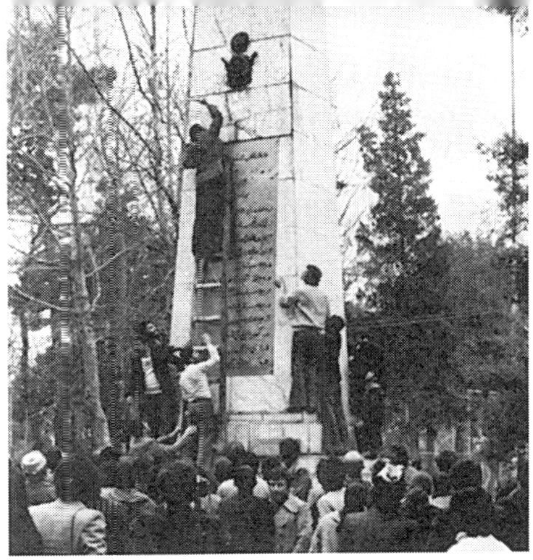

▲۹۰ ▼۹۱

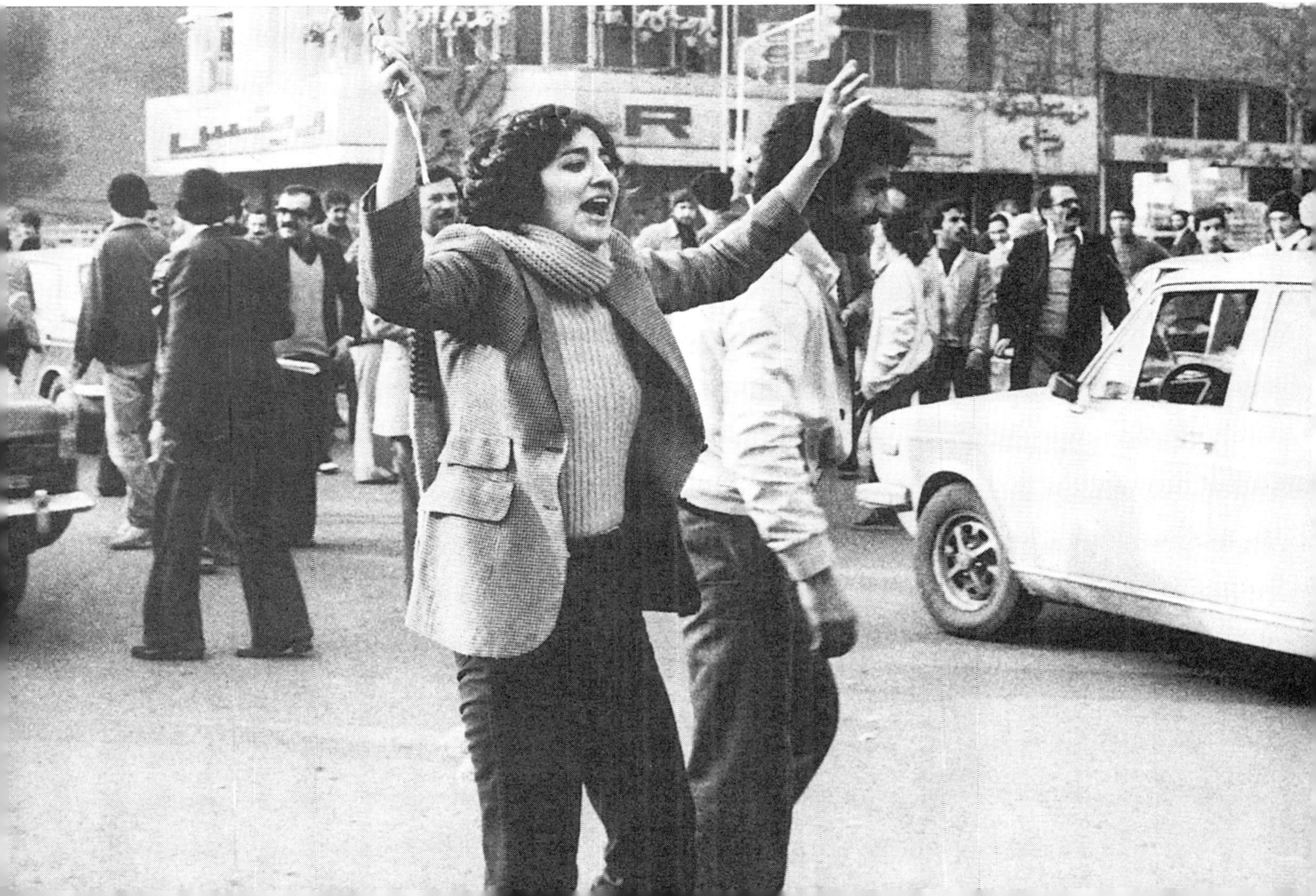

نه شاه می‌خواهیم نه شاپور
لعنت به‌هر دو مزدور

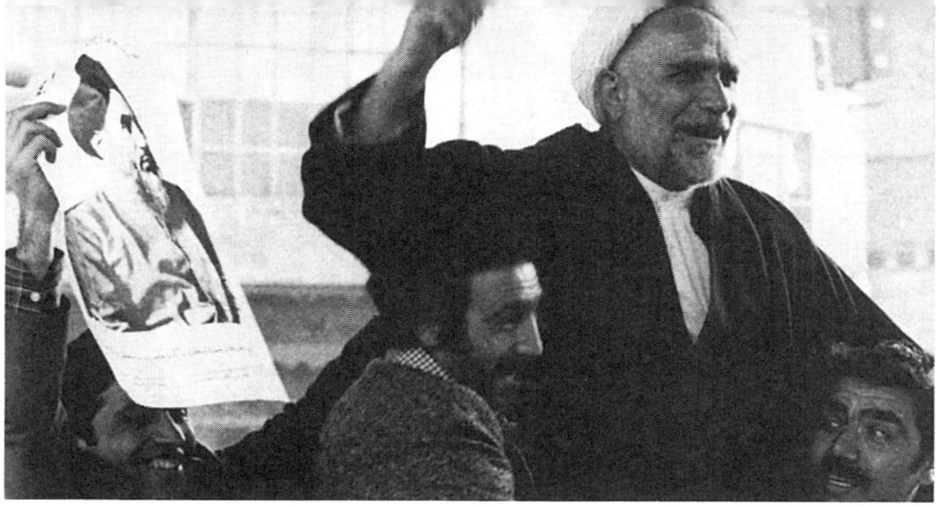

▲۹۲

● ملت عزیزم: دوستان من. نه به وعده‌های پوچ دولتهای غیرقانونی اعتنا کنید و نه از هیاهوی دژخیمان بهراسید، نهضت مقدس را به پیش رانید و به آخر رسانید و دست اجانب و نوکرهای از خدا بی‌خبرشان را از کشور عزیز قطع کنید. خائن اصلی را با خفّت بیرون کردید. همت کنید این تتمه را که حاشیه‌ای بیش نیست از صحنه خارج کنید. خداوند با شماست....

از پیام امام خمینی
به تاریخ ۲۹ دی ۲۰/۱۳۵۷ صفر ۱۳۹۹، پاریس

◄۹۴ ۹۳◄

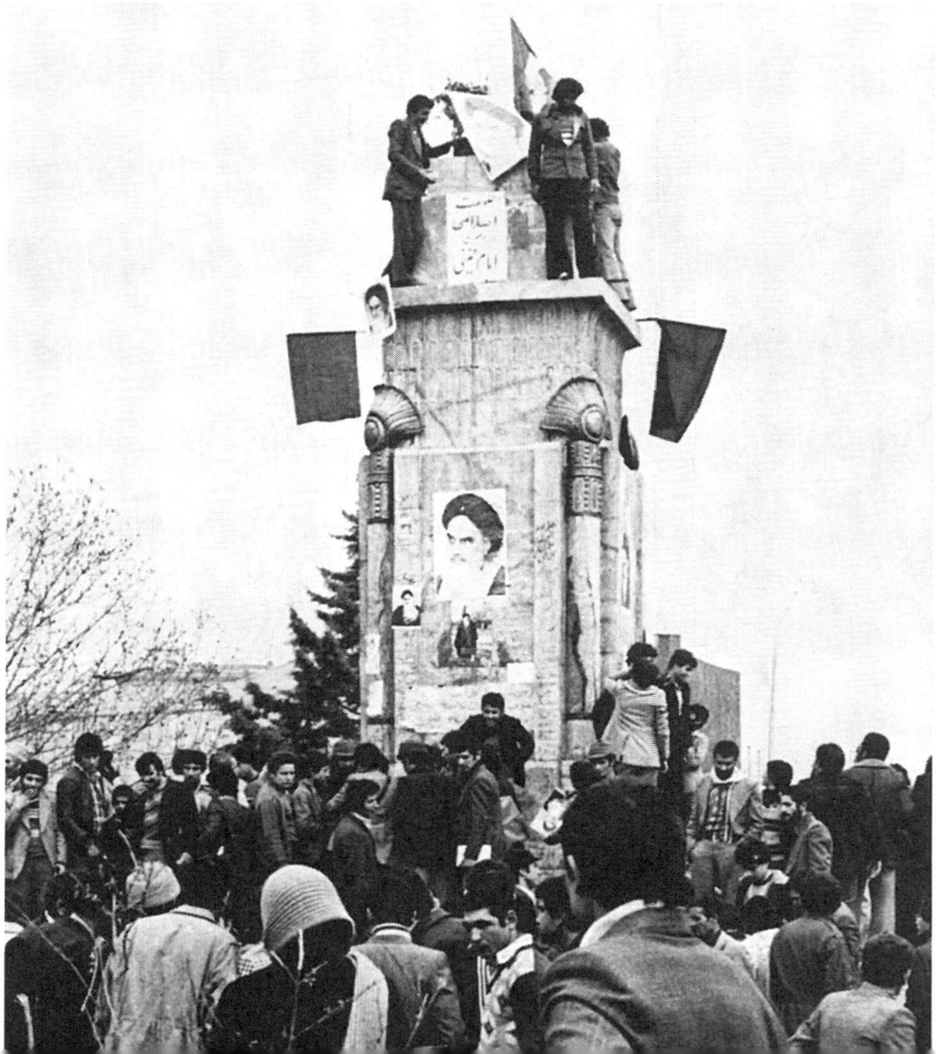

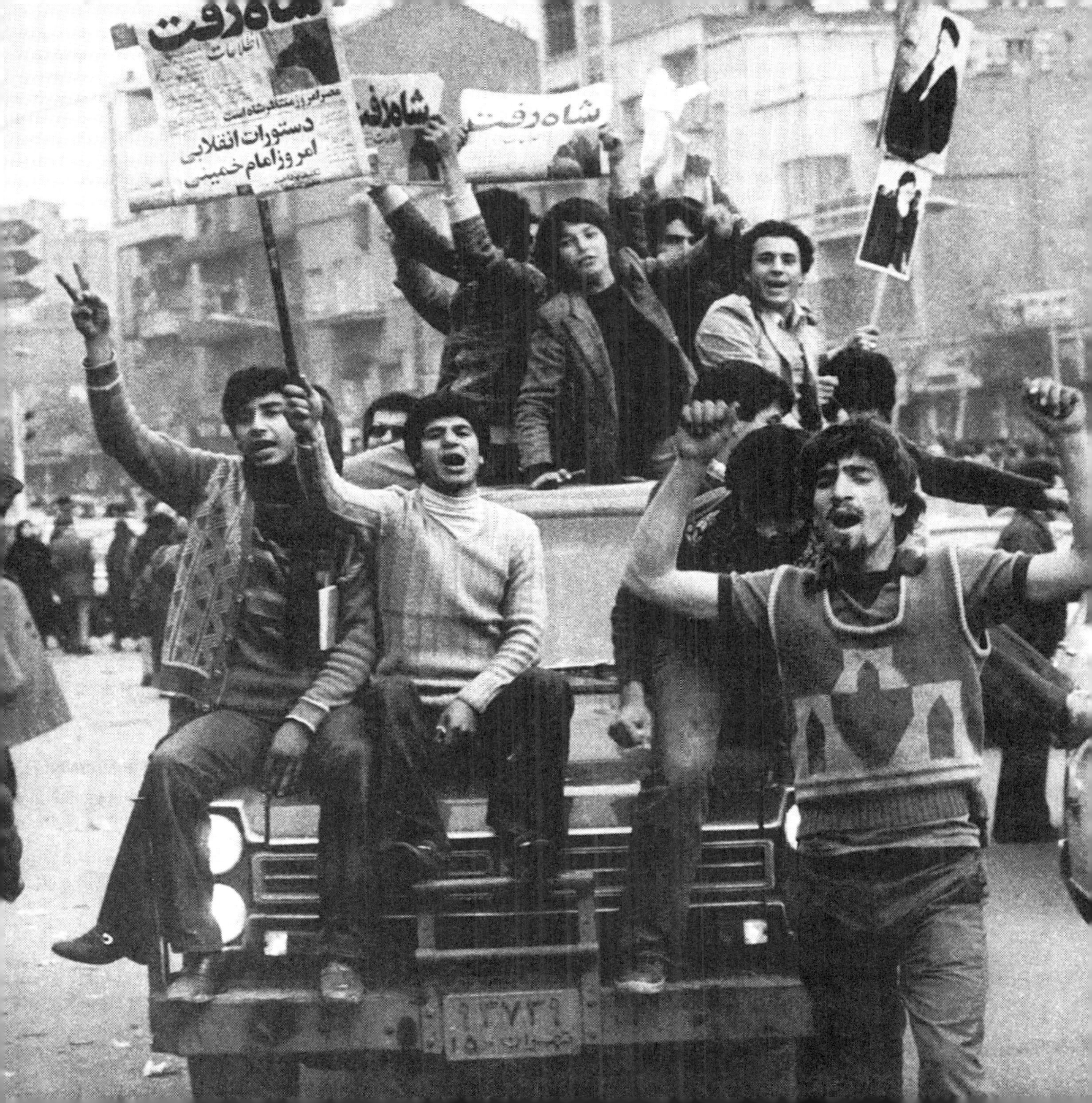
اطلاعات
دستورات انقلابی
امروز امام خمینی
شاه رفت

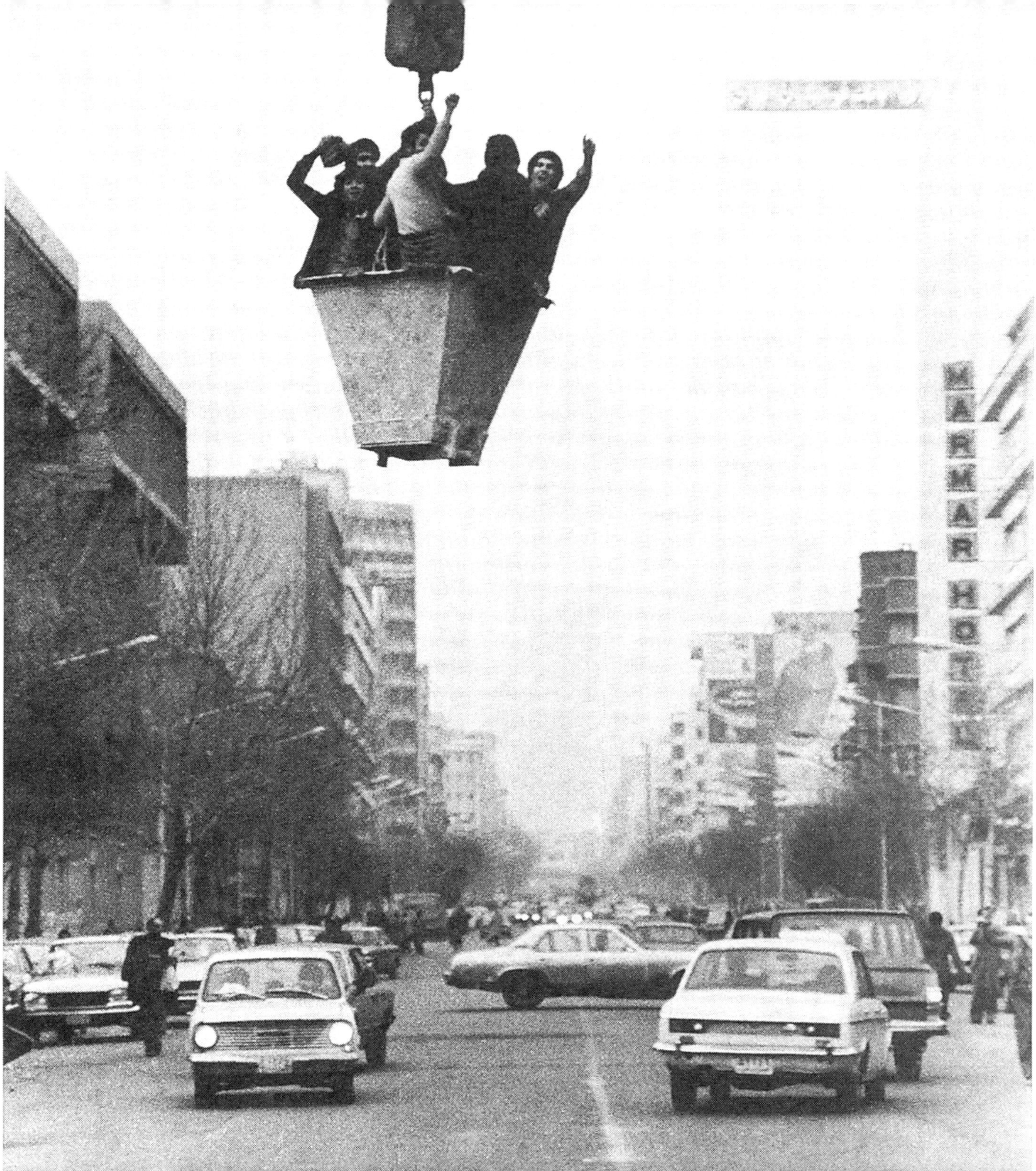
MARMAR HOTEL

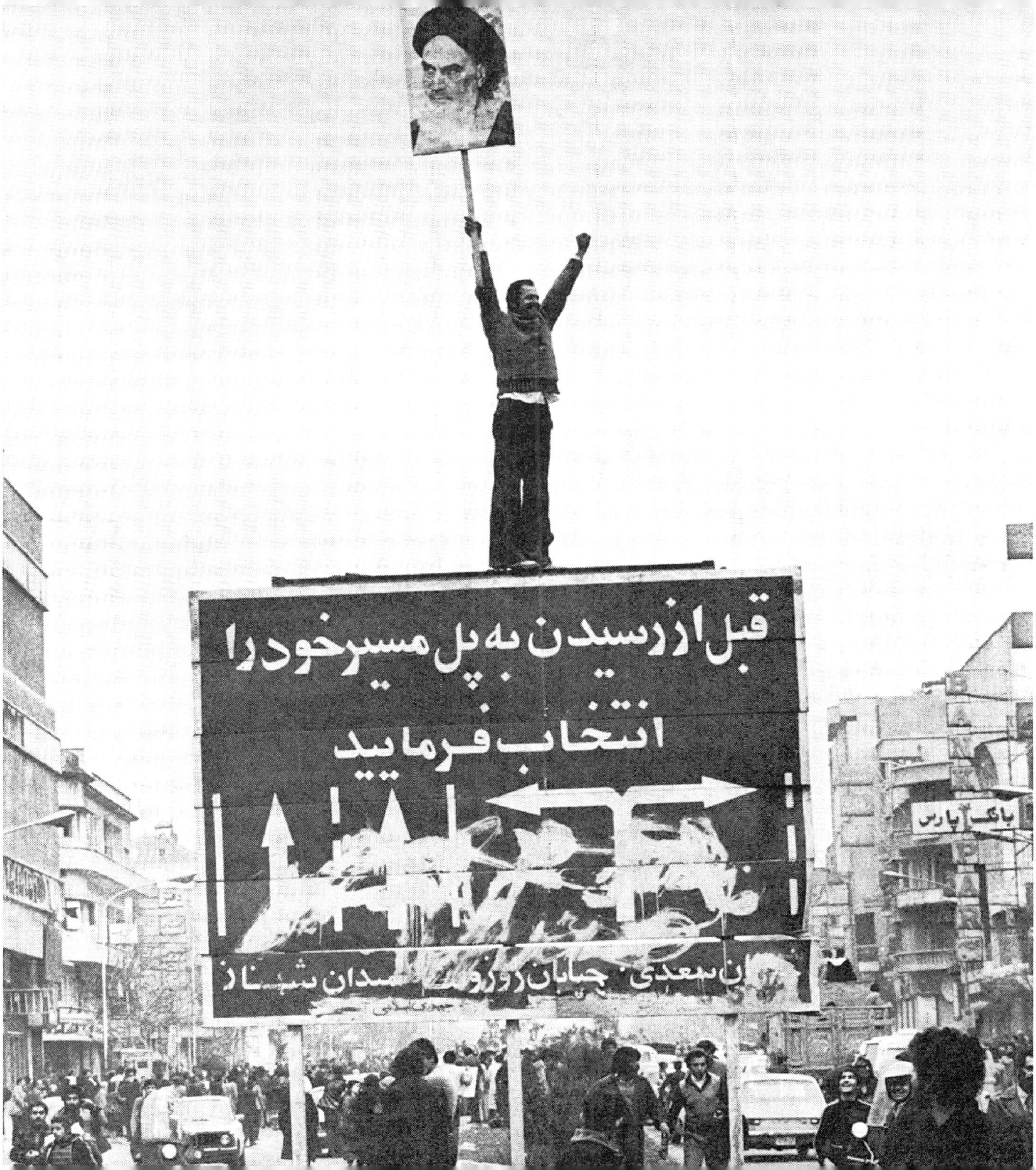
قبل از رسیدن به پل مسیر خود را
انتخاب فرمایید
بانک پارس

بعد از شاه نوبت امریکاست

پیروزی نهایی اخراج امریکایی

۹۷◀

۹۸▼

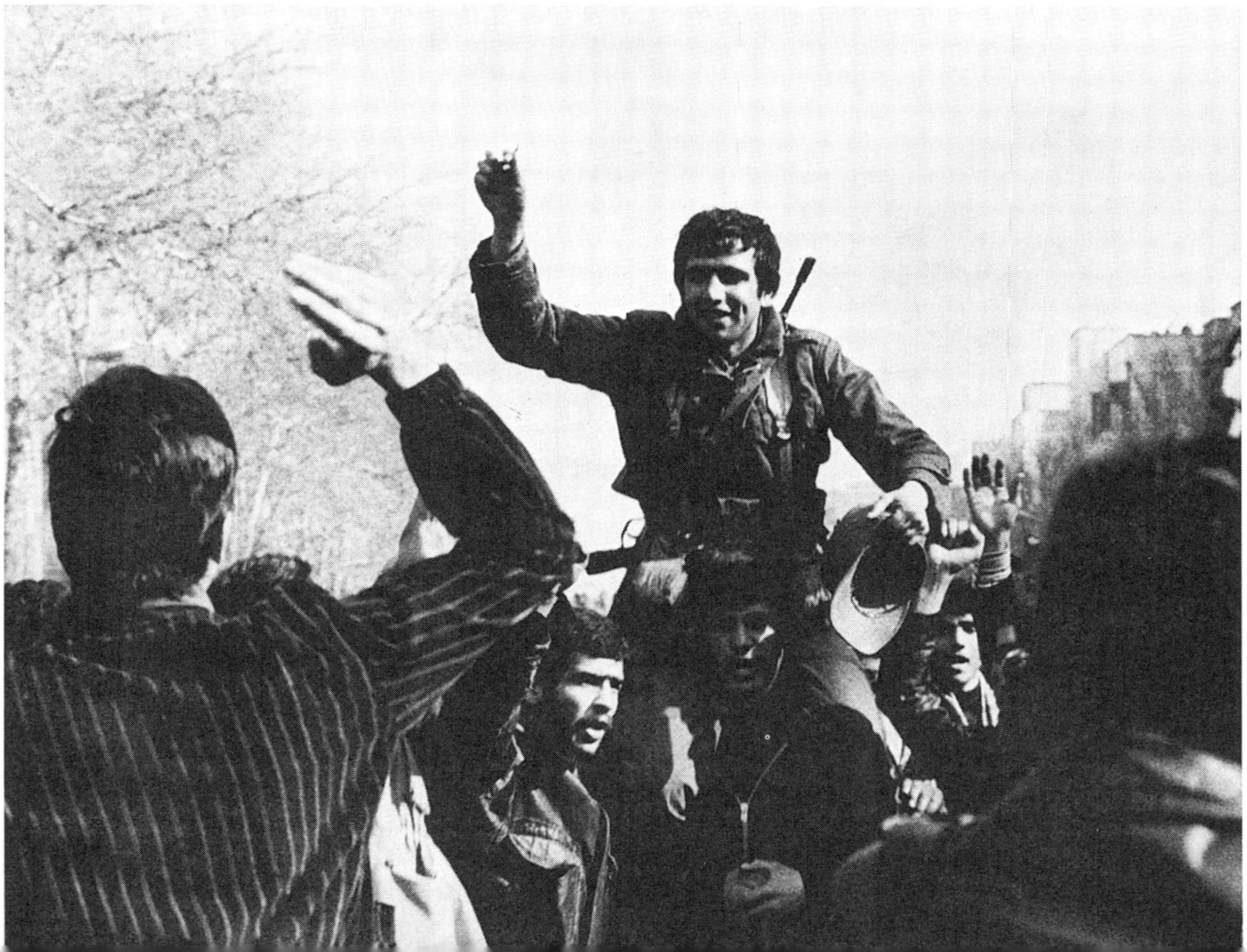

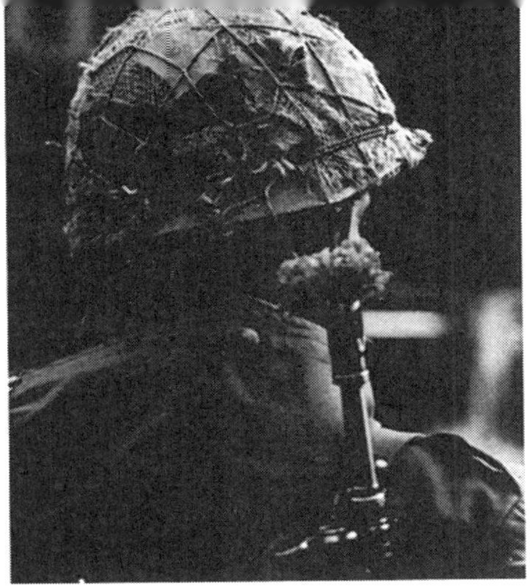

ارتش برادر ماست   خمینی رهبر ماست

● من به ملت شریف و جمیع جناحهای قوای نظامی و انتظامی به حکم تکلیف الهی و ملی هشدار می‌دهم که با بیداری و شجاعت اخلاقی یکی دیگر از آخرین توطئه‌ها را خنثی کنند. مردم موظفند به نیروهای انتظامی و ارتش با برادری و مهربانی رفتار کنند و اگر اشراری قصد حمله به آنان را داشتند از برادران خود دفاع کنند. ارتش و سایر نیروهای انتظامی موظفند که با ملت به‌طور برادری رفتار کنند و اگر اشرار به آنها حمله کردند بدانند که این ملت نیست بلکه عمل عمال اجانب و نفع‌طلبان است که می‌خواهند فساد کنند....

از پیام امام خمینی
به تاریخ ۲۳ دی ۱۴/۱۳۵۷ صفر ۱۳۹۹، پاریس

◀۱۰۱ ▼۱۰۰ ▲۹۹

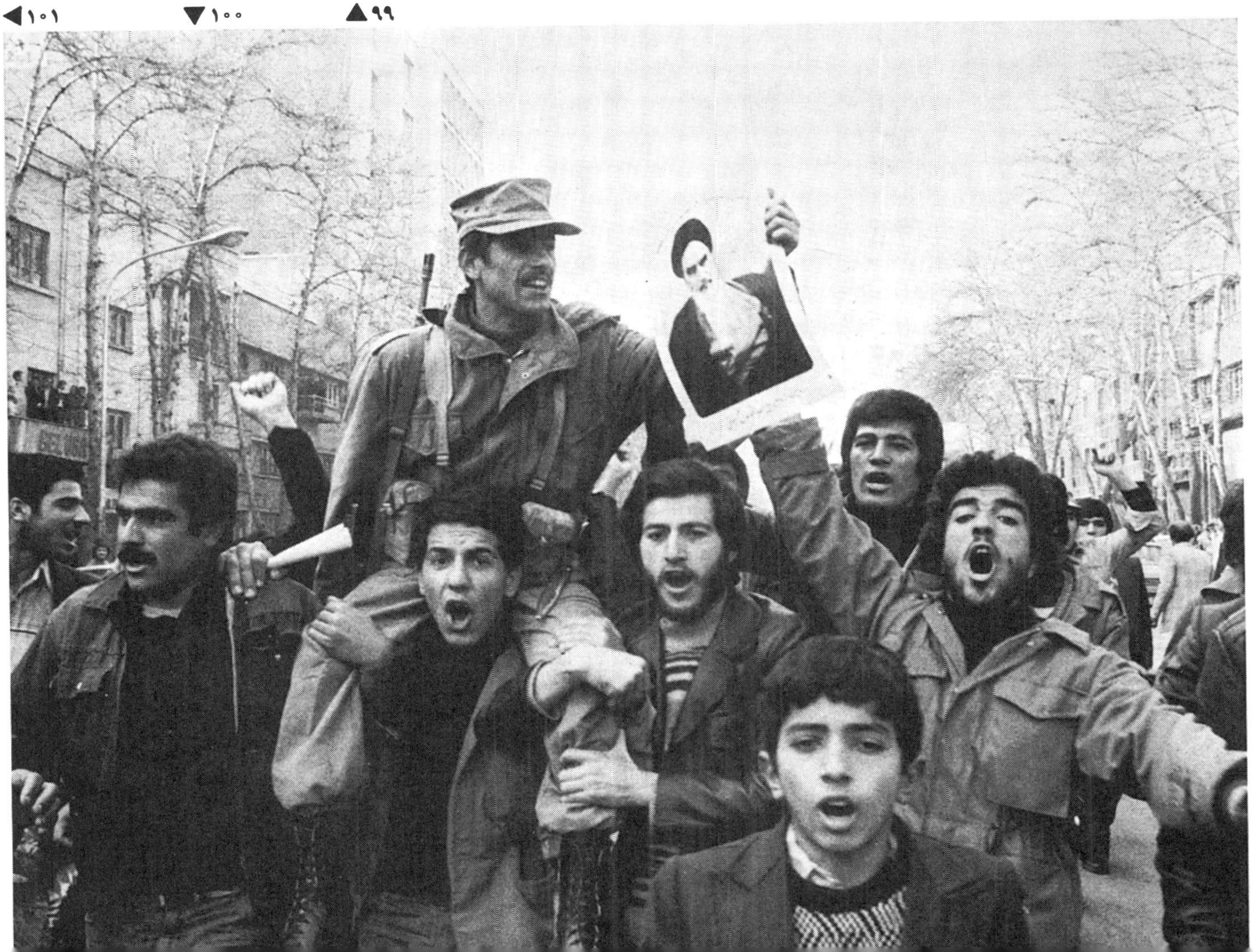

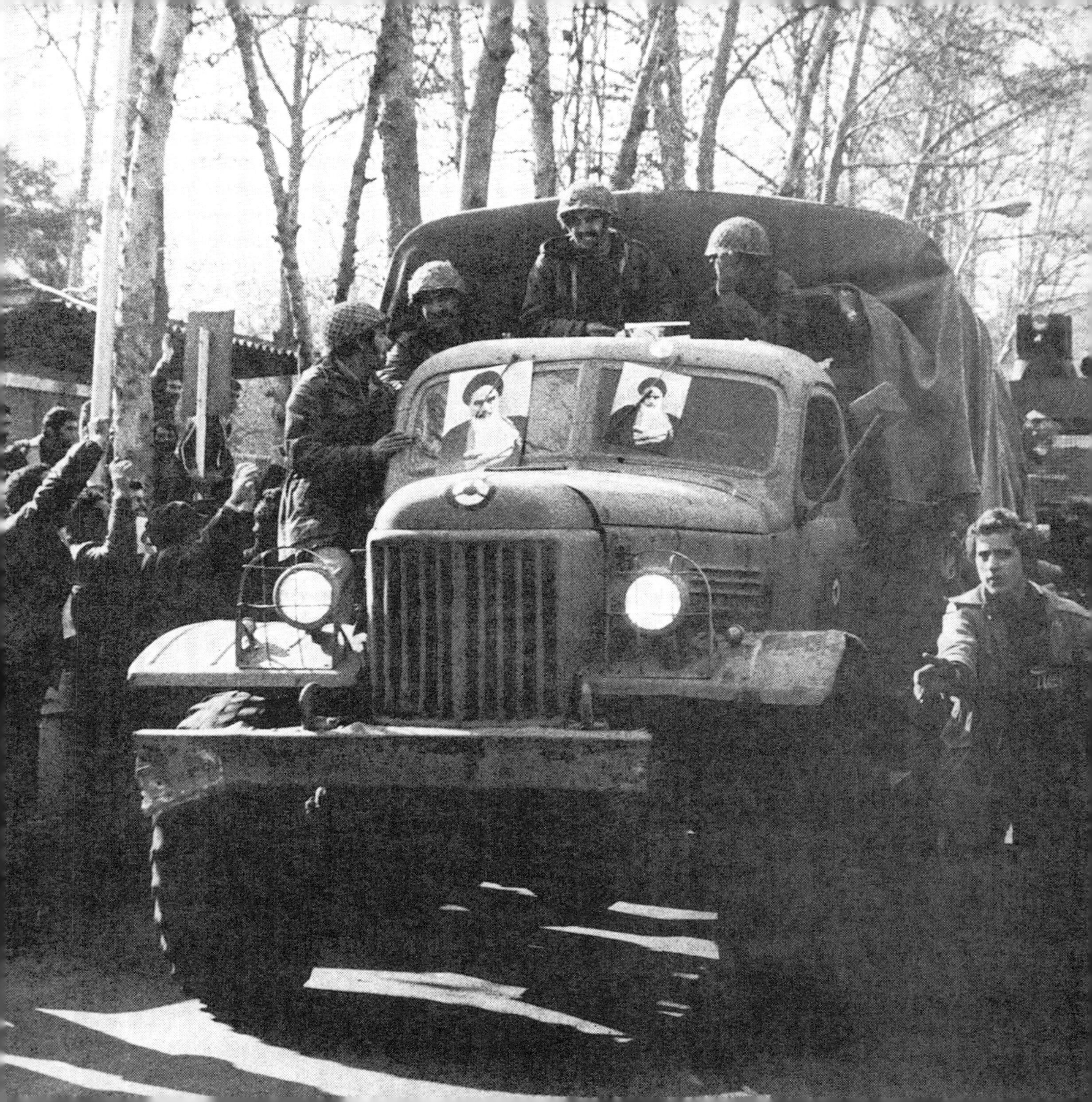

رهبر محبوب من از سفر آمد

بوی گل و سوسن و یاسمن آمد

۵

رهبر ما خوش آمد

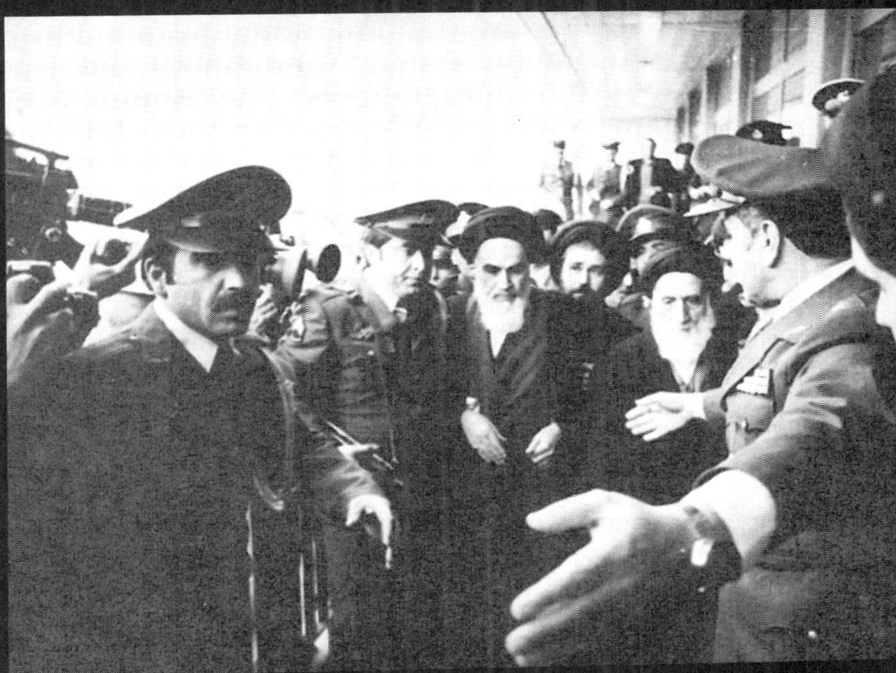

◄۱۰۲ ◄۱۰۳

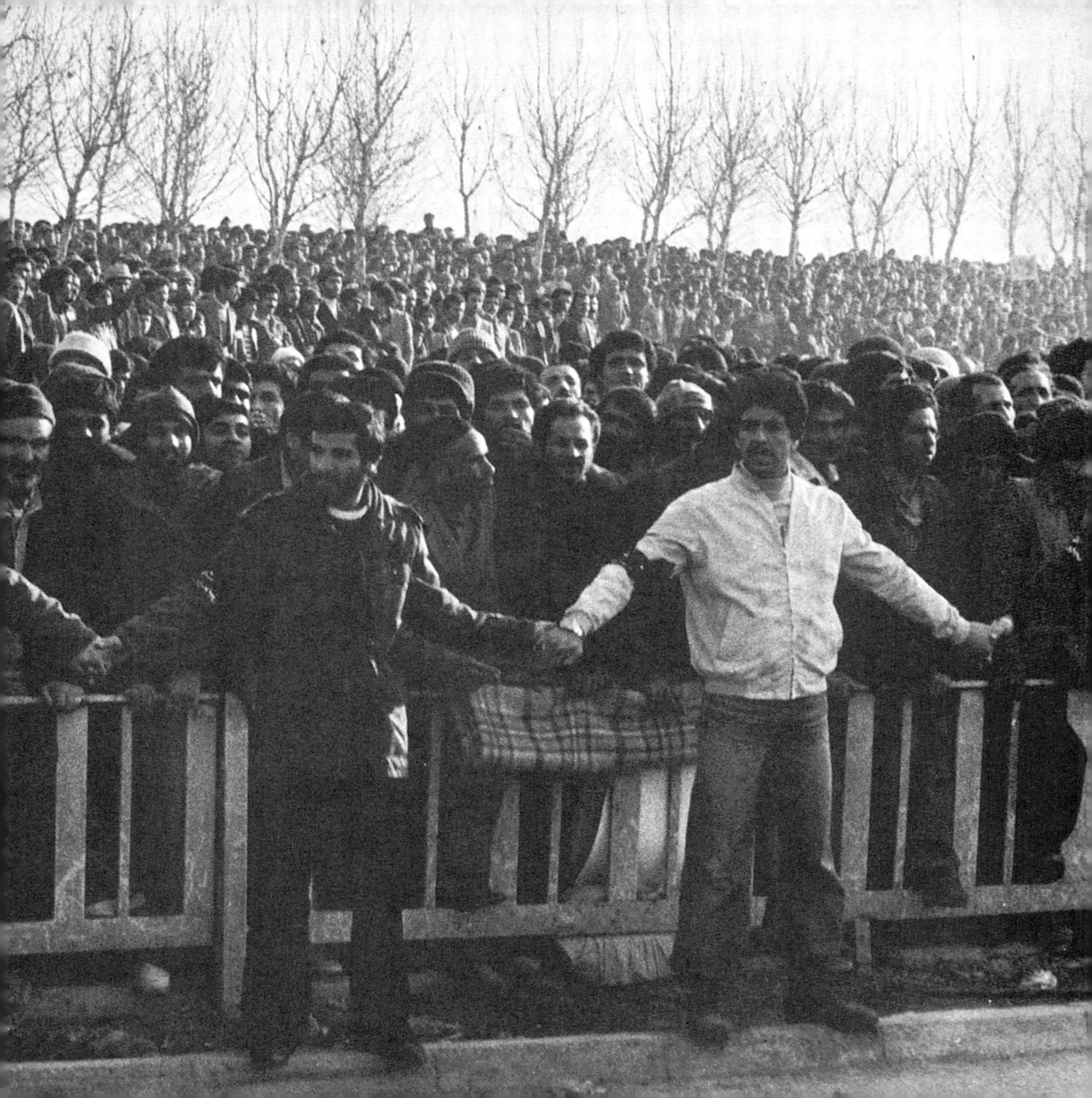

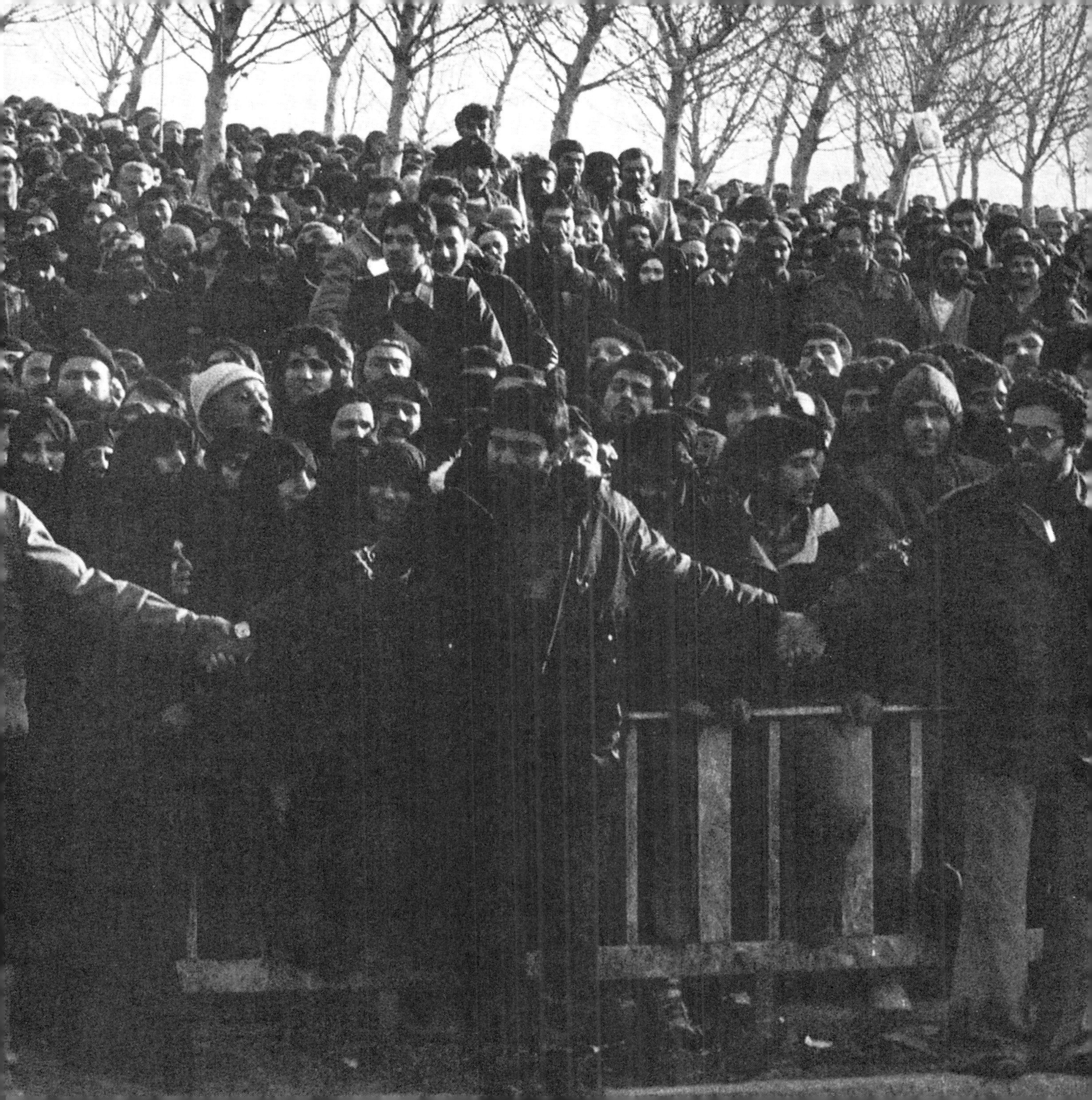

١٠٤◀

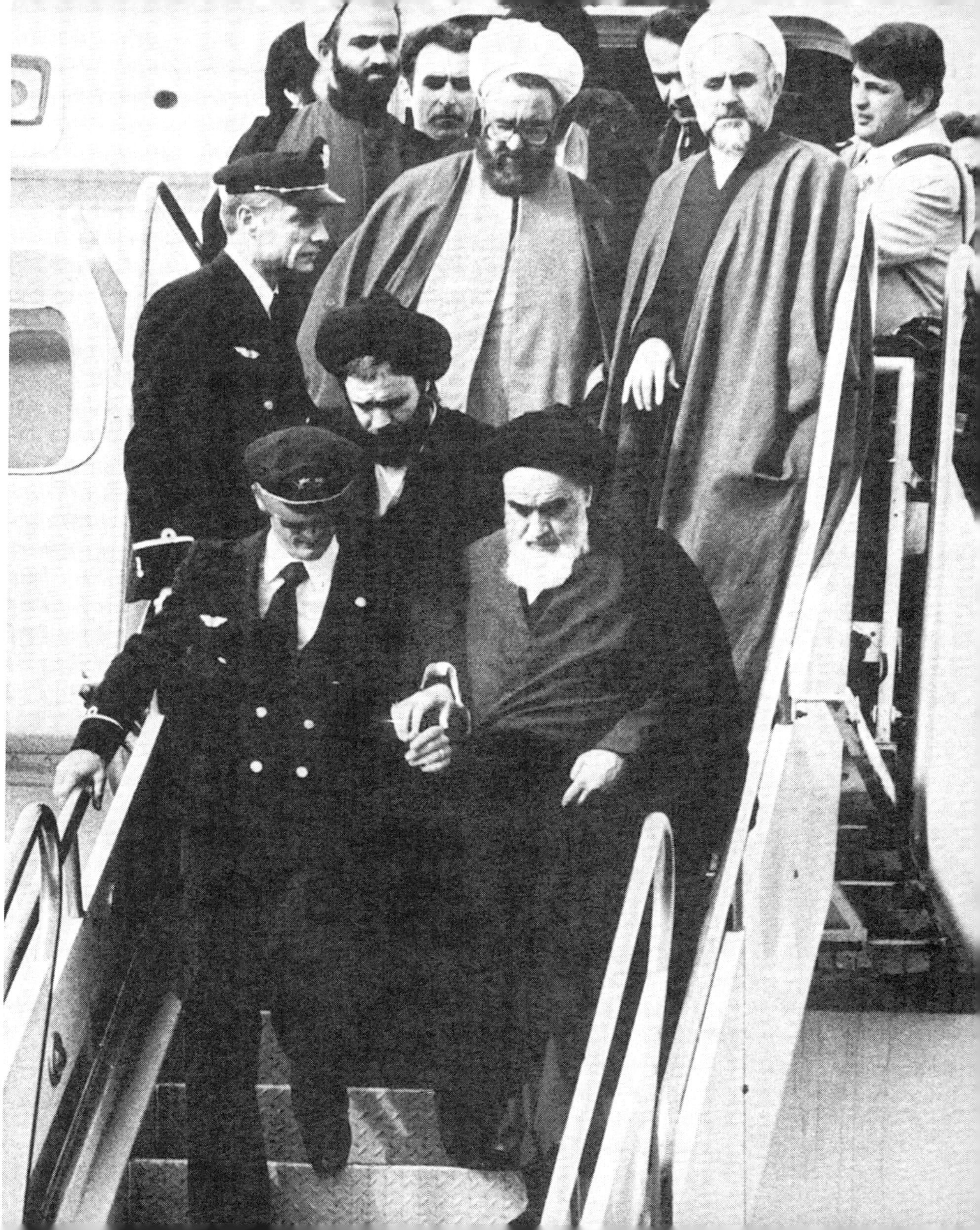

صل علی محمد رهبر ما خوش‌آمد

● من از عواطف طبقات مختلف مردم تشکر می‌کنم... من از طبقهٔ روحانیون که در این قضایای گذشته جانفشانی کردند، تحمل زحمت کردند، از طبقهٔ دانشجویان که در این مسایل مصایب دیدند، از طبقهٔ بازرگانان و کسبه که در زحمت واقع شدند، از جوانان بازار و دانشگاه و مدارس علمی که در این مسایل خون دادند، از اساتید دانشگاه، از قضات دادگستری، از همهٔ طبقات ملت تشکر می‌کنم....

از سخنرانی امام خمینی در فرودگاه مهرآباد
به تاریخ پنجشنبه ۱۲ بهمن /۳ ربیع‌الاول ۱۳۹۹

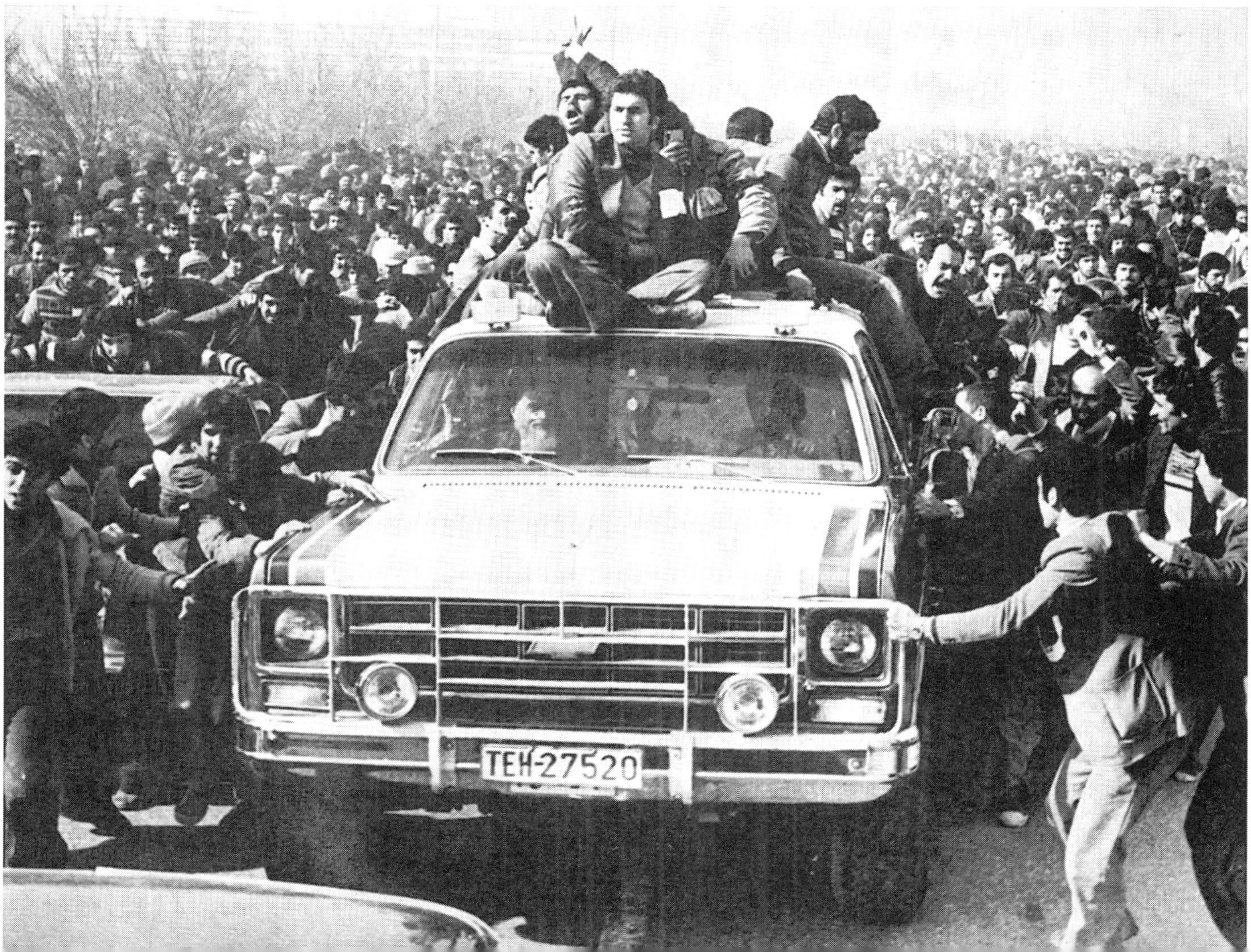

خمینی ، خمینی خدا نگهدار تو بمیرد ، بمیرد دشمن خونخوار تو

● آیا یك ملتی که فریاد می‌زند که این دولت، این شاه و این مجلس برخلاف قوانین است و حق قانونی و حق شرعی و حق بشری ماست که سرنوشتمان دست خودمان باشد، آیا حق این ملت این است که یك قبرستان شهید در تهران برای ما درست کنید؟ و یك قبرستان در جاهای دیگر؟ من باید عرض کنم که محمدرضا پهلوی، این خائن خبیث که فرار کرده همه‌چیز ما را به باد داد، مملکت ما را خراب کرد [و] قبرستانهای ما را آباد....

از سخنرانی امام خمینی در گورستان بهشت‌زهرا
به تاریخ ۱۲ بهمن ۳/۱۳۵۷ ربیع‌الاول ۱۳۹۹

۱۰۶▼ ◄۱۰۷

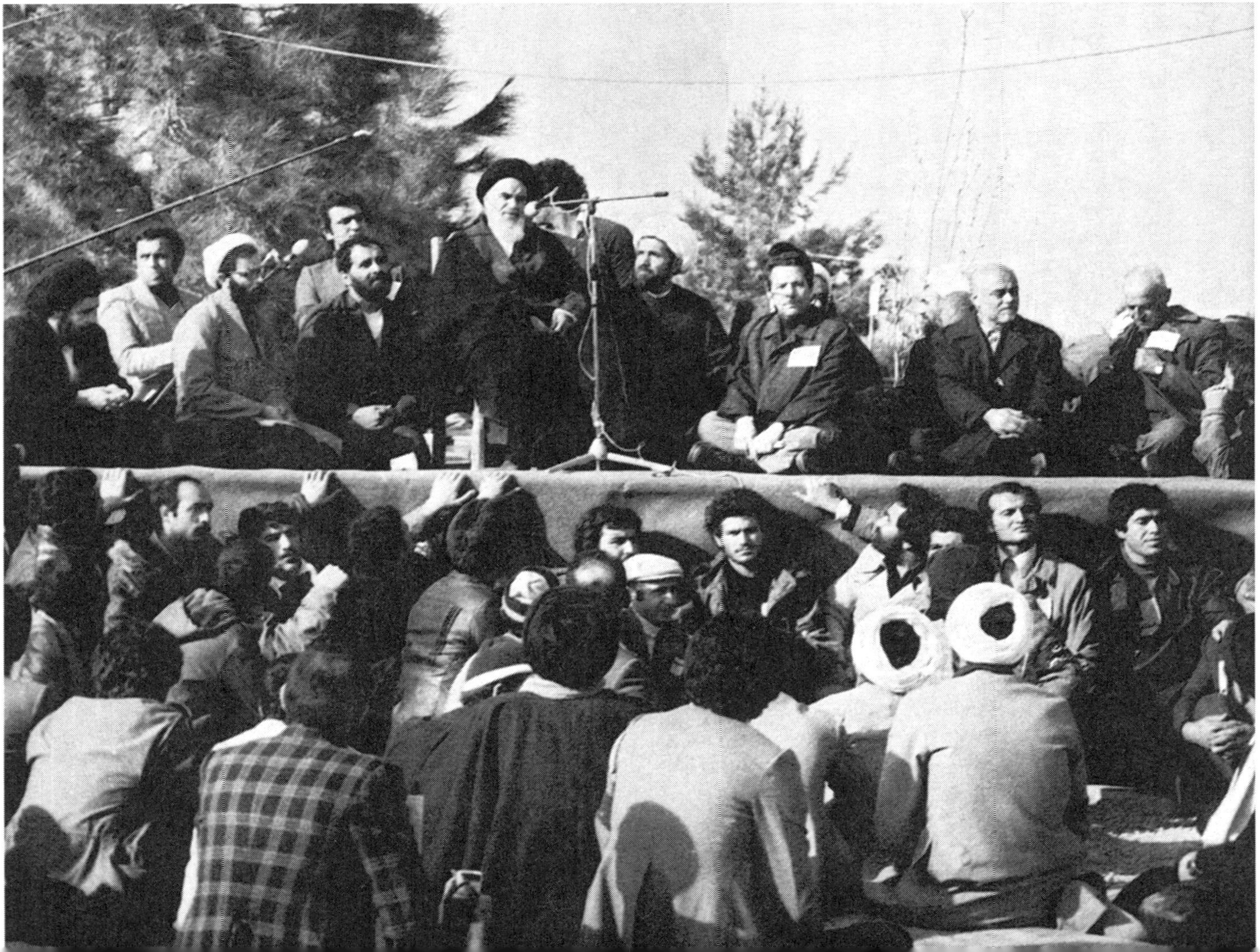

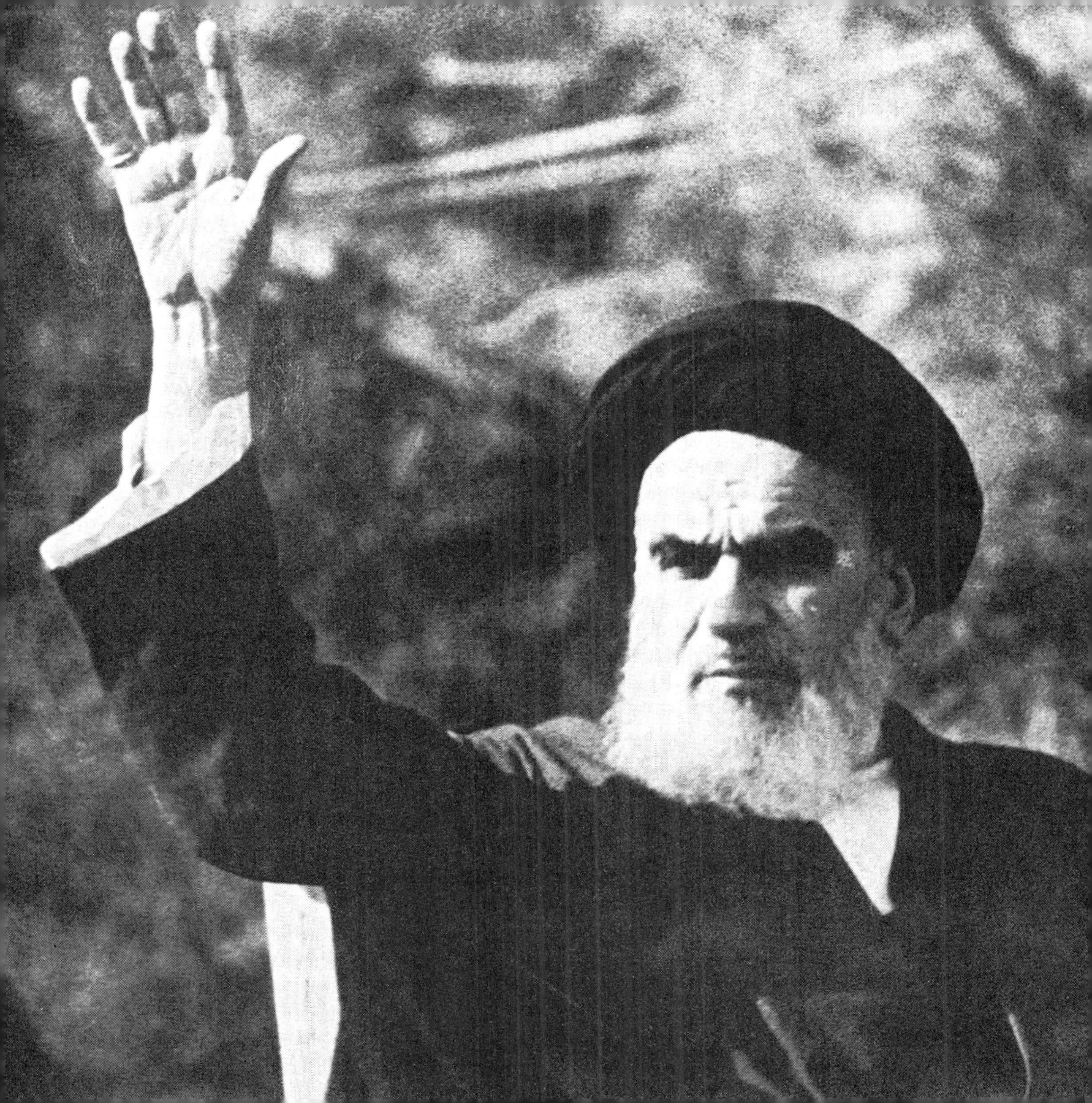

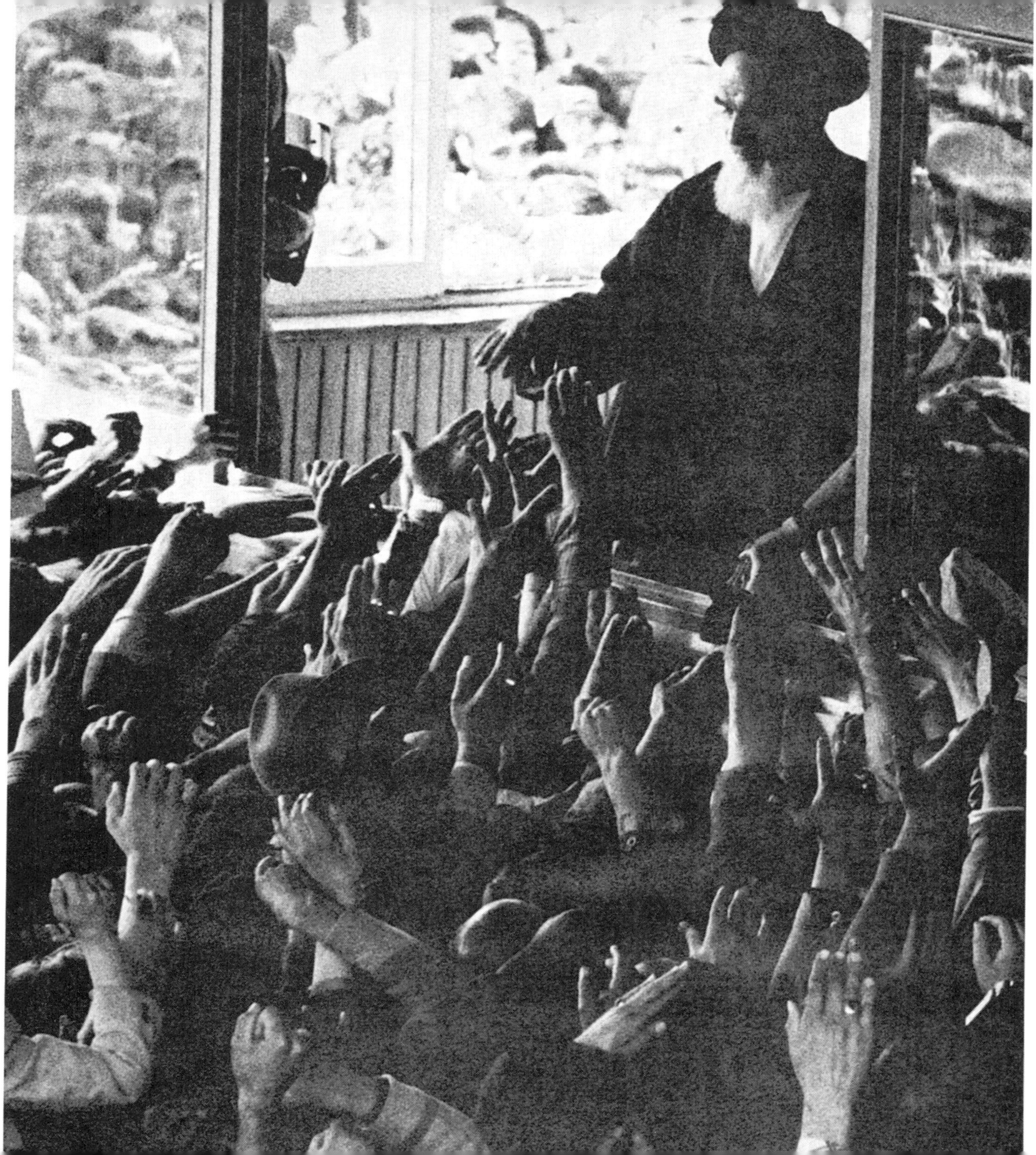

تنها ره رهایی جنگ مسلحانه

تنها ره سعادت ایمان ، جهاد ، شهادت

٦

ما همه سرباز توایم...

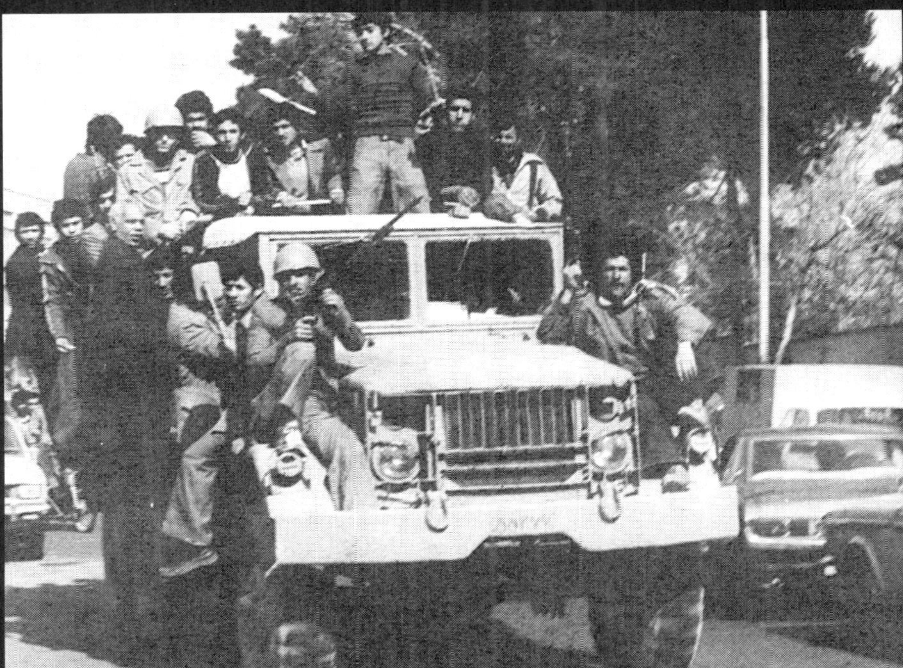

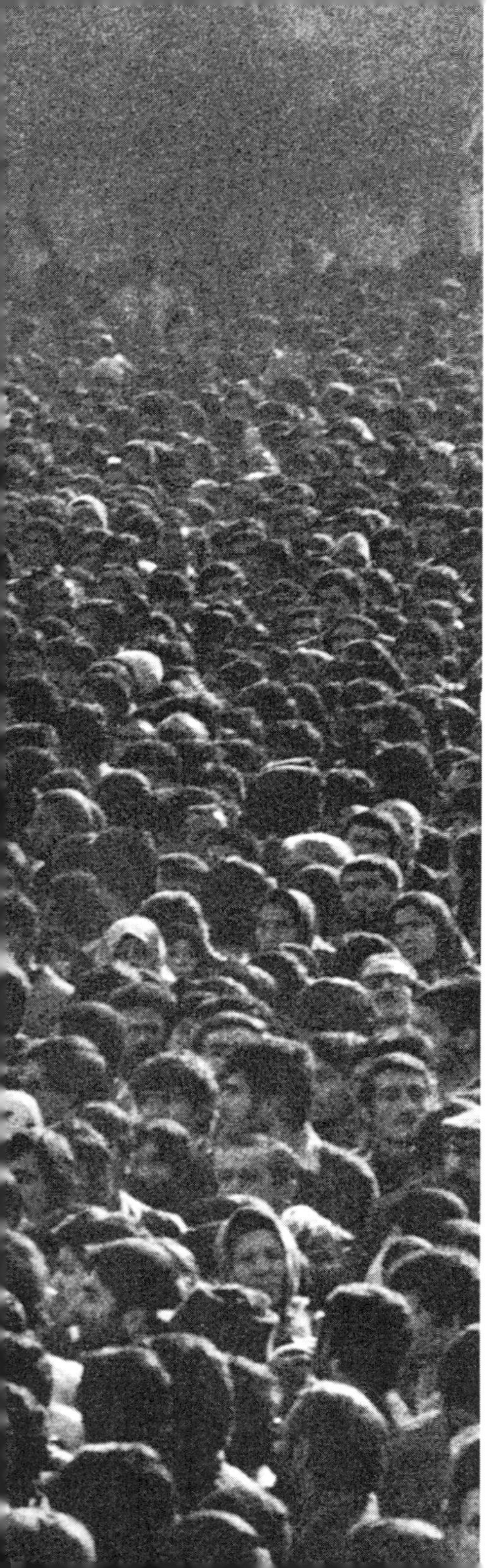

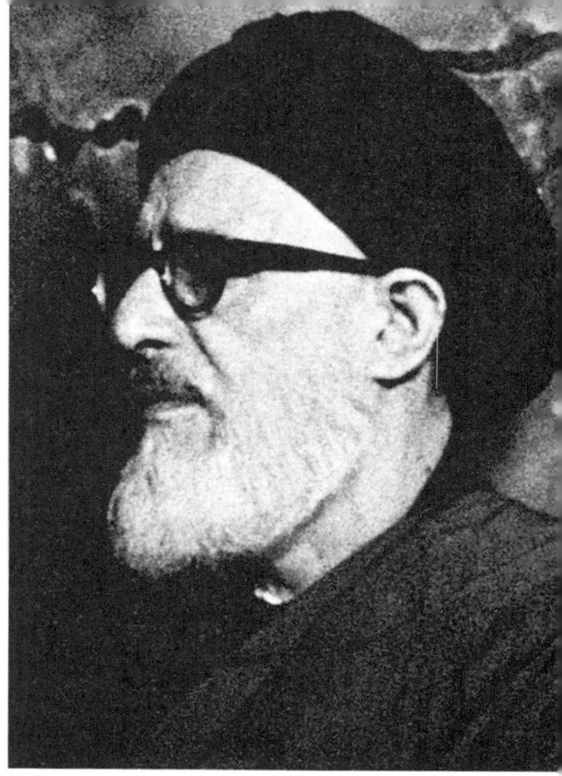

... نیت بنده و نیت دولتی که از آنها دعوت برای همکاری خواهم کرد این است که برای مردم ایران و خلق ایران کار بکنیم. بنابراین متقابلاً از مردم ایران و خلق ایران انتظار و توکل داریم. شعار همیشگی آقا [امام خمینی] این بوده است که من زبان مردمم، الهام از مردم می‌گیرم و برای مردم کار می‌کنم و در میان مردم هستم. اگر ما اسلام و دموکراسی را مترادف و پهلوی هم قرار دهیم به همین معناست. بیان دیگری است از کلام خدا و خلق یا خالق و خلق. خواستهٔ خدا خواستهٔ خلق است و خواستهٔ خلق با تقوی خواستهٔ خداست.

از سخنرانی مهندس مهدی بازرگان نخست‌وزیر دولت موقت در دانشگاه تهران
به تاریخ ۲۰ بهمن ۱۱/۱۳۵۷ ربیع‌الاول ۱۳۹۹

►۱۱۰ ▼۱۱۱ ◄۱۱۲

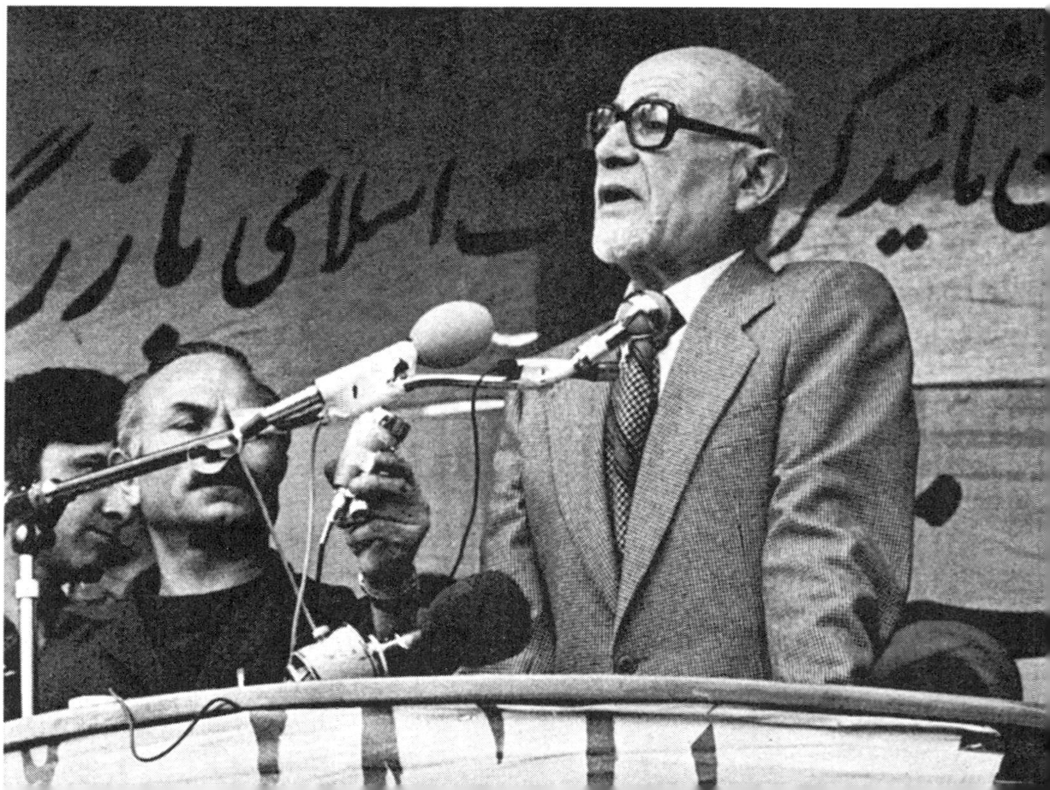

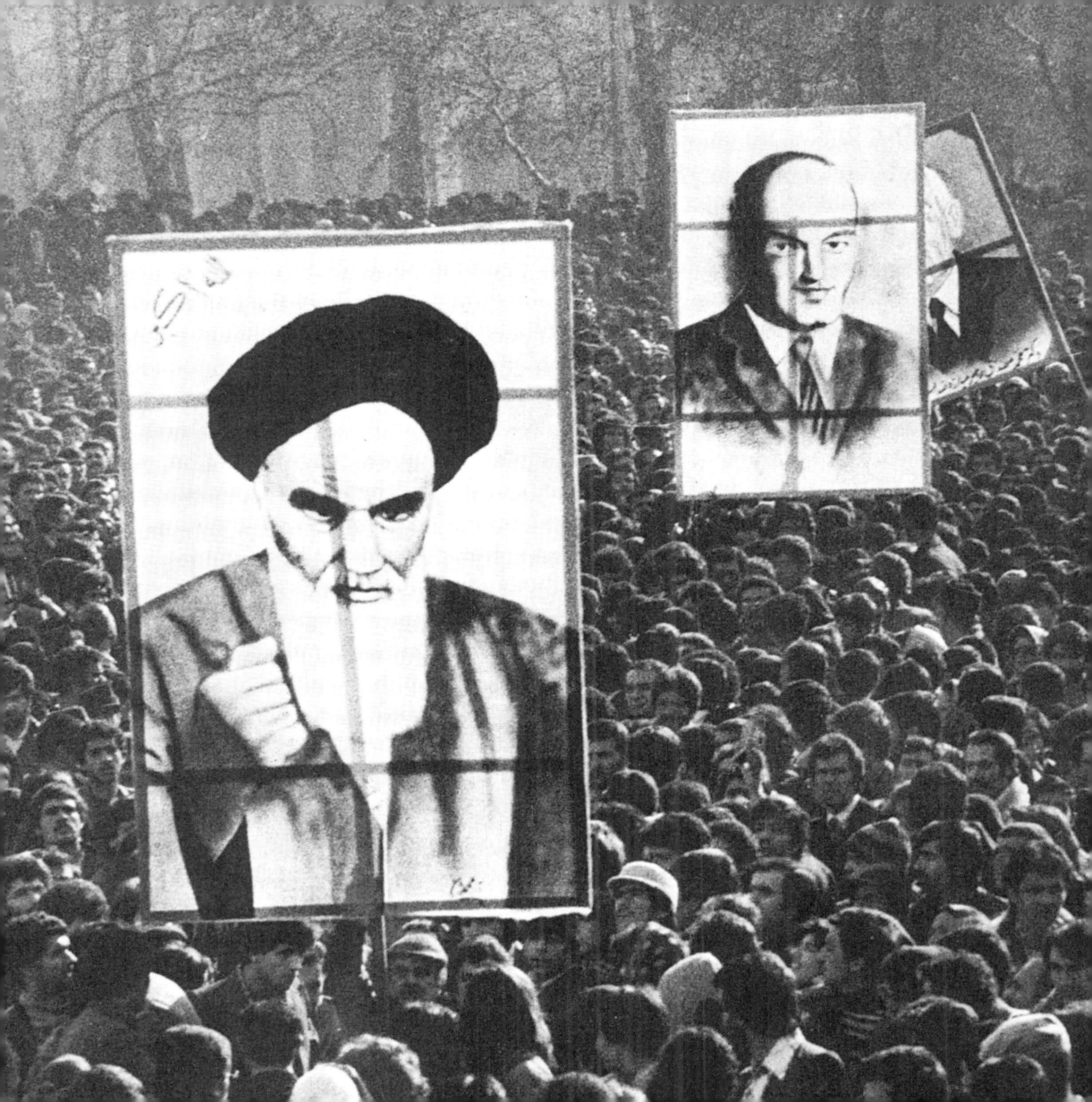

کارگر، برزگر، رنجبر
ما با هم متحد می شویم
تا برکنیم ریشهٔ استثمار
درود، درود، درود بر خمینی

اتحاد، اتحاد، اتحاد، ای ملت
ما با هم متحد می شویم
تا برکنیم ریشهٔ استعمار
درود، درود، درود بر فدایی

▼۱۱۳

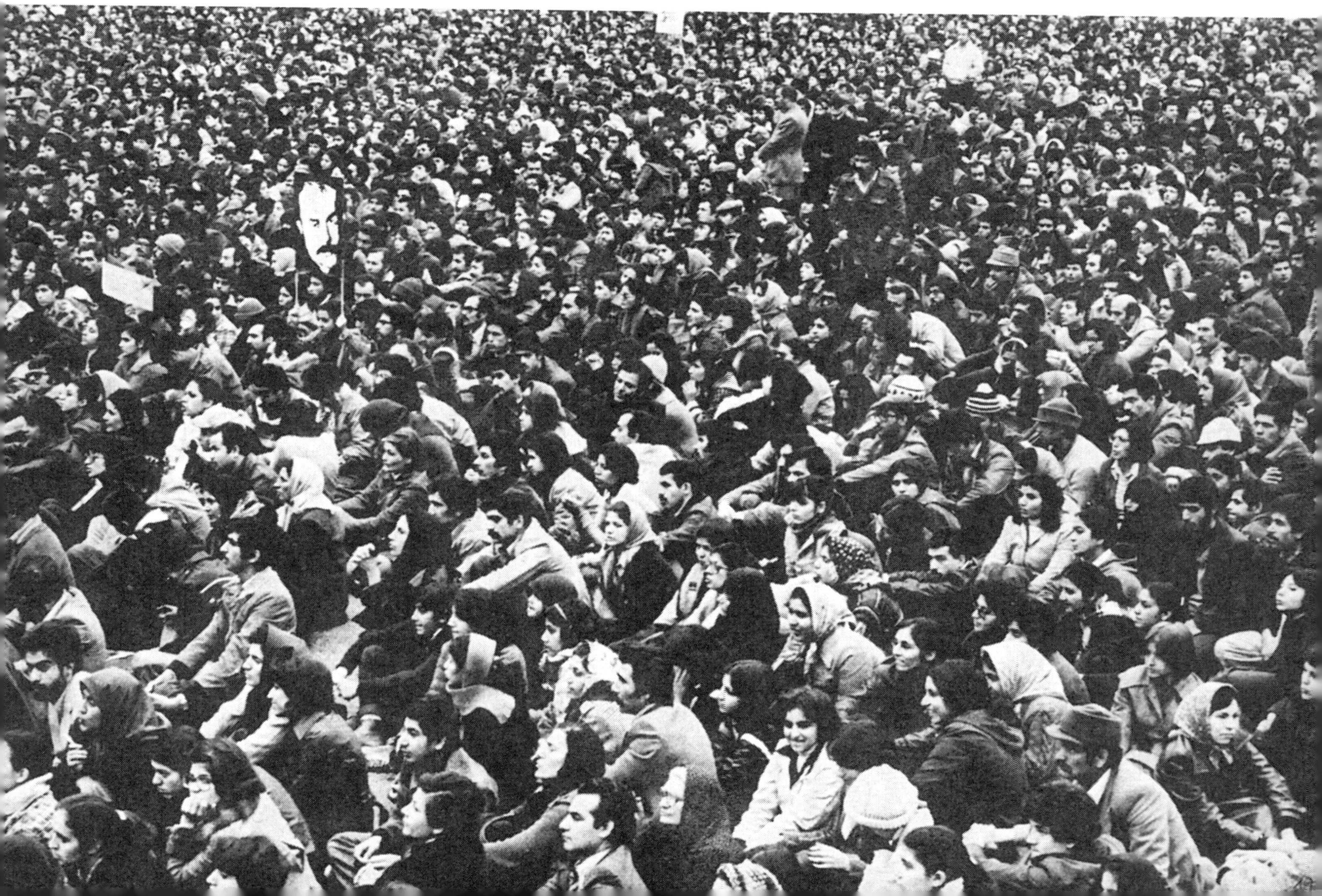

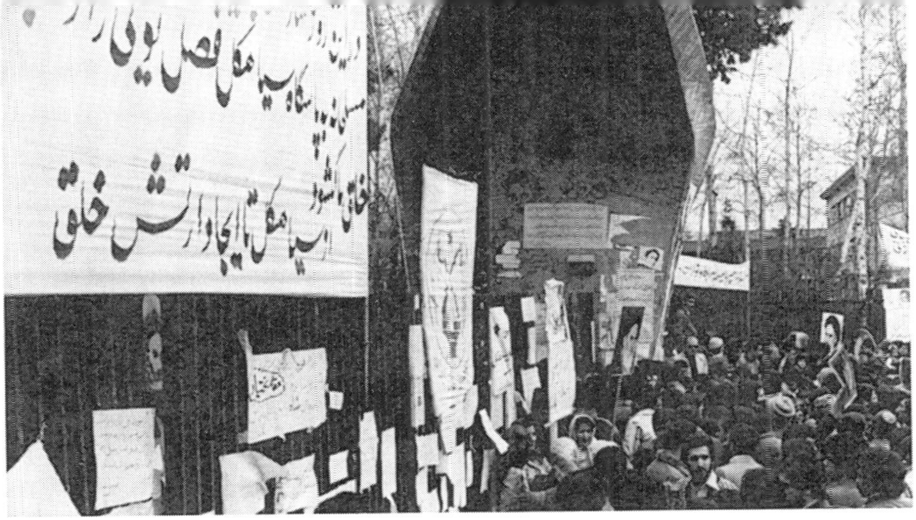

١١٤◄

١١٥▼

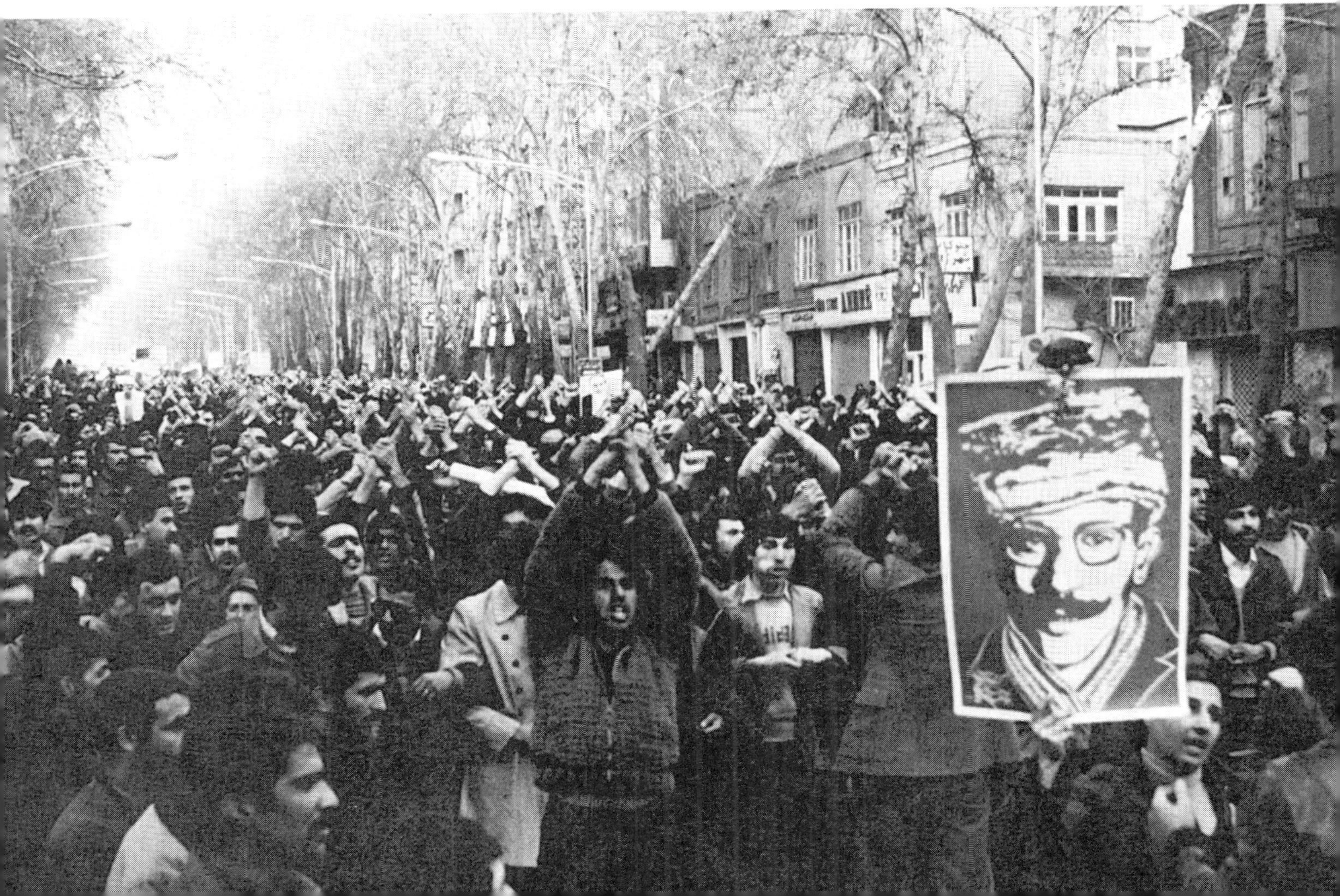

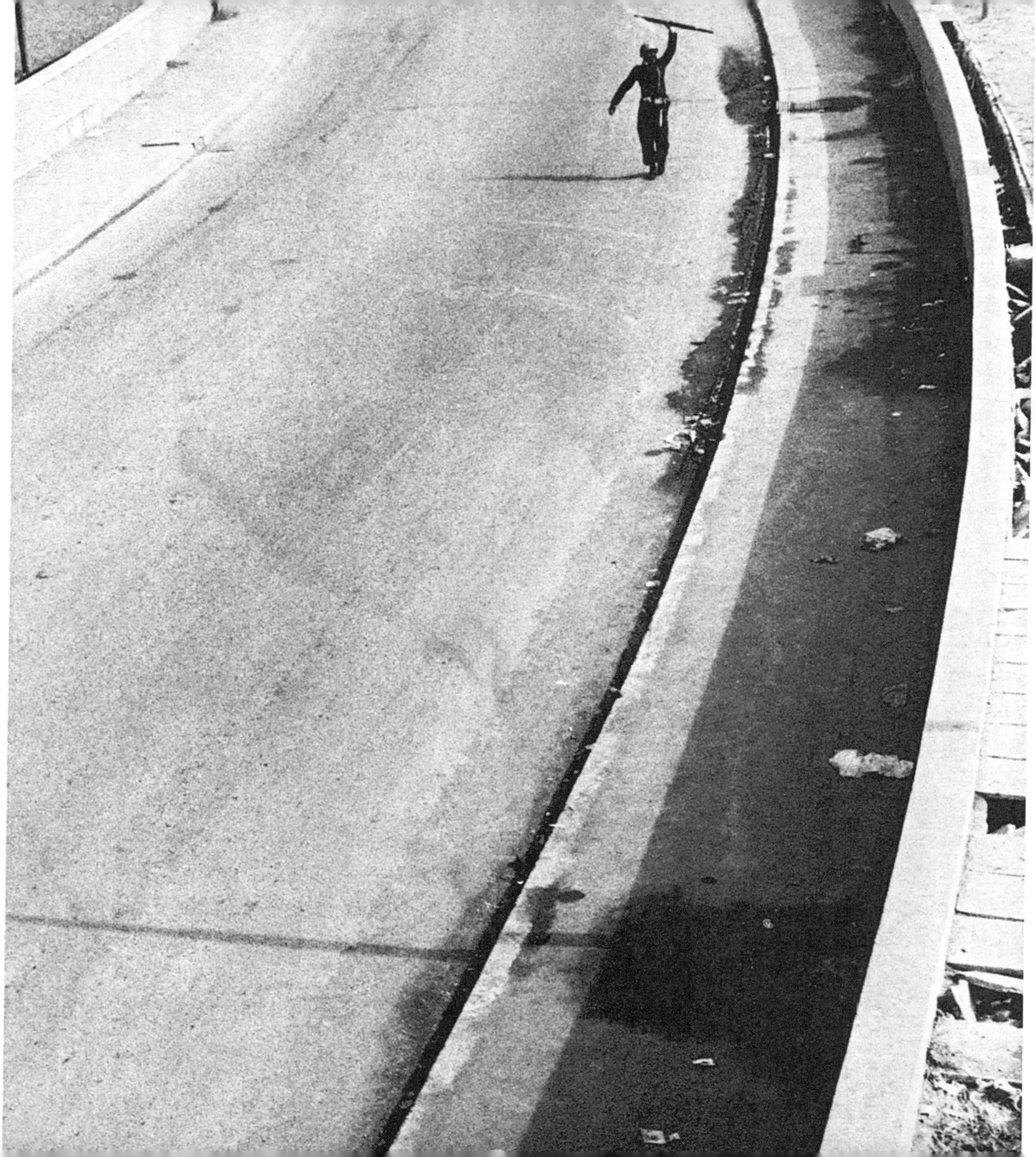

◄١١٦

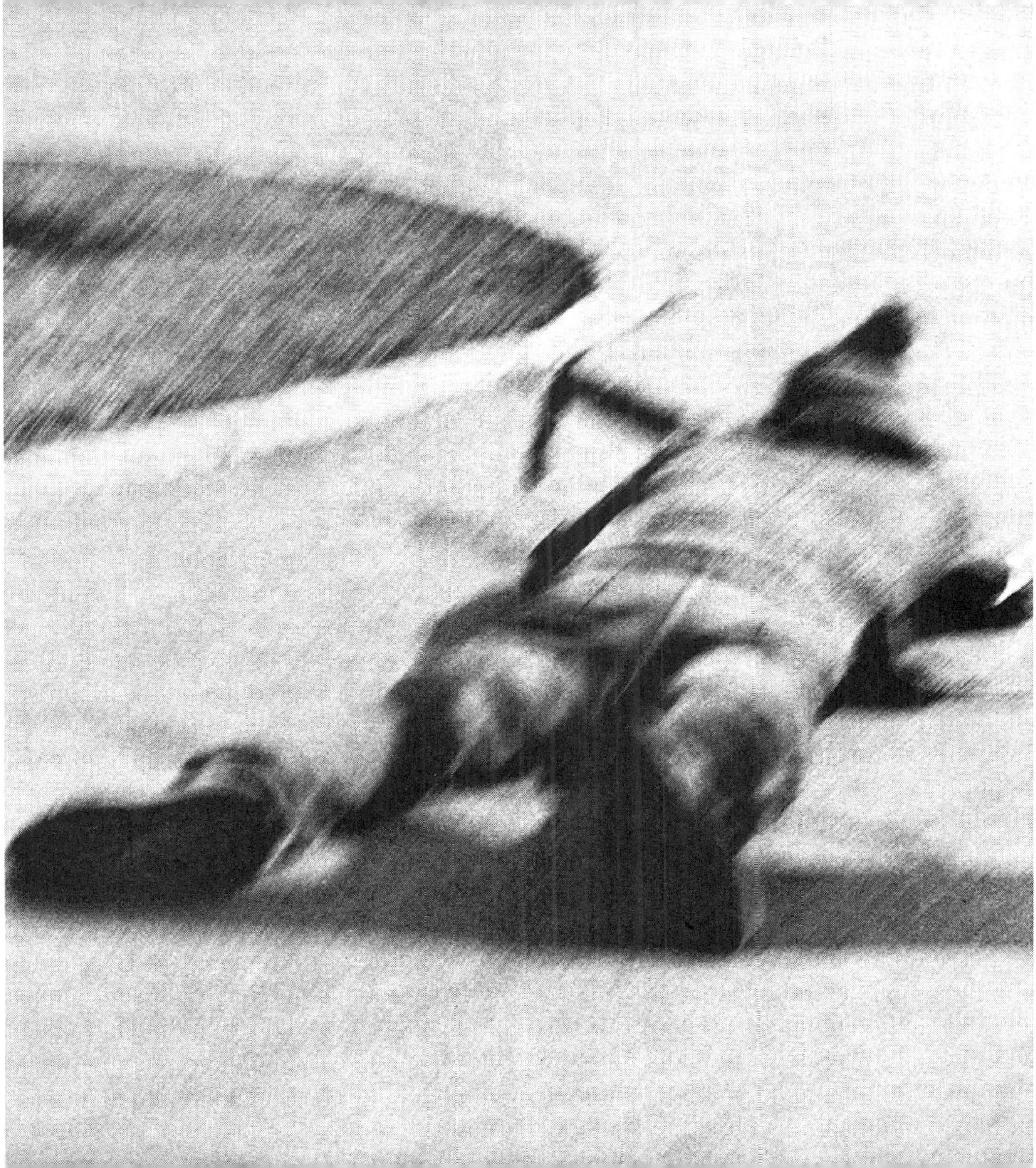

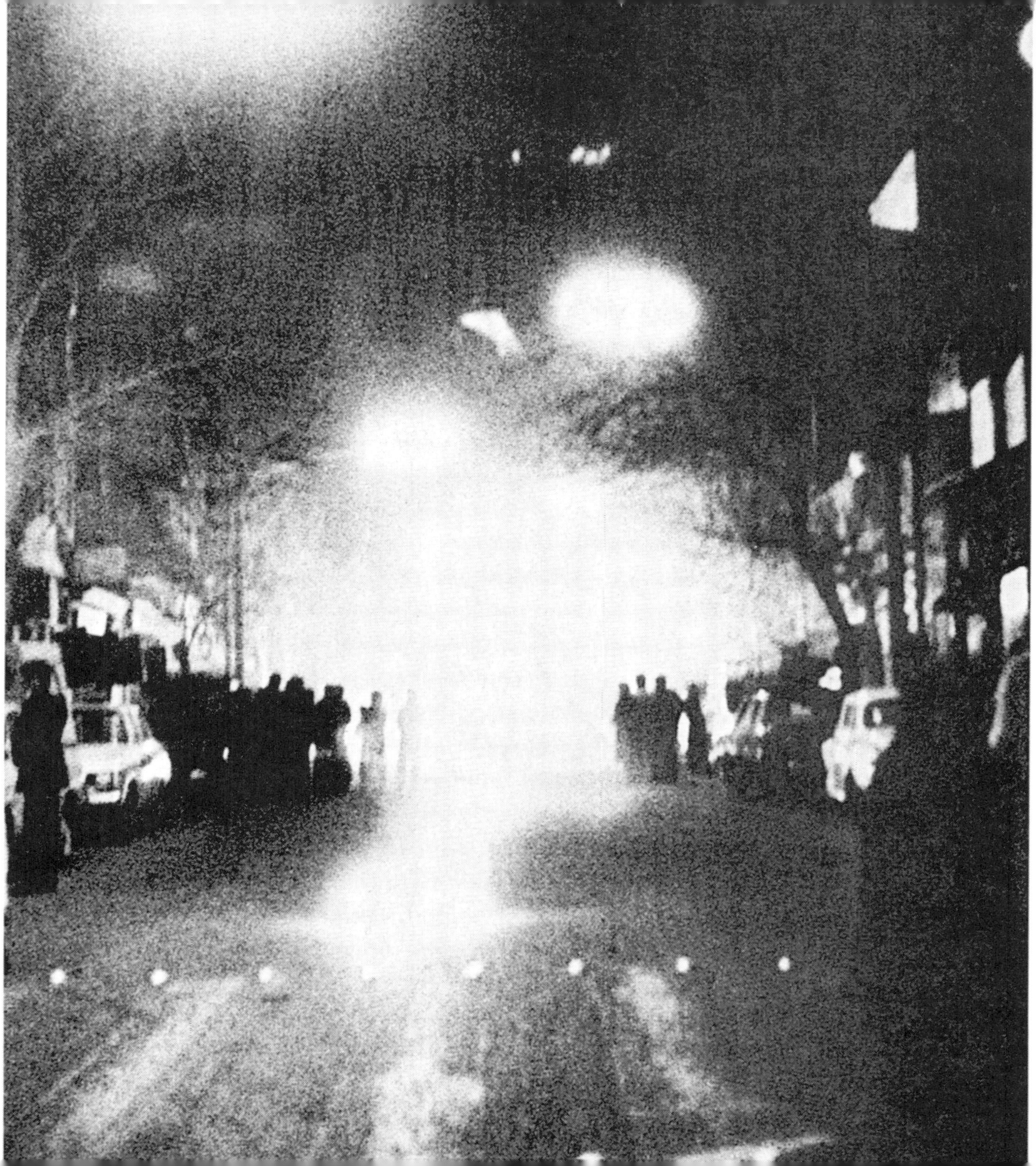

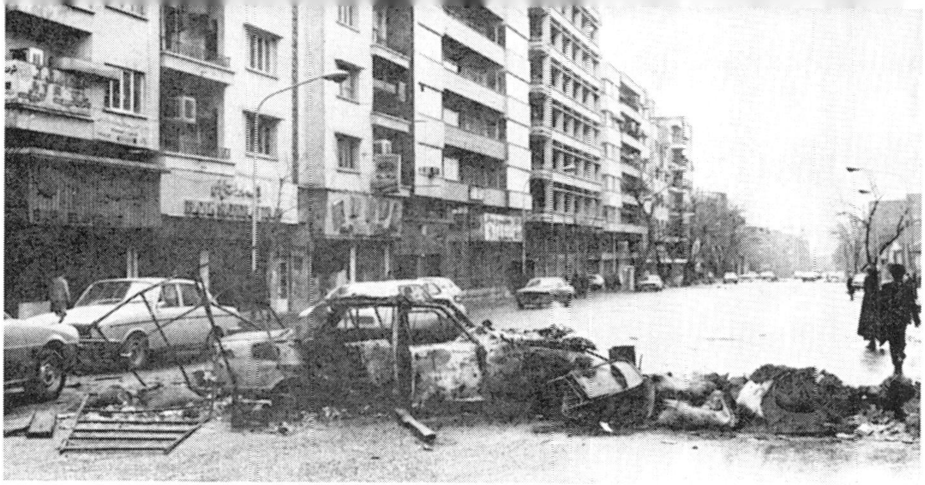

کابینهٔ بختیار
نابود باید گردد
پرسنل هوایی
آزاد باید گردد
نه قانون اساسی
نه سازش سیاسی

▲۱۱۹

▼۱۲۰

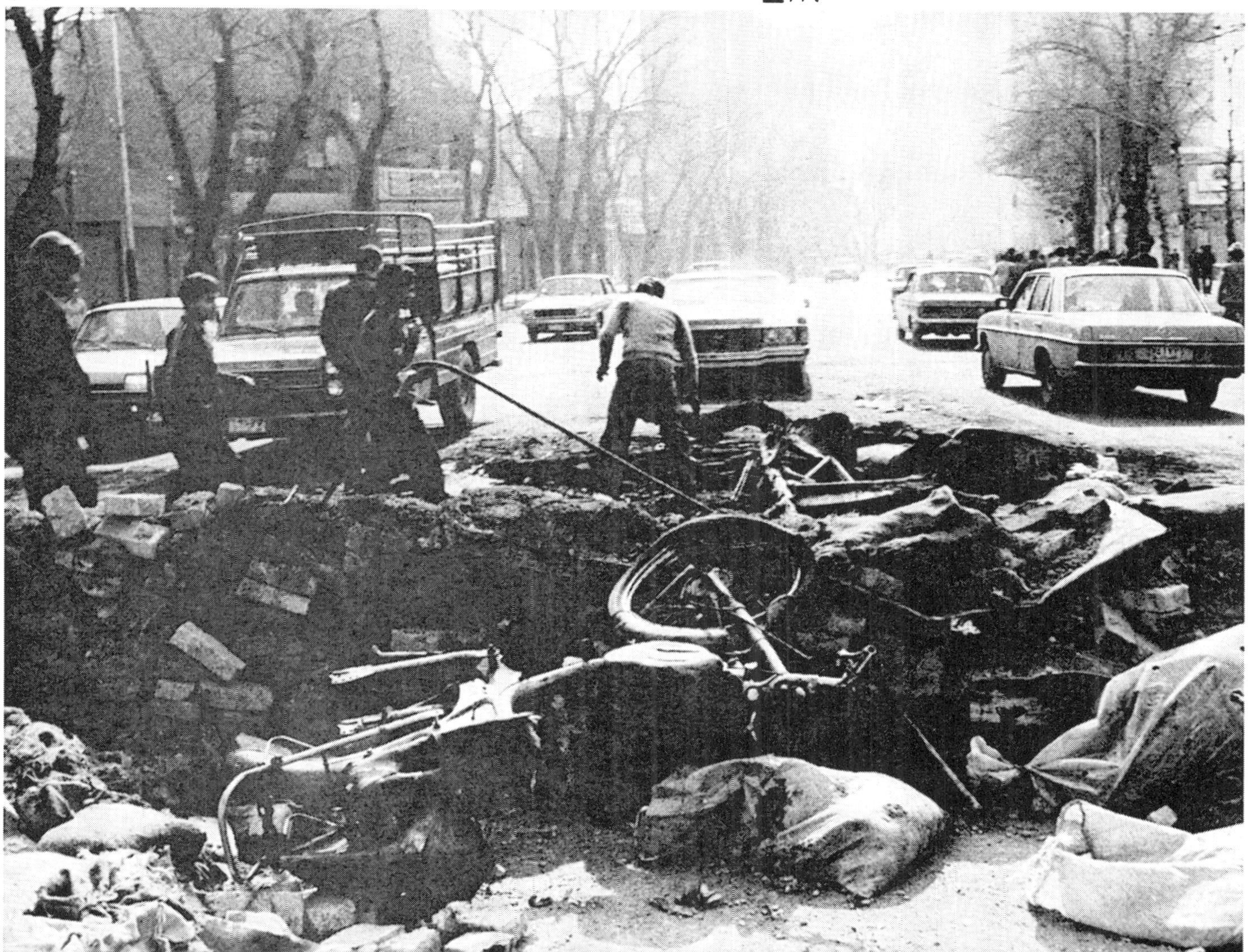

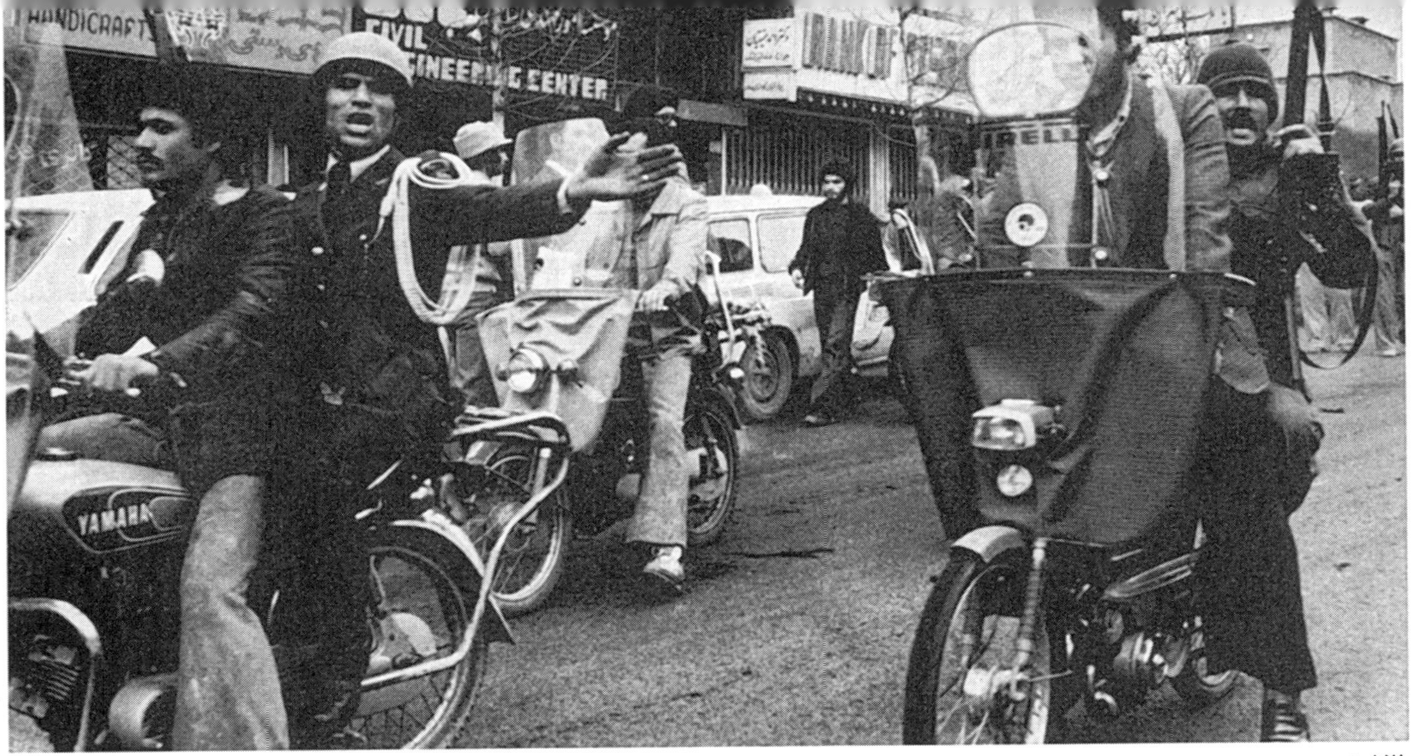

▲۱۲۱ ▼۱۲۲ ◀۱۳۳

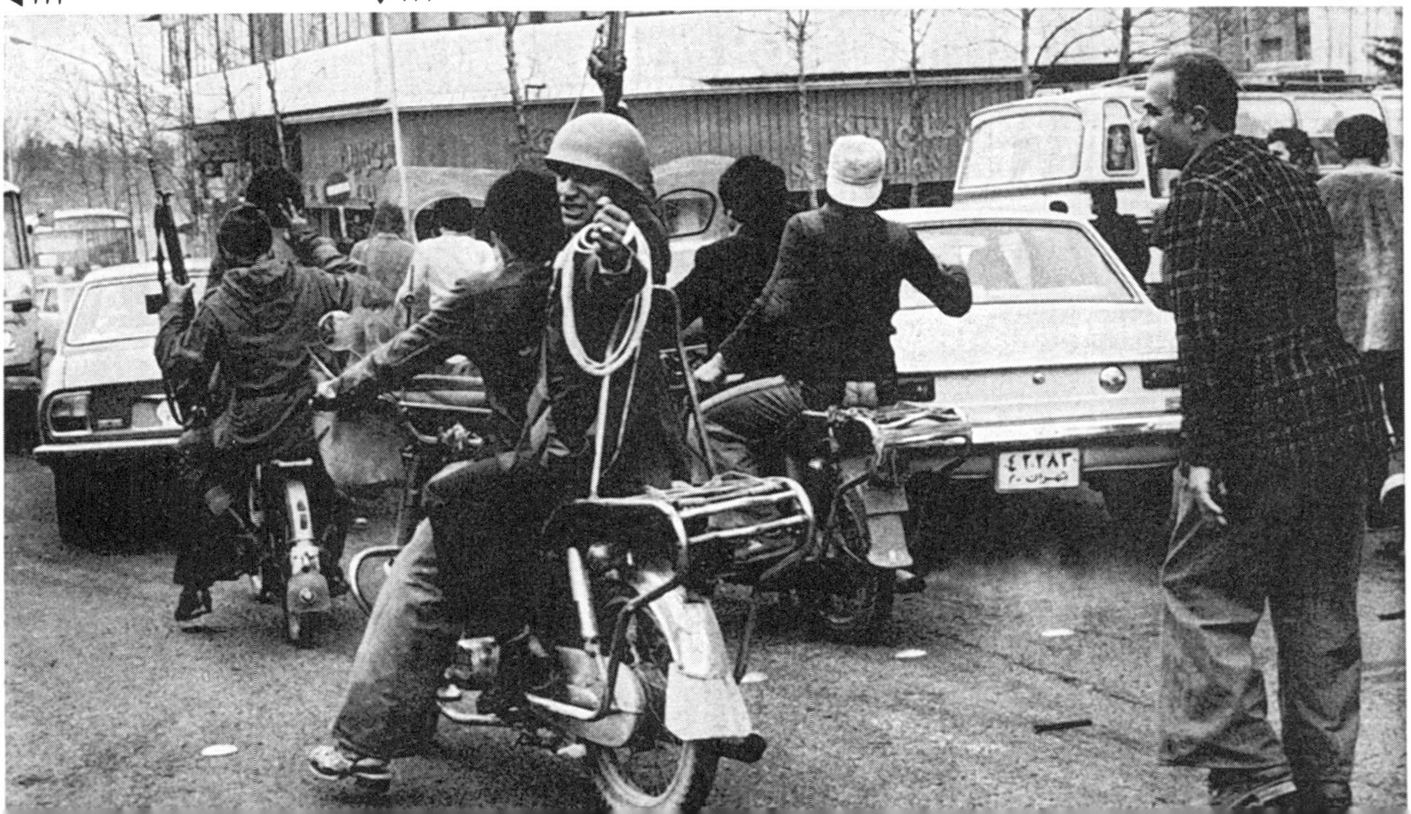

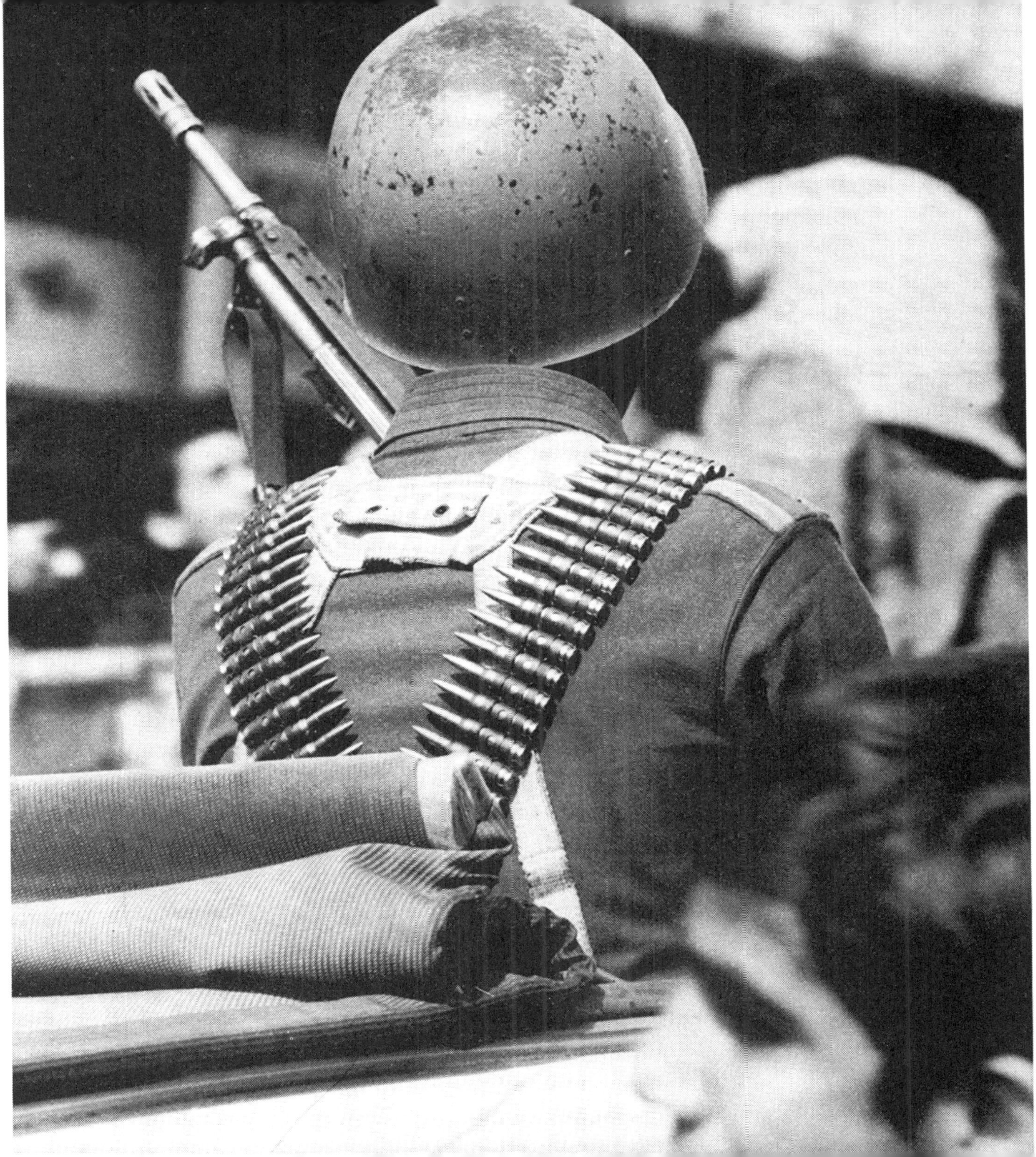

ما همه سرباز توایم خمینی
لشکر وجانباز توایم خمینی
گوش به فرمان توایم خمینی

وای اگر خمینی
حکم جهادم دهد
توپ و مسلسل
نتواند که جوابم دهد

◀۱۲۵ ▶۱۲٤

● ملت شجاع ایران... به طوری که می‌دانید... لشکر گارد به طور ناگهانی به نیروی هوایی که به ملت پیوسته است حمله نموده و نیروی‌هوایی به کمك مردم شجاعانه آنان را شکست داده‌اند. من این تعرض غیرانسانی عمل گارد را محکوم می‌کنم. اینان با این برادرکشی می‌خواهند دست اجانب را در کشور ما باز نگه‌دارند و چپاولگران را به موضع خود برگردانند. من با آنکه هنوز دستور جهاد مقدس نداده‌ام و نیز مایلم تا مسالمت حفظ و قضایا موافق آرای ملت و موازین قانون عمل شود، لکن نمی‌توانم تحمل این وحشیگریها را بکنم و اخطار می‌کنم که اگر دست از این برادرکشی بر ندارند و لشکر گارد به محل خودش برنگردد... تصمیم آخرم را به امید خدا می‌گیرم....

از پیام امام خمینی
به تاریخ ۲۱ بهمن ۱۳۵۷/۱۲ ربیع‌الاول ۱۳۹۹

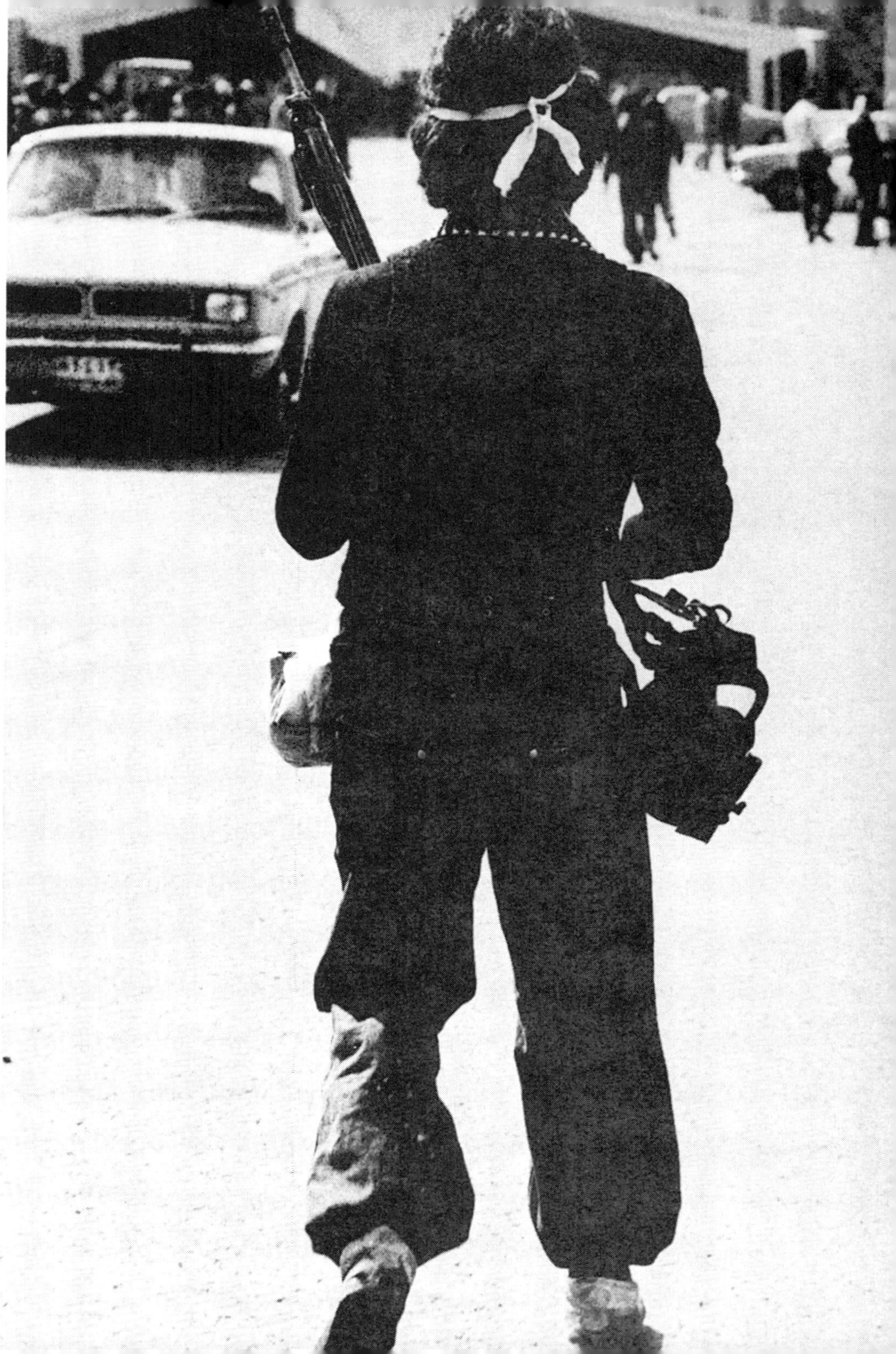

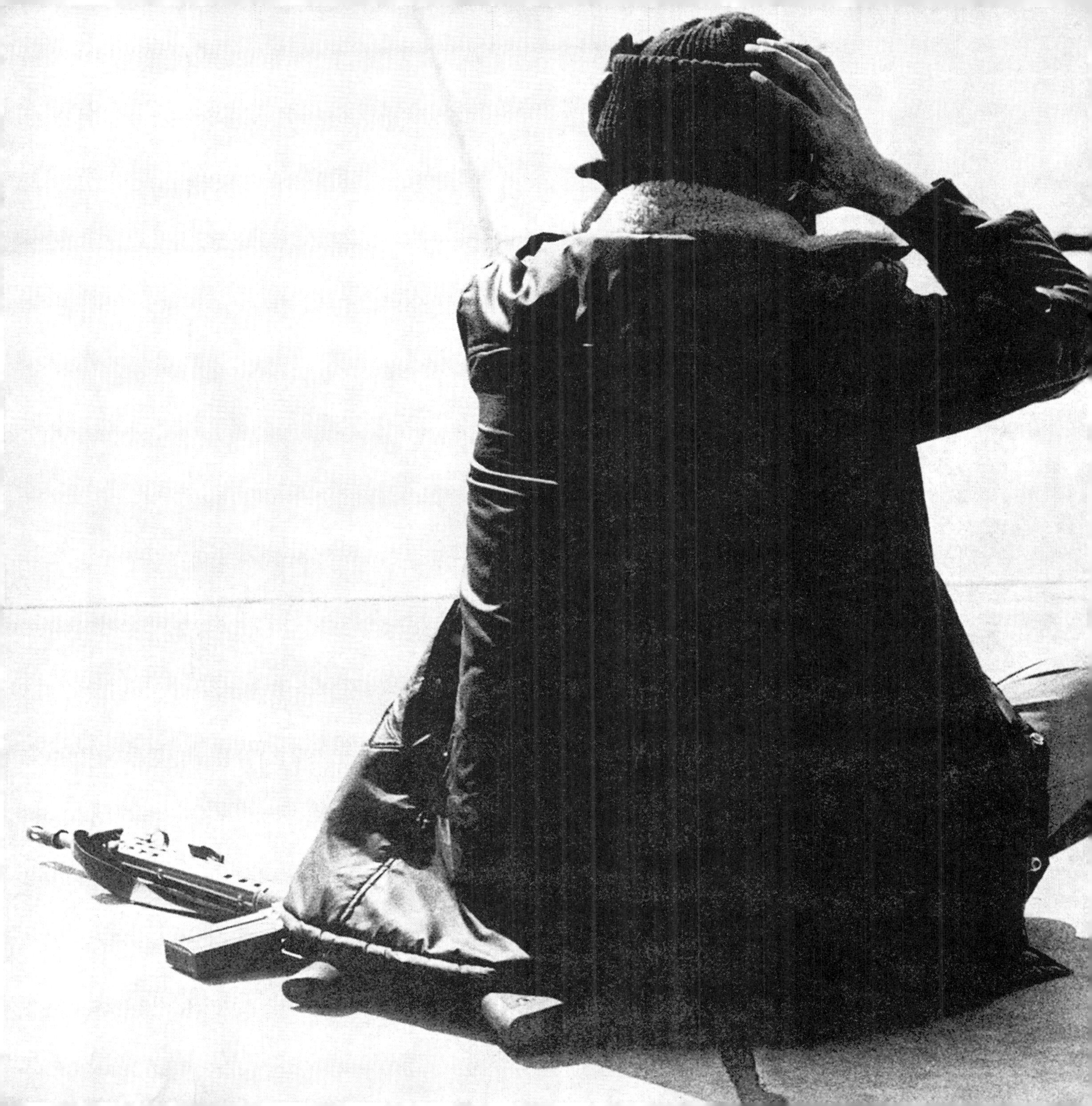

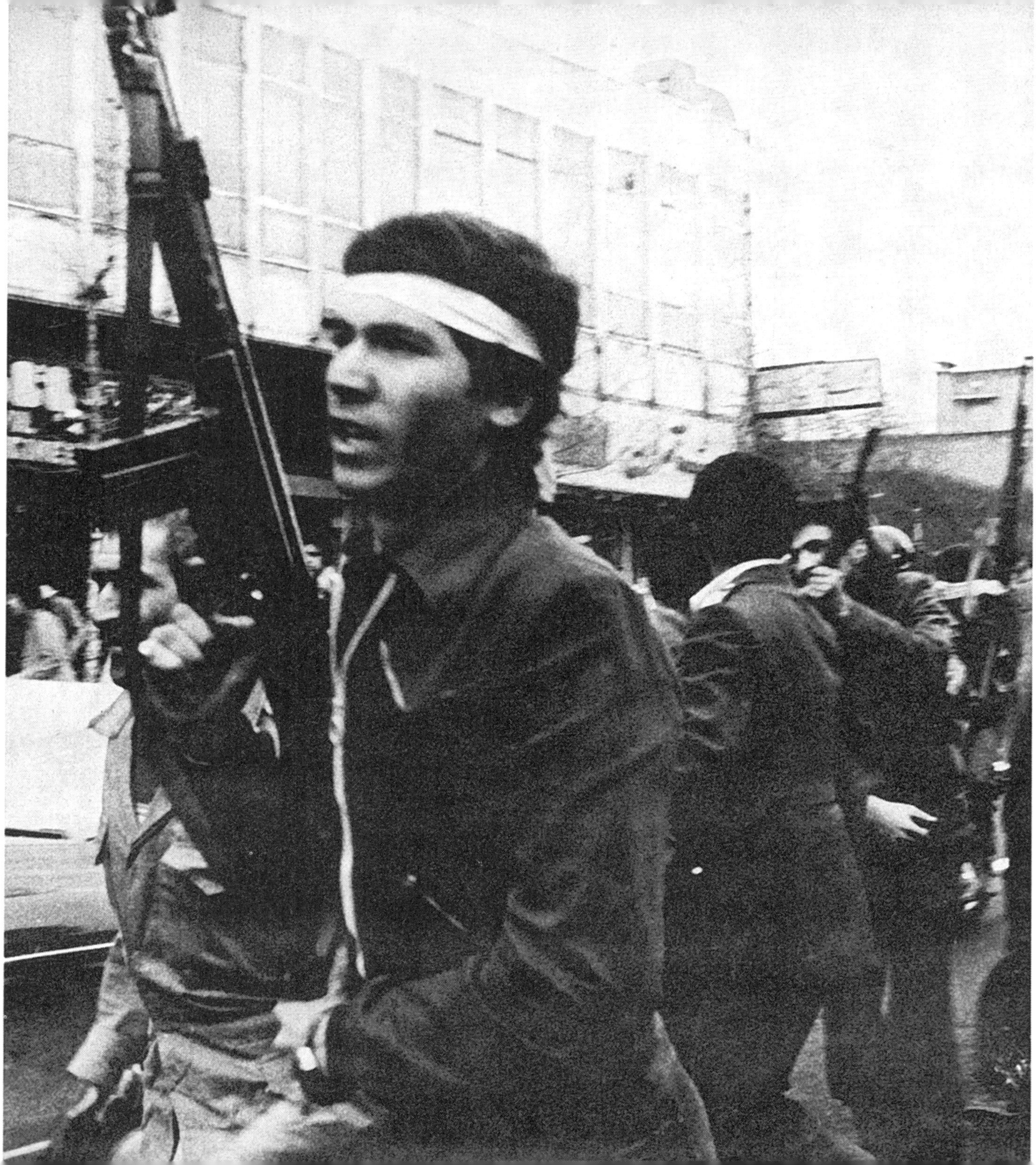

● جنگ تانکها با مردم مسلح در خیابانها...
نبرد تهران صدها کشته و هزاران مجروح داشت...
بسیاری از نقاط تهران در تصرف مردم مسلح است...
با مراجعه به منزل امام گروههای مسلح پشتیبانی خود را از امام اعلام کردند...
مردم مسلح ۵ کلانتری را تصرف کردند...
لغو حکومت نظامی توسط مردم...

از تیترهای روزنامه کیهان
به تاریخ یکشنبه ۲۲ بهمن ۱۳/۱۳۵۷ ربیع‌الاول ۱۳۹۹

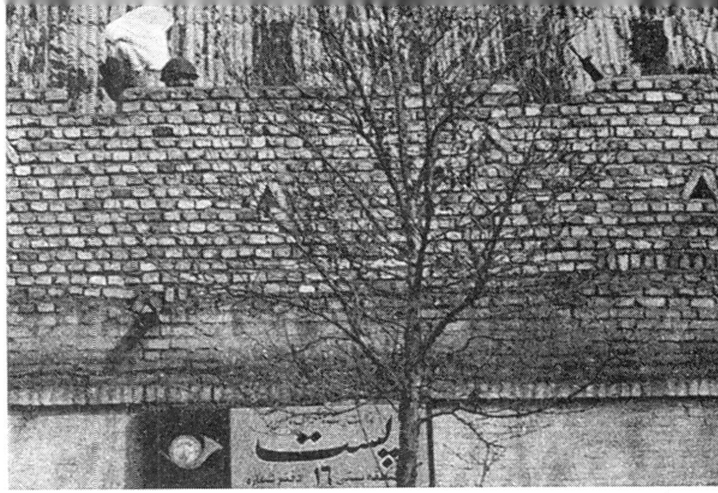

▶ ۱۲٦

▲ ۱۲۷

▼ ۱۲۸

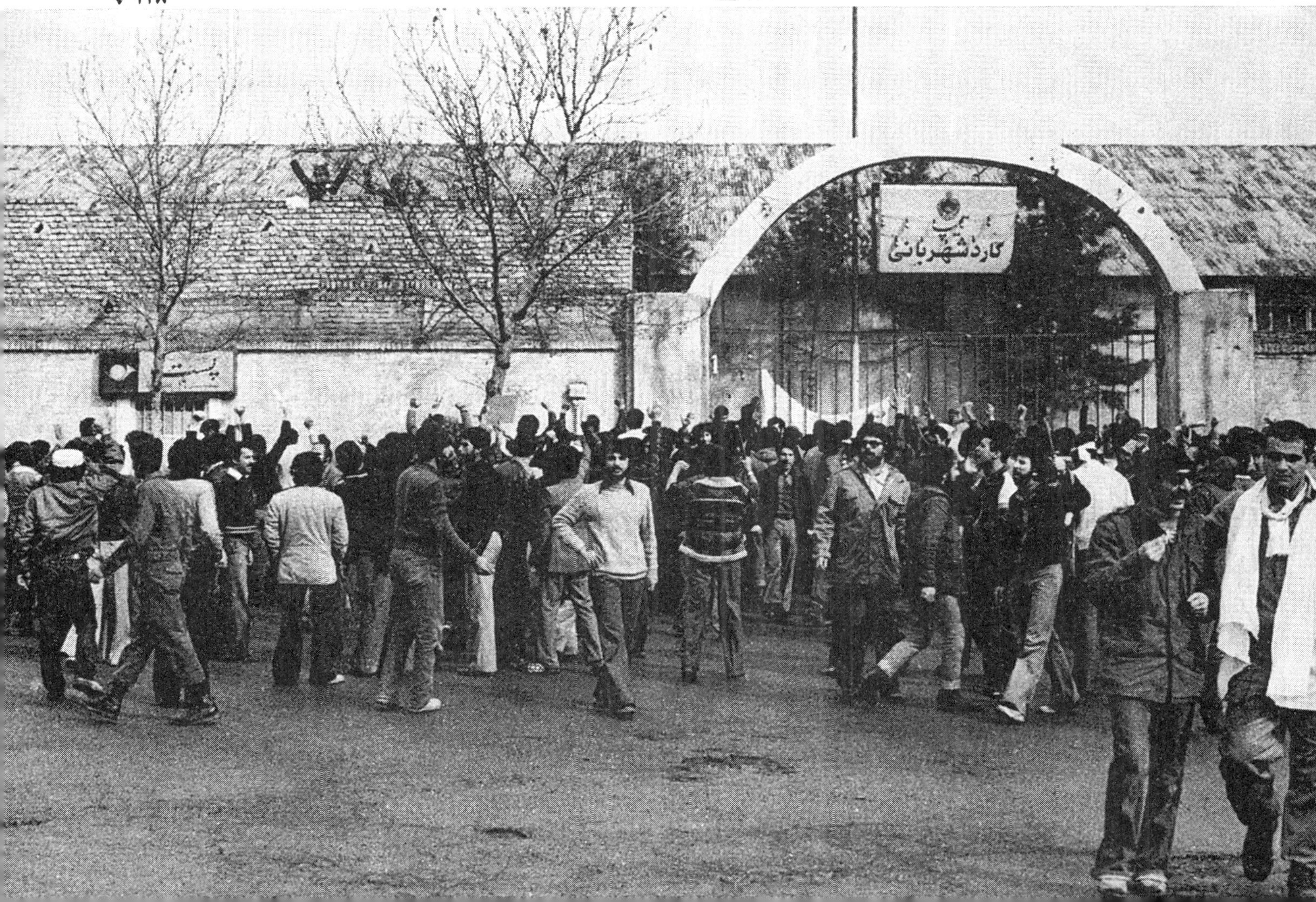

● تهران صحنهٔ جنگ خونین مسلحانه...
شبه کودتای گروهی نظامی را مردم و پرسنل نیروی هوایی در هم شکستند...
پادگان عشرت‌آباد شورش کرد...
مردم تسلیحات را تصرف کردند و اسلحه و مهمات آن را بردند...
تعدادی از تانکها توسط انقلابیون از کار افتاد و تصرف شد...

از تیترهای روزنامهٔ اطلاعات
به تاریخ یکشنبهٔ ۲۲ بهمن ۱۳/۱۳۵۷ ربیع‌الاول ۱۳۹۹

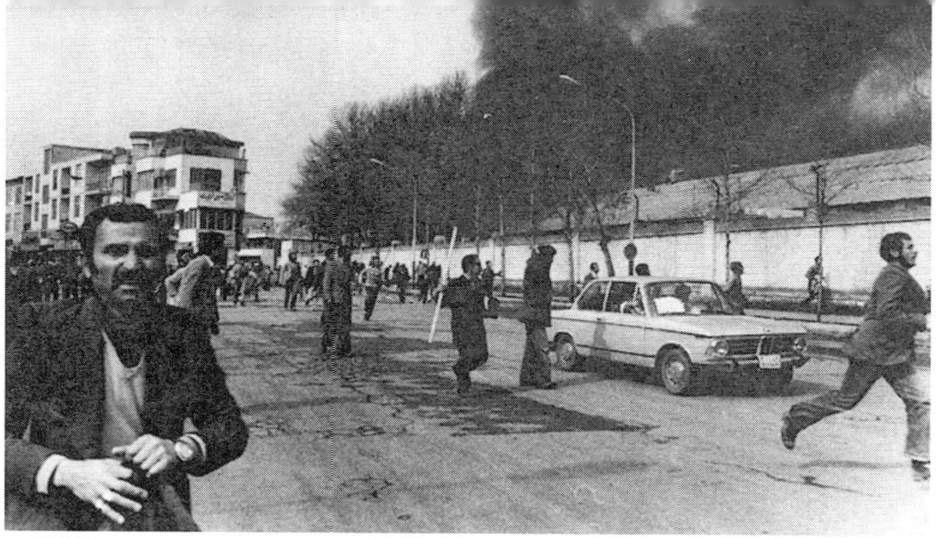

▲۱۲۹ ▼۱۳۰ ◀۱۳۱

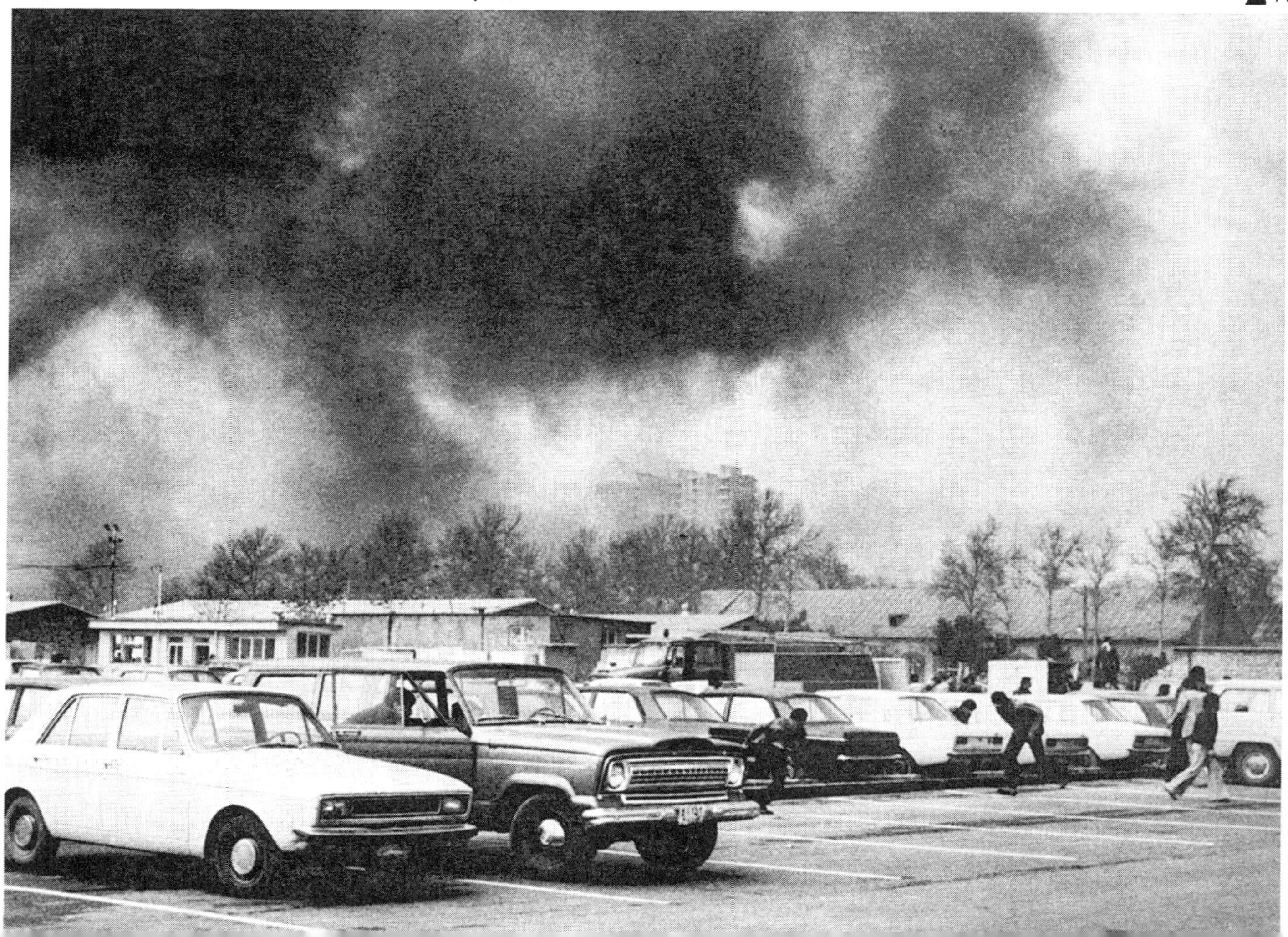

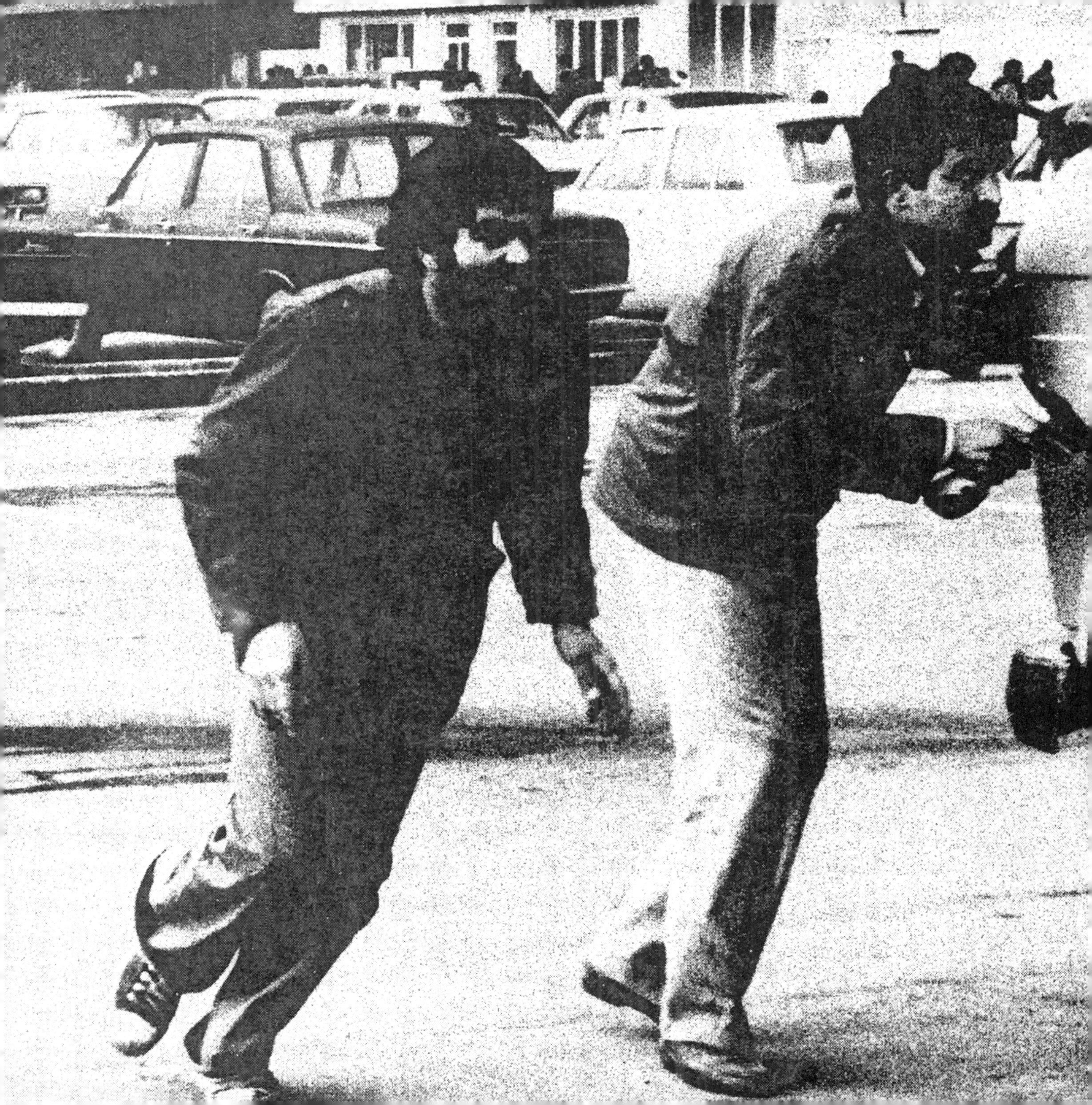

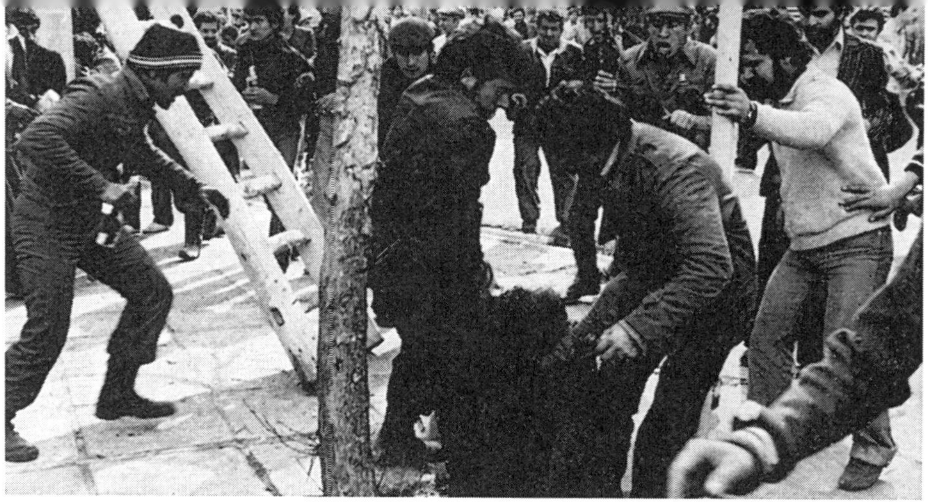

١٣٢ ▼

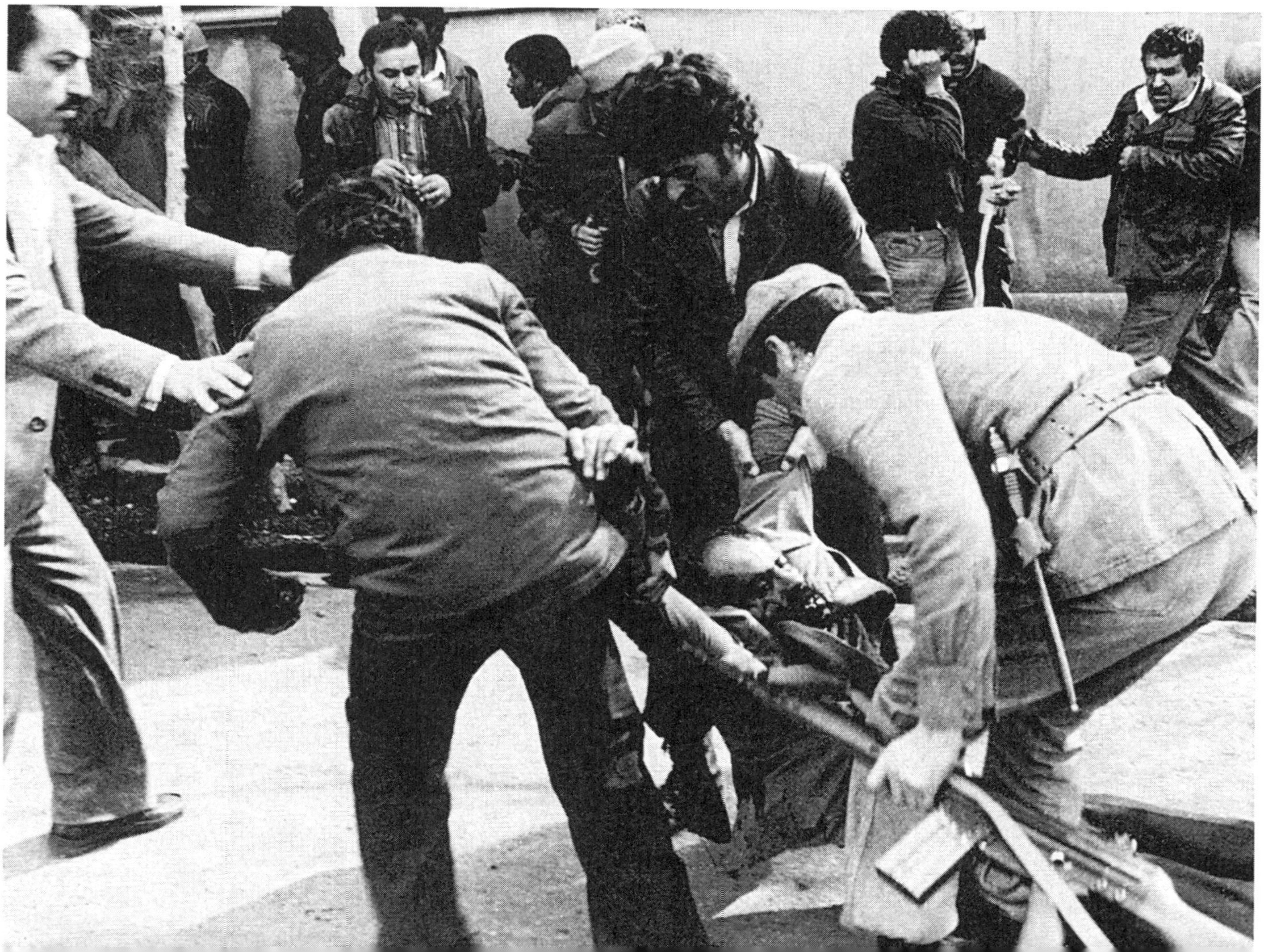

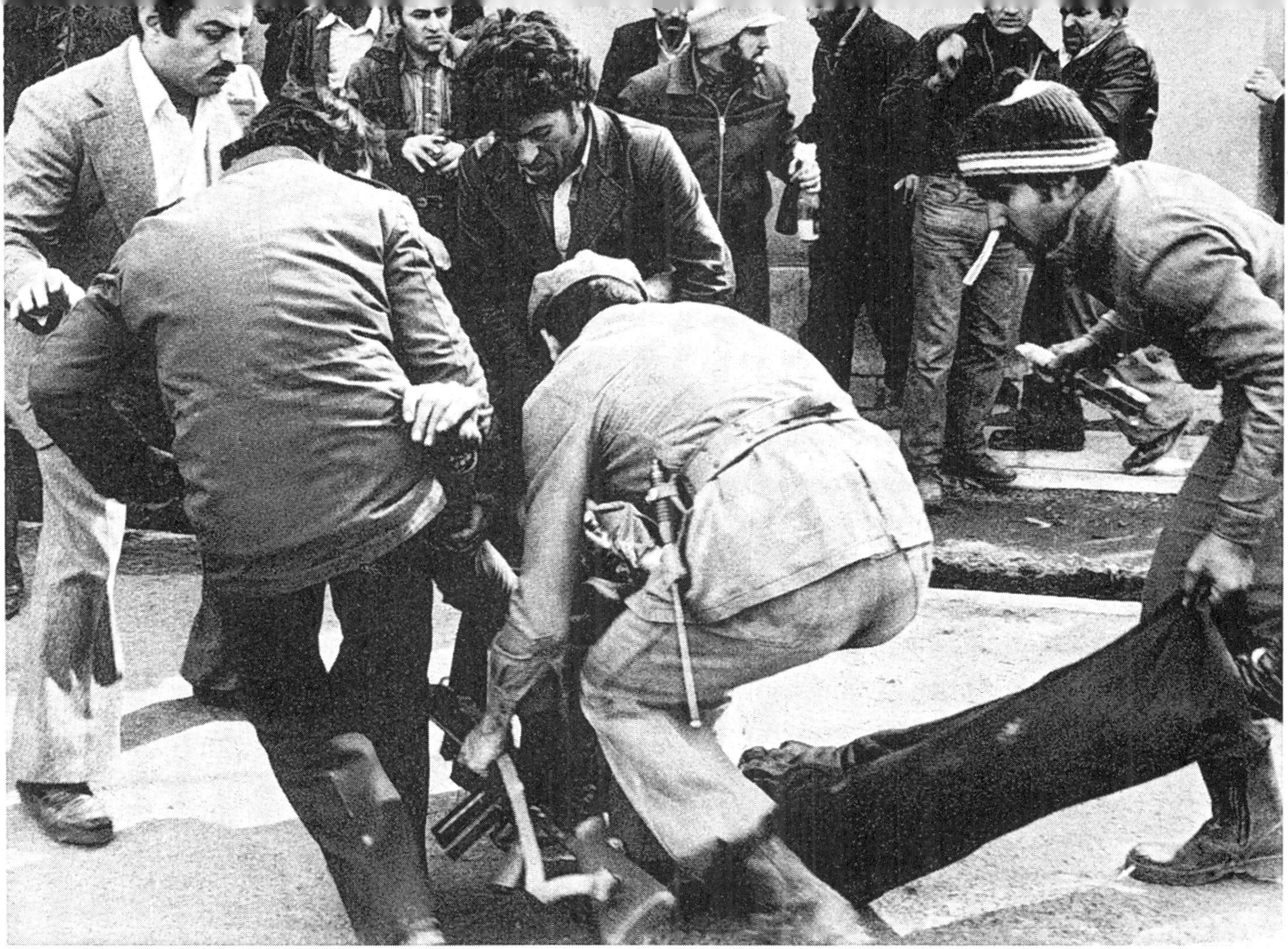

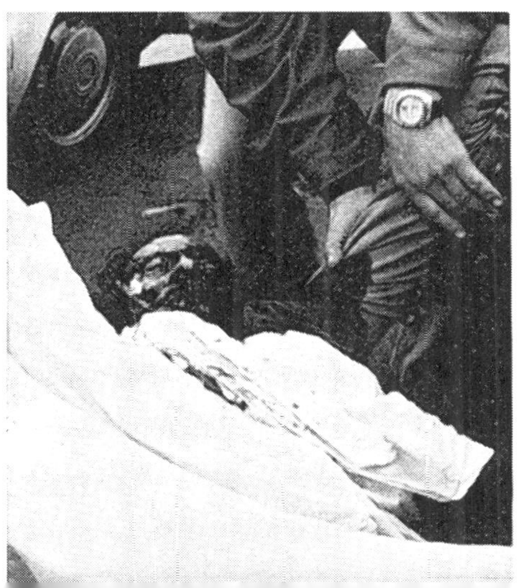

١٣٤ ◀

١٣٣ ▲

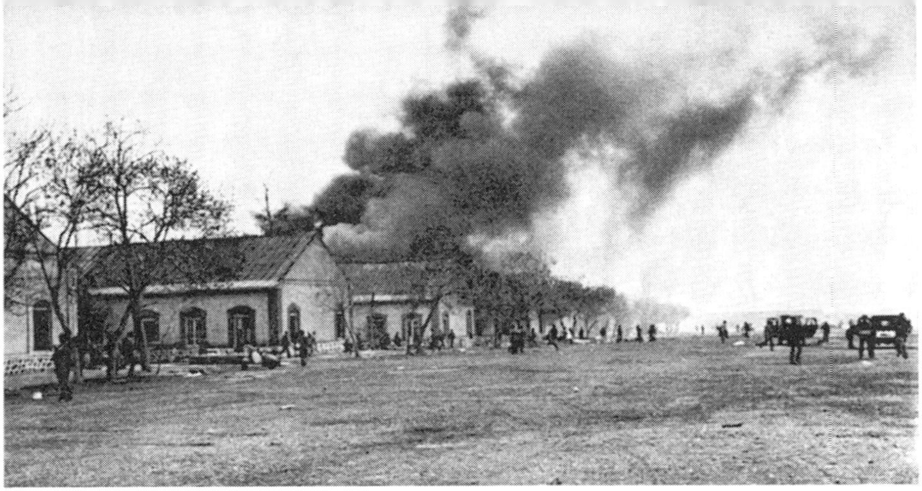

● ارتش انقلاب شهرها را آزاد کرد...
سقوط نظام ۲۵۰۰ سالهٔ استبداد...
فرماندهان ارتش برکنار شدند...
ستاد ارتش تحویل دولت بازرگان شد...
سلطنت‌آباد سقوط کرد...
بختیار خودکشی نکرده...
دادگاه انقلابی خلق تشکیل می‌شود...

از تیترهای روزنامهٔ کیهان
به تاریخ ۲۳ بهمن ۱۳۵۷/۱۴ ربیع‌الاول ۱۳۹۹

۱۳۶▼ ◄۱۳۵

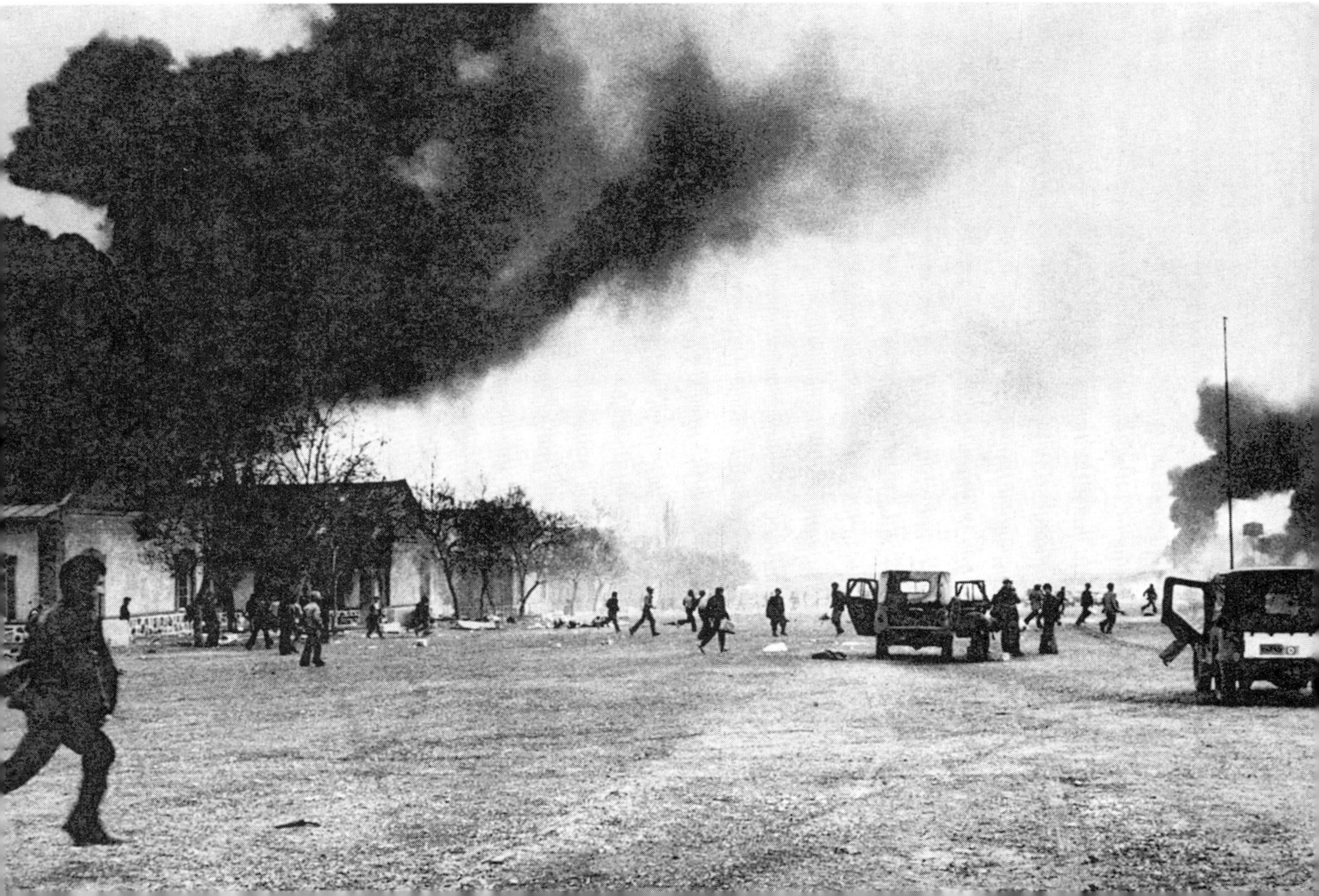

درود بر خمینی
رهبر آزادگان
سلام بر همافر
یاور مستضعفان

▼ ۱۳۸ ۱۳۷◀

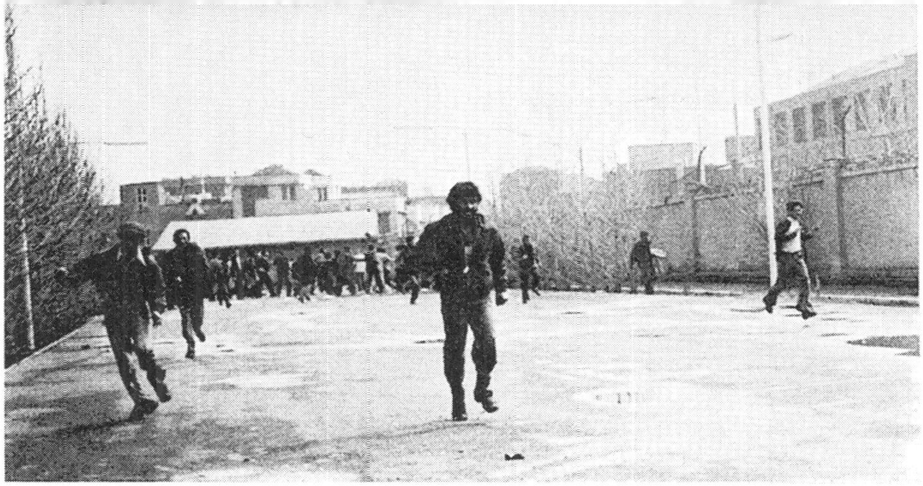

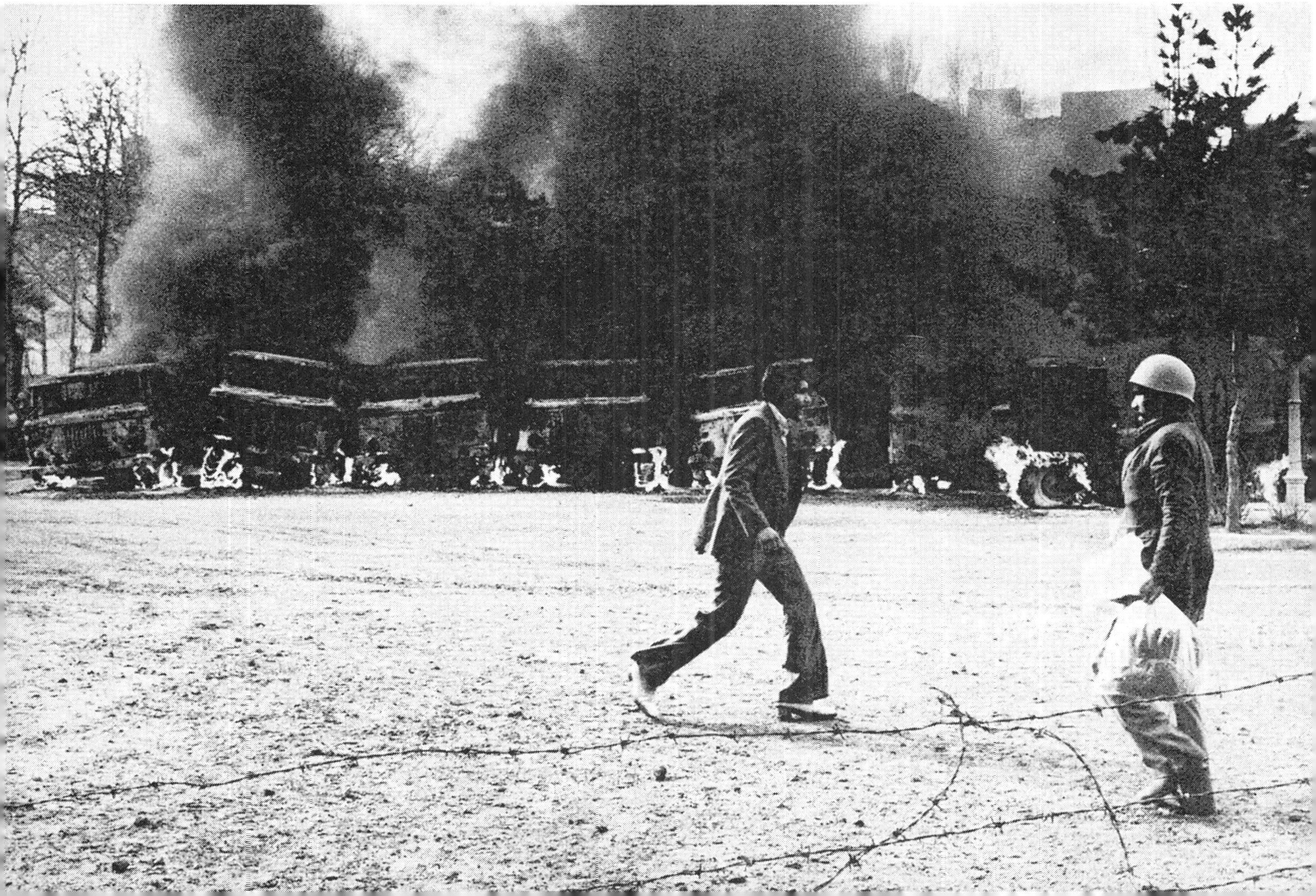

● اکنون که در پرتو عنایات الهی و مجاهدات و مبارزات غیورانهٔ شما طومار رژیم جبار در هم پیچیده شد و استبداد و استعمار آخرین سنگر خود را ترک گفته است، ضمن تبریک به عموم ملت ایران و شکرگزاری به درگاه خداوند متعال و تشکر از ارتش که به توصیه‌های مراجع عظام گوش فراداده و به ملت پیوسته‌اند از سایر امرا و افسران و درجه‌دارانی که هنوز تصمیم بزرگ زندگانی خود را ابراز نکرده‌اند مصرانه می‌خواهم به مردم بپیوندند و این آخرین فرصت نجات و رستگاری را از دست ندهند....

از پیام آیت‌الله شریعتمداری به مردم ایران
به تاریخ ۲۲ بهمن ۱۳/۱۳۵۷ ربیع‌الاول ۱۳۹۹

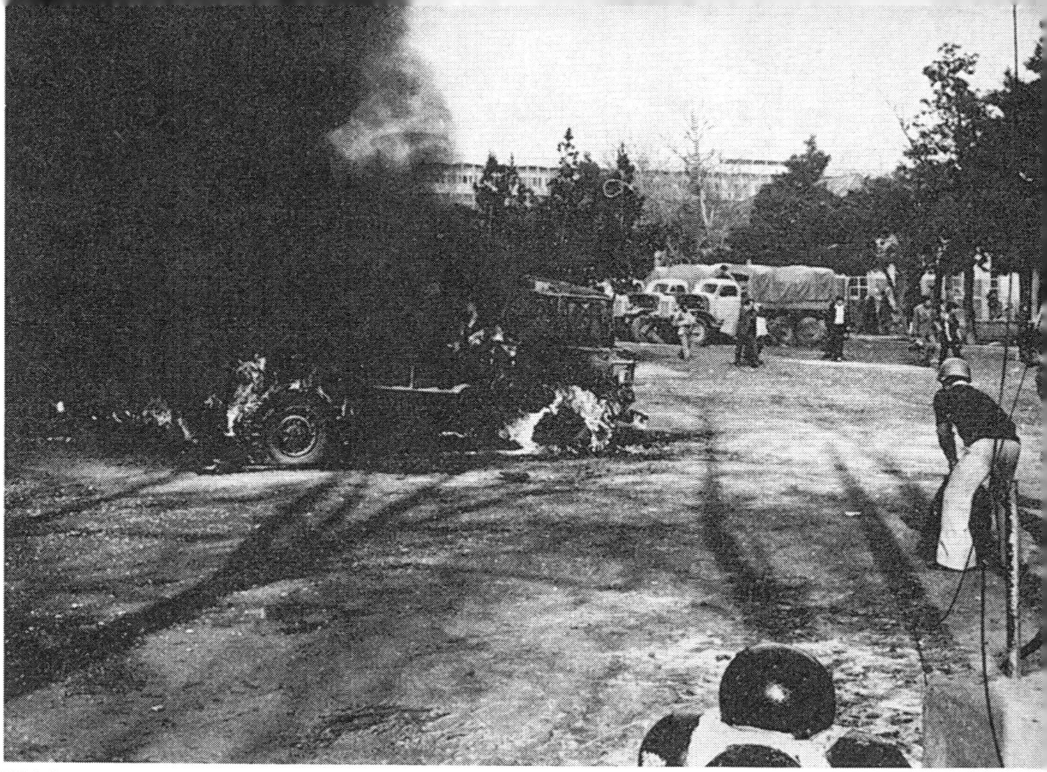

▲۱۳۹

▼۱۴۰

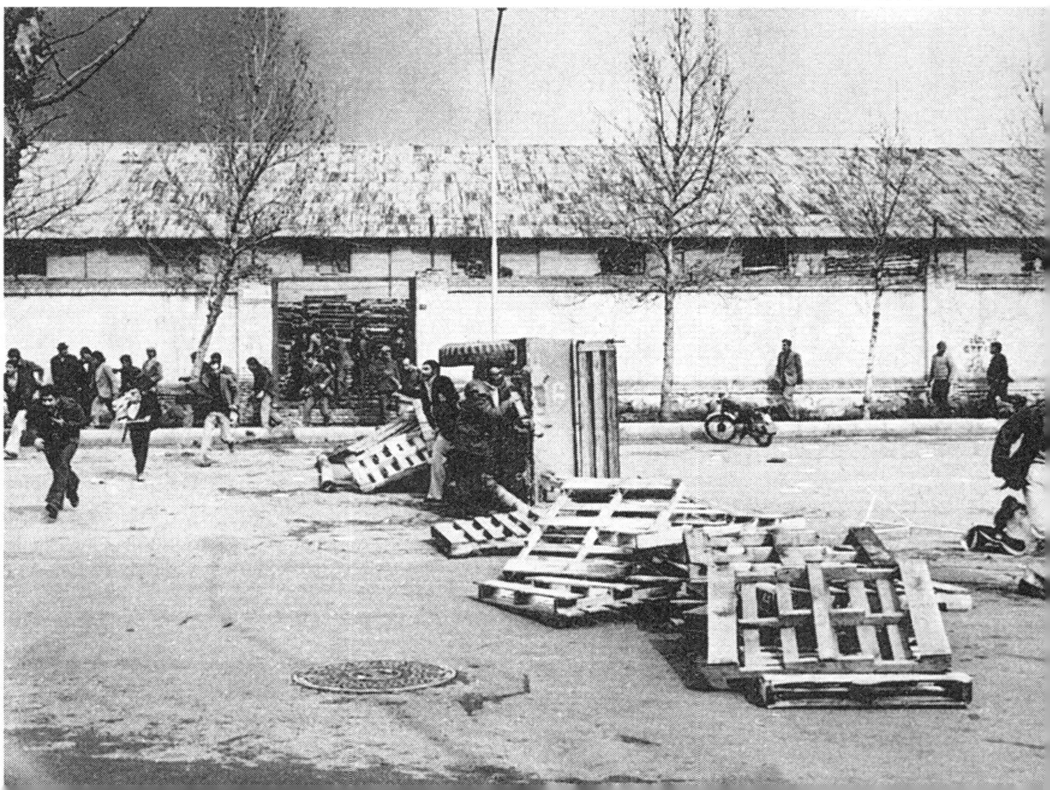

▼۱۴۱

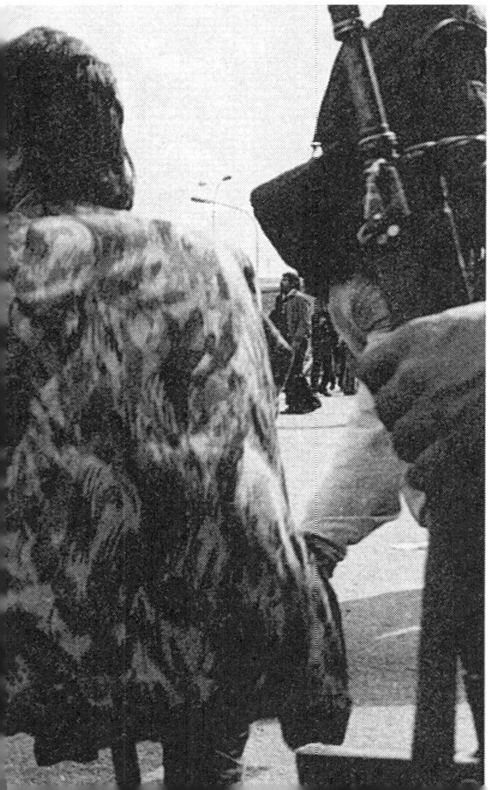

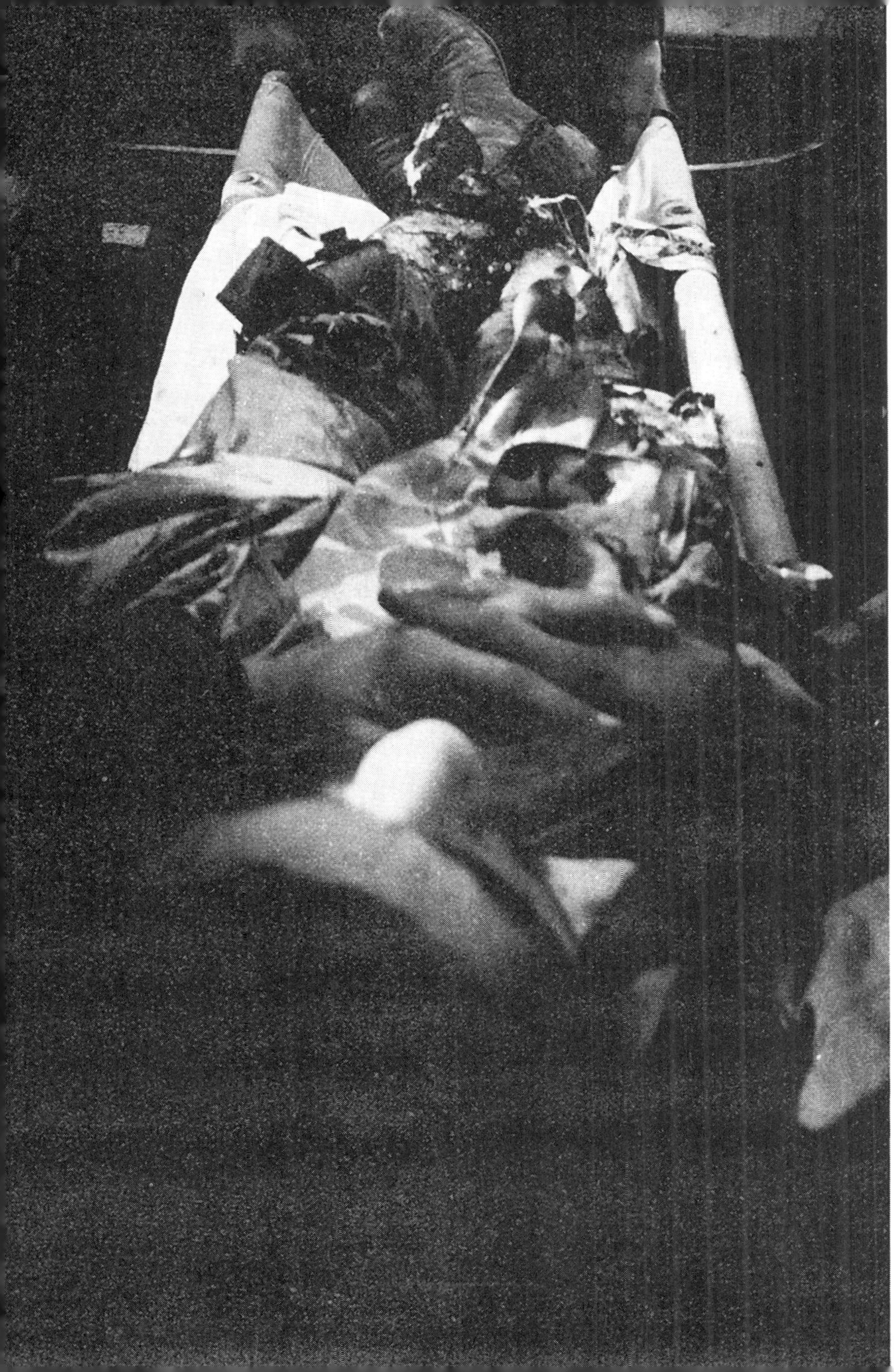

بازرگان ، بازرگان
نخست‌وزیر ملت
بختیار، بختیار
مایهٔ ننگ و نفرت

فرمودهٔ خمینی
برای ما چو جان است
نخست وزیر ایران
مهدی بازرگان است

۱۴۲ ◄

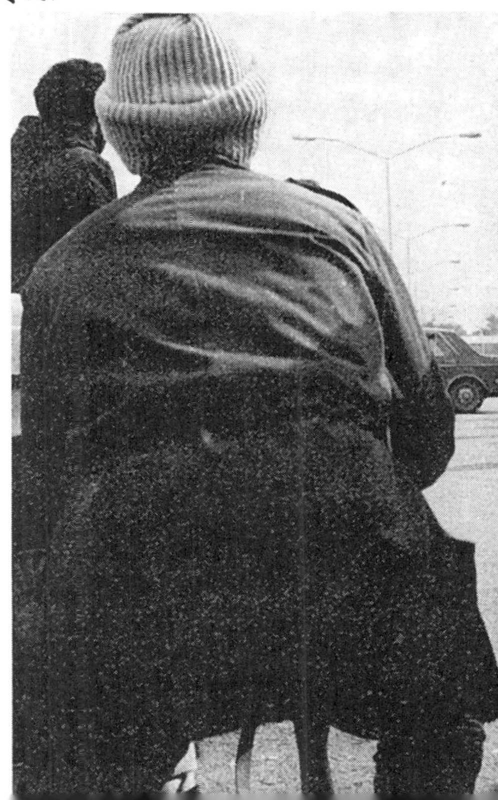

۱۴۵ ◄

رژیم متلاشی شد...

آخرین سنگرهای فروریخته:

- رژیم شاهنشاهی
- نخست‌وزیری
- شورای سلطنت
- مجلس شورا و سنا
- پادگانهای ضد خلق
- ژاندارمری و شهربانی
- رادیوتلویزیون نظامی

دستور نخست‌وزیر به کارمندان دولت...

از تیترهای روزنامهٔ اطلاعات
به تاریخ ۲۳ بهمن ۱۴/۱۳۵۷ ربیع‌الاول ۱۳۹۹

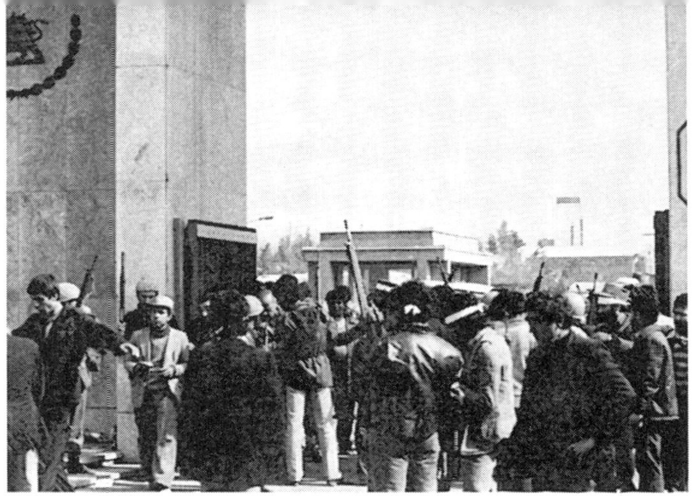

۱۴۳ ▲

۱۴۴ ▼

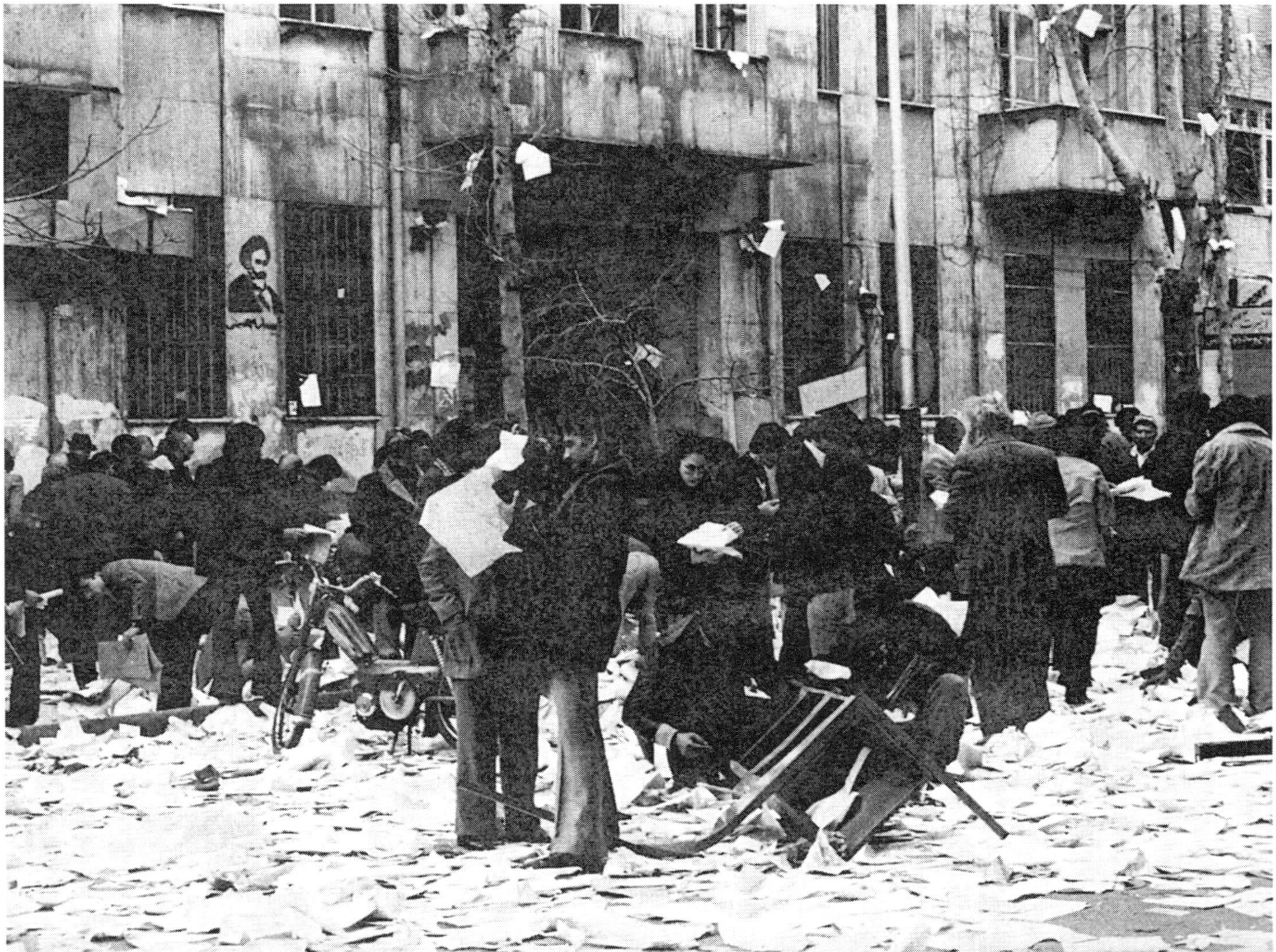

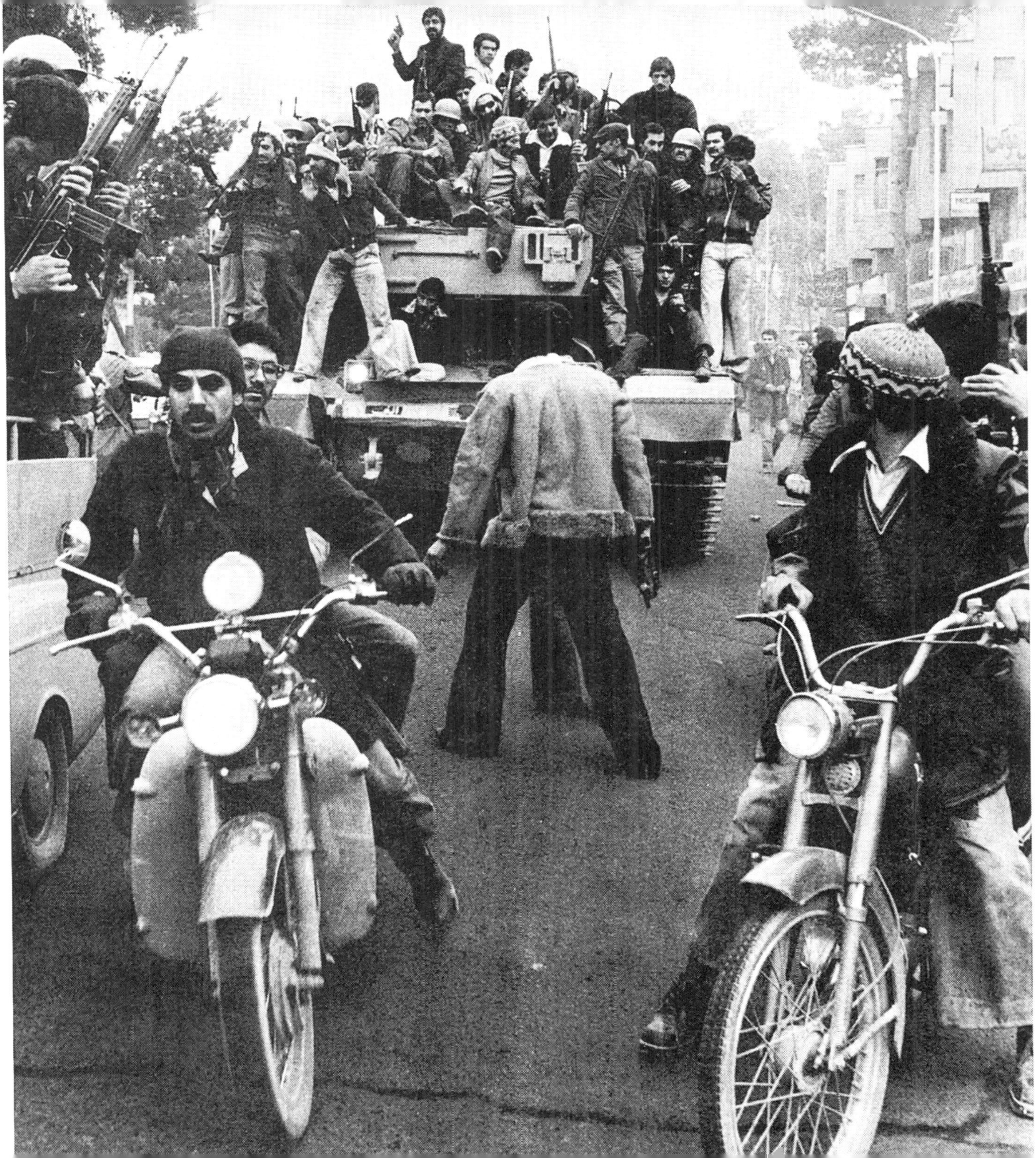

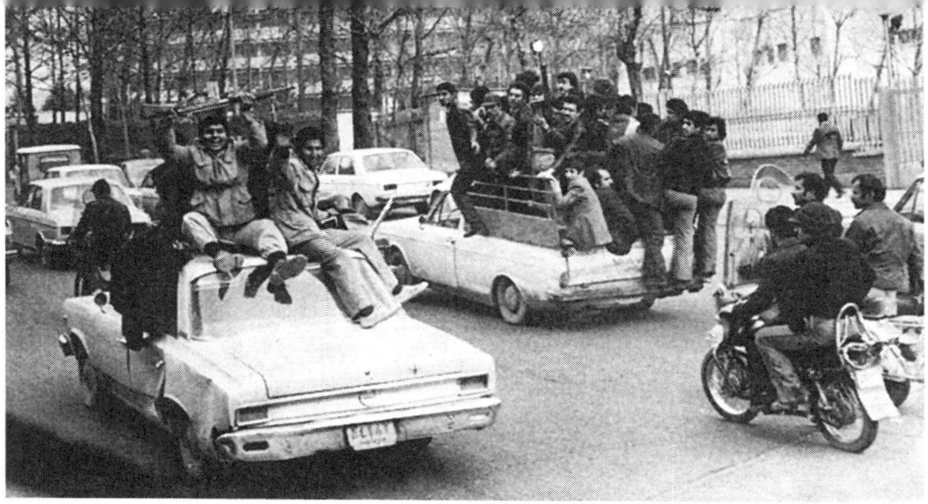

● شاهنشاهی در ایران منقرض شد...
ارتش اعلام بیطرفی کرد...
رئیس ستاد ارتش با بازرگان همکاری می‌کند...
مجلس منحل شد...
ما پیروز شدیم...

از تیترهای روزنامه آیندگان
به تاریخ ۲۳ بهمن ۱۴/۱۳۵۷ ربیع‌الاول ۱۳۹۹

۱۴۶ ▶

▼۱۴۷

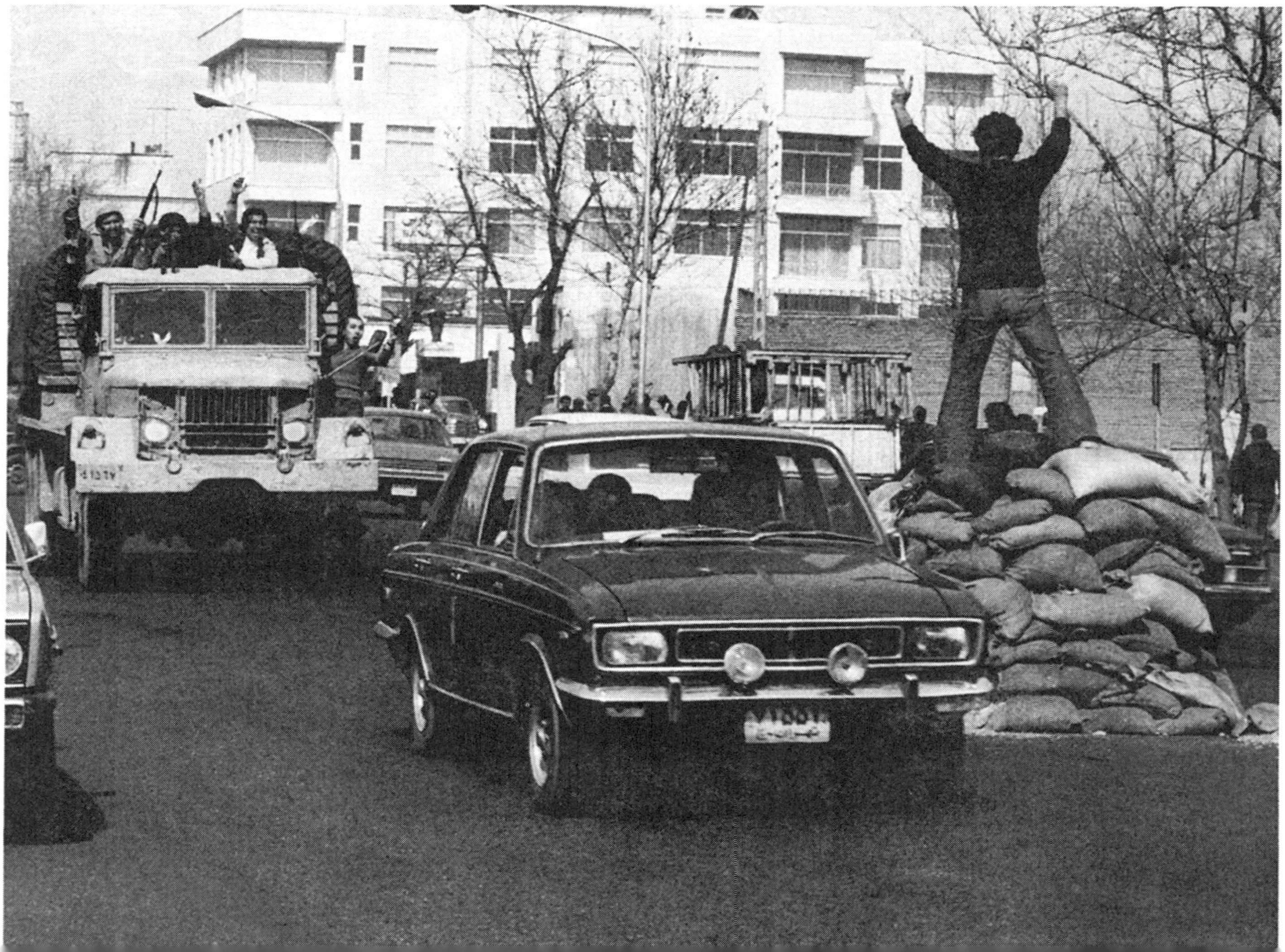

● هموطنان دلیر مجاهد. تصرف آخرین سنگرهای دیکتاتوری جنایتکار را که به پایمردی و جانفشانیهای خونبار مردم محروممان که تحت ارشاد مجاهد اعظم حضرت آیت‌الله خمینی تحقق می‌پذیرد به شما تهنیت می‌گوییم و در این لحظات تاریخی صبر و مقاومت انقلابی بیش از پیش صفوف متحد خلق را در جهت محو کامل سلطهٔ امپریالیزم بر میهن گلگونمان آرزومندیم....

از پیام مجاهدین خلق ایران
به تاریخ ۲۲ بهمن ۱۳/۱۳۵۷ ربیع‌الاول ۱۳۹۹

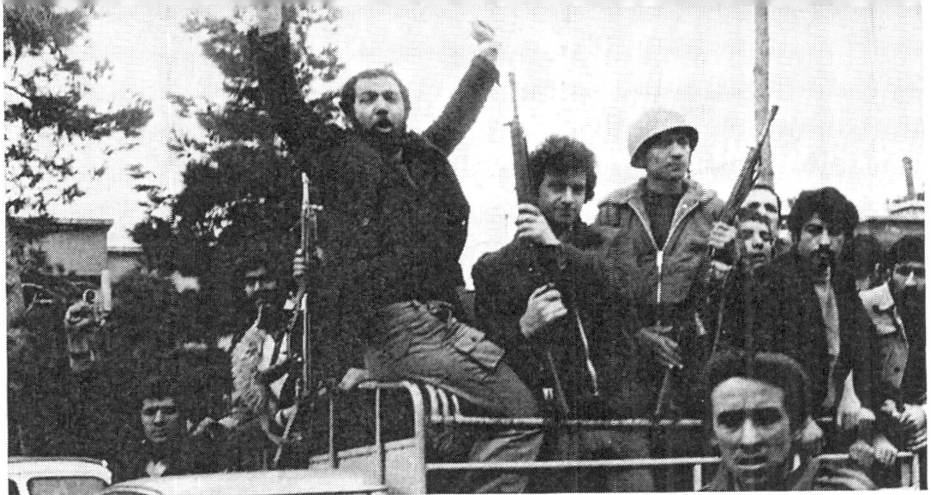

▲۱۴۸

▼۱۴۹

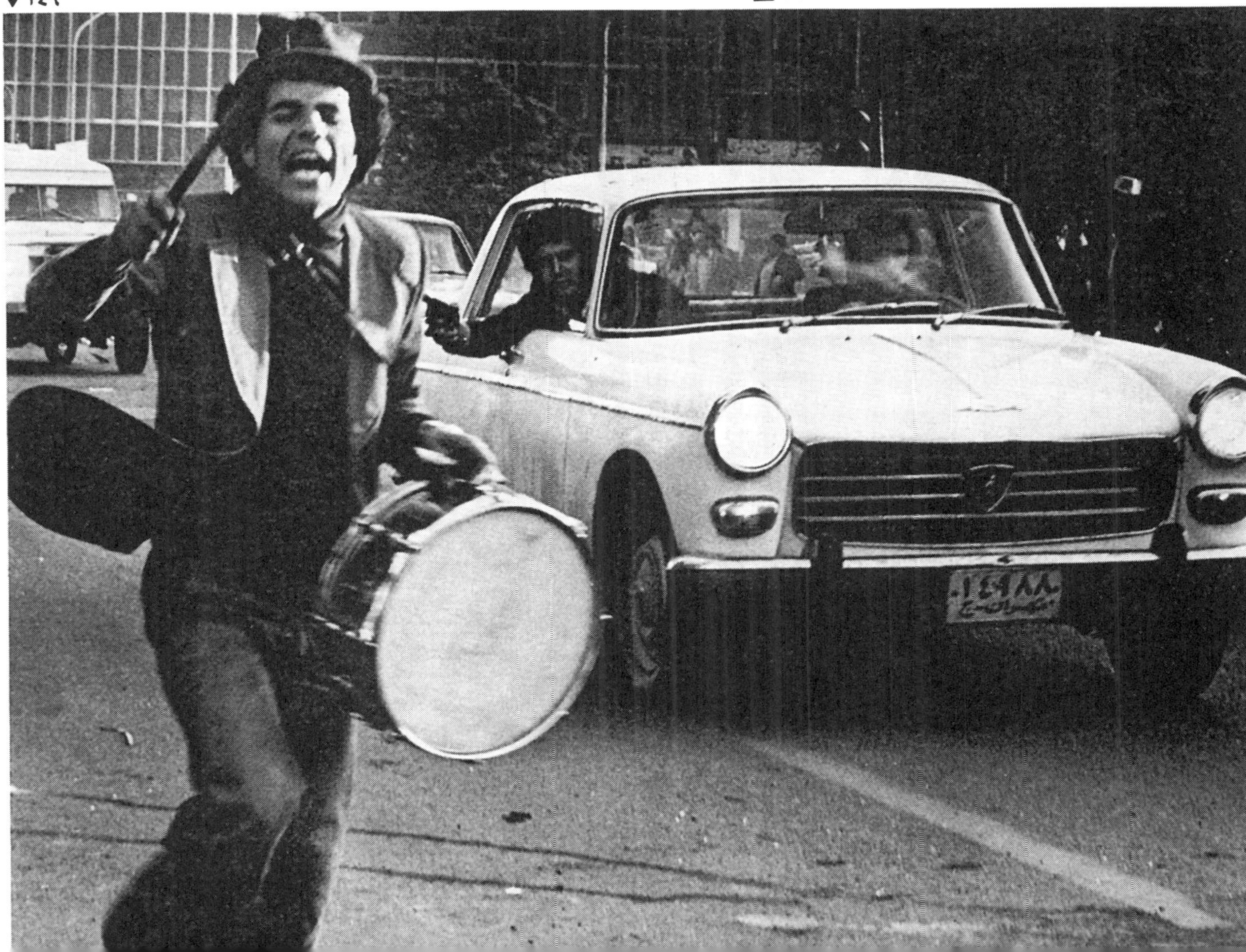

د رود بر خمینی

سلام بر بازرگان

◀ ۱۵۲ ۱۵۰ ▶

● من از ملت شریف و مبارز ایران تشکر می‌کنم. من از این وحدت کلمه‌ای که بین اقشار ملت به‌وجود آمده است سپاسگزاری می‌کنم. من به این پیروزی که از برای ملت ایران پیدا شده است تبریك می‌گویم. باید ملت ایران بداند که این انقلاب ایران با سایر انقلاباتی که در دنیا واقع شده است فرق دارد. این انقلاب از باب اینکه انقلاب اسلامی و انسانی بود ضایعات کمی به‌بار آورد. در انقلاباتی که در دنیا واقع شده است ضایعات بسیار زیاد بوده است. و ما بحمدالله با کمی ضایعات به پیروزی بزرگی نایل شدیم... خداوند شما را پایدار نگهدارد، خداوند اسلام را عظمت بدهد. پیروزی شما پیروزی بزرگ اسلام است....

از پیام امام خمینی به مردم ایران
به تاریخ ۲۴ بهمن ۱۵/۱۳۵۷ ربیع‌الاول ۱۳۹۹

۱۵۱ ▼

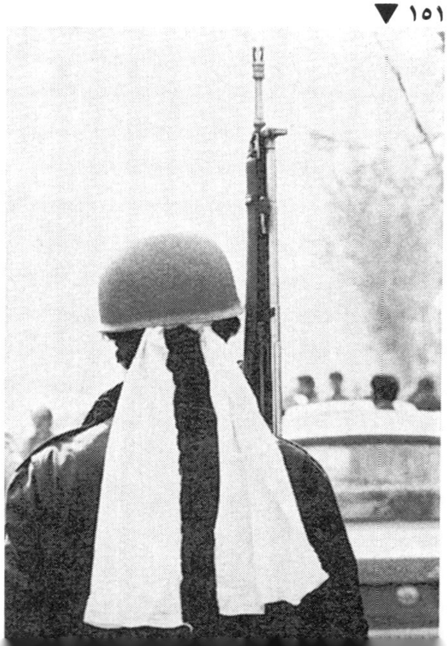

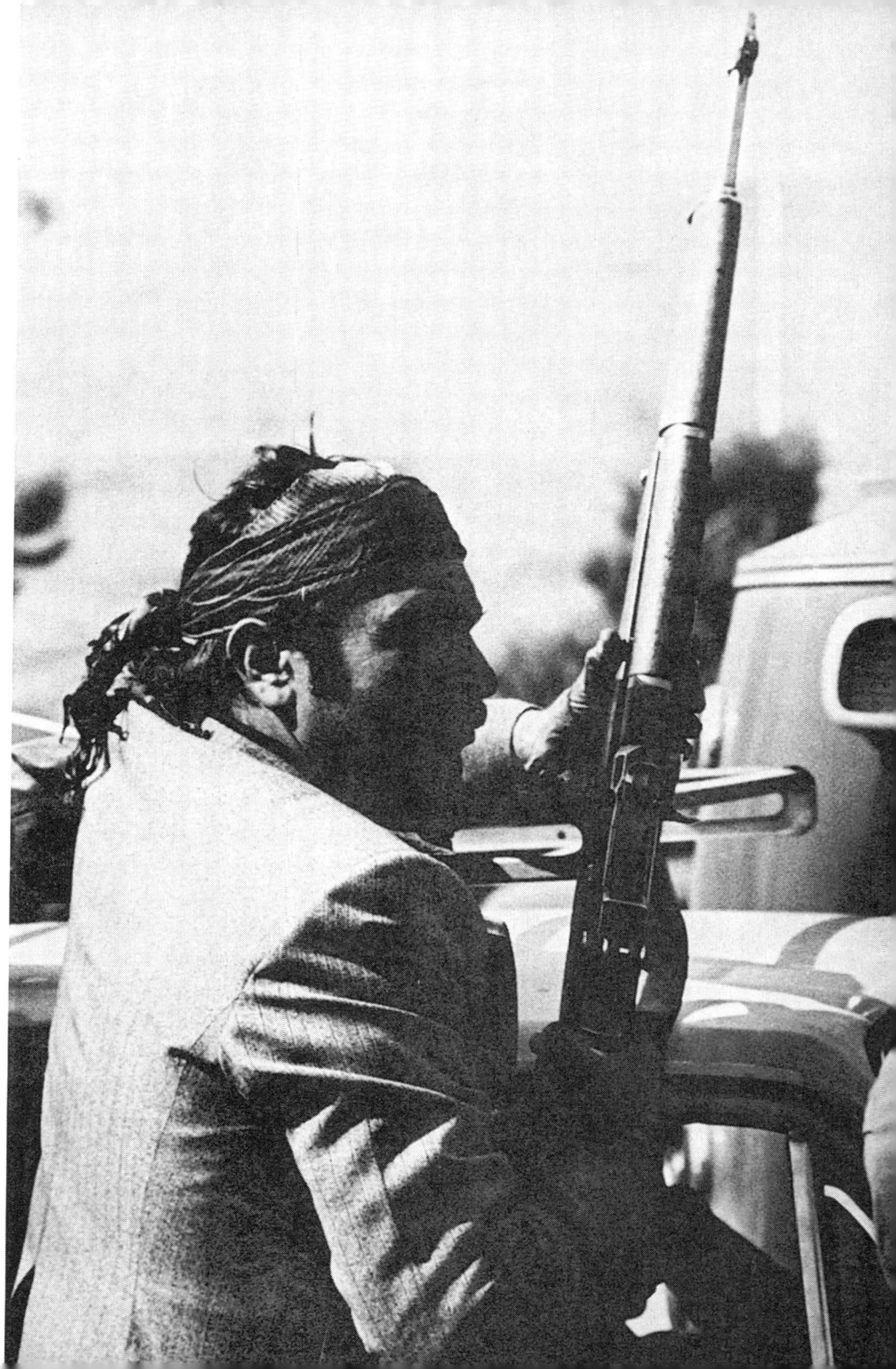

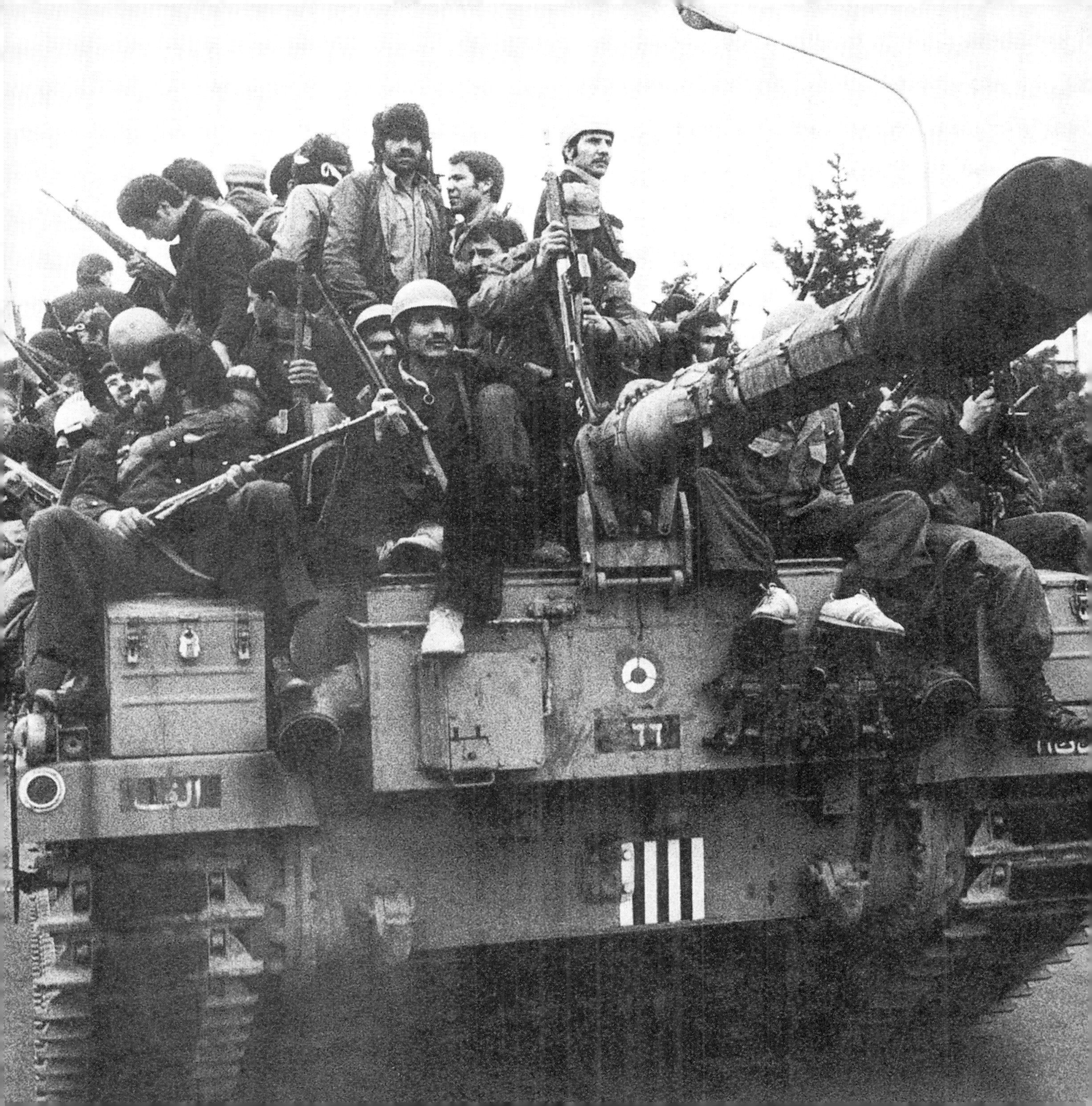

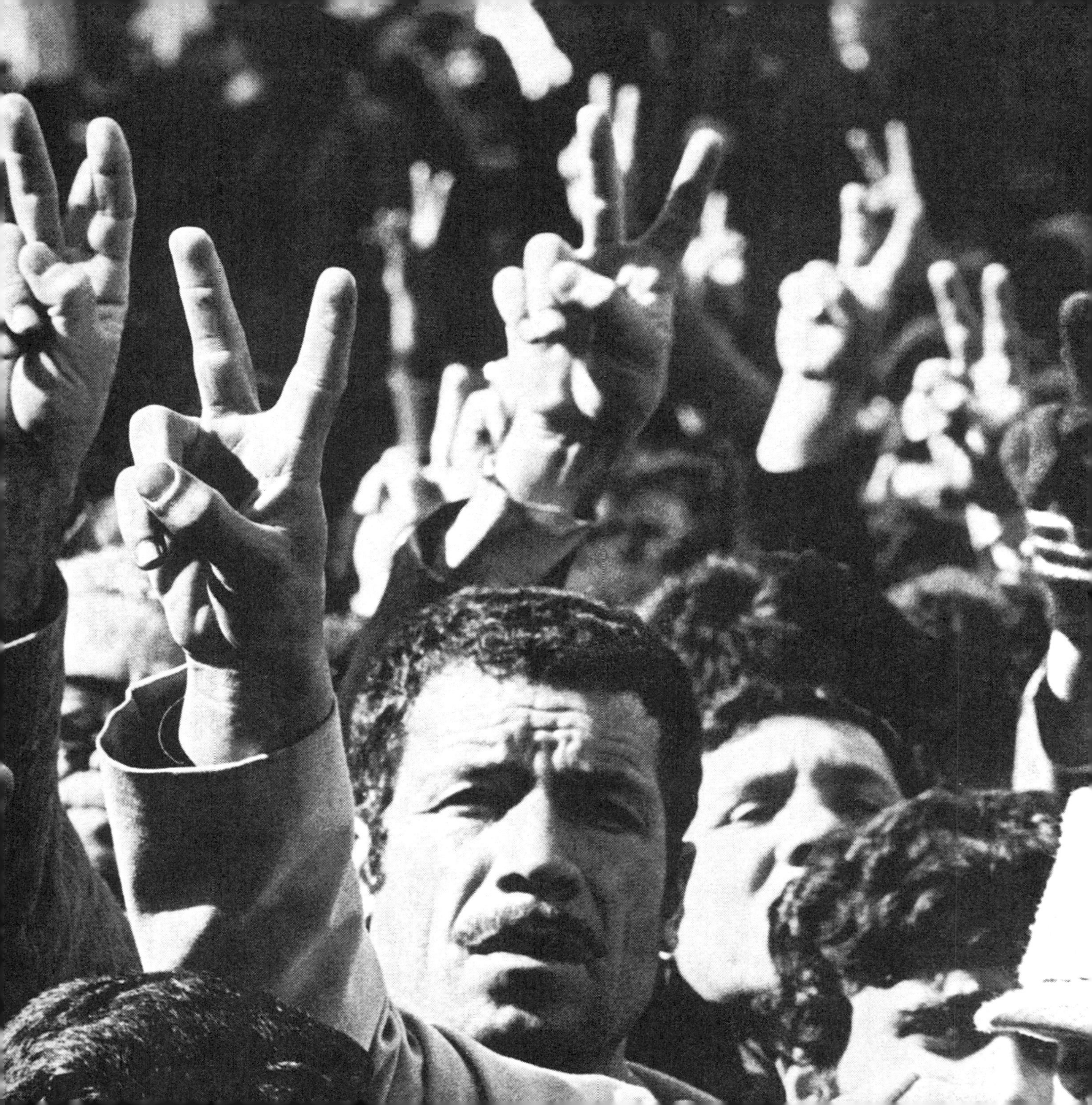

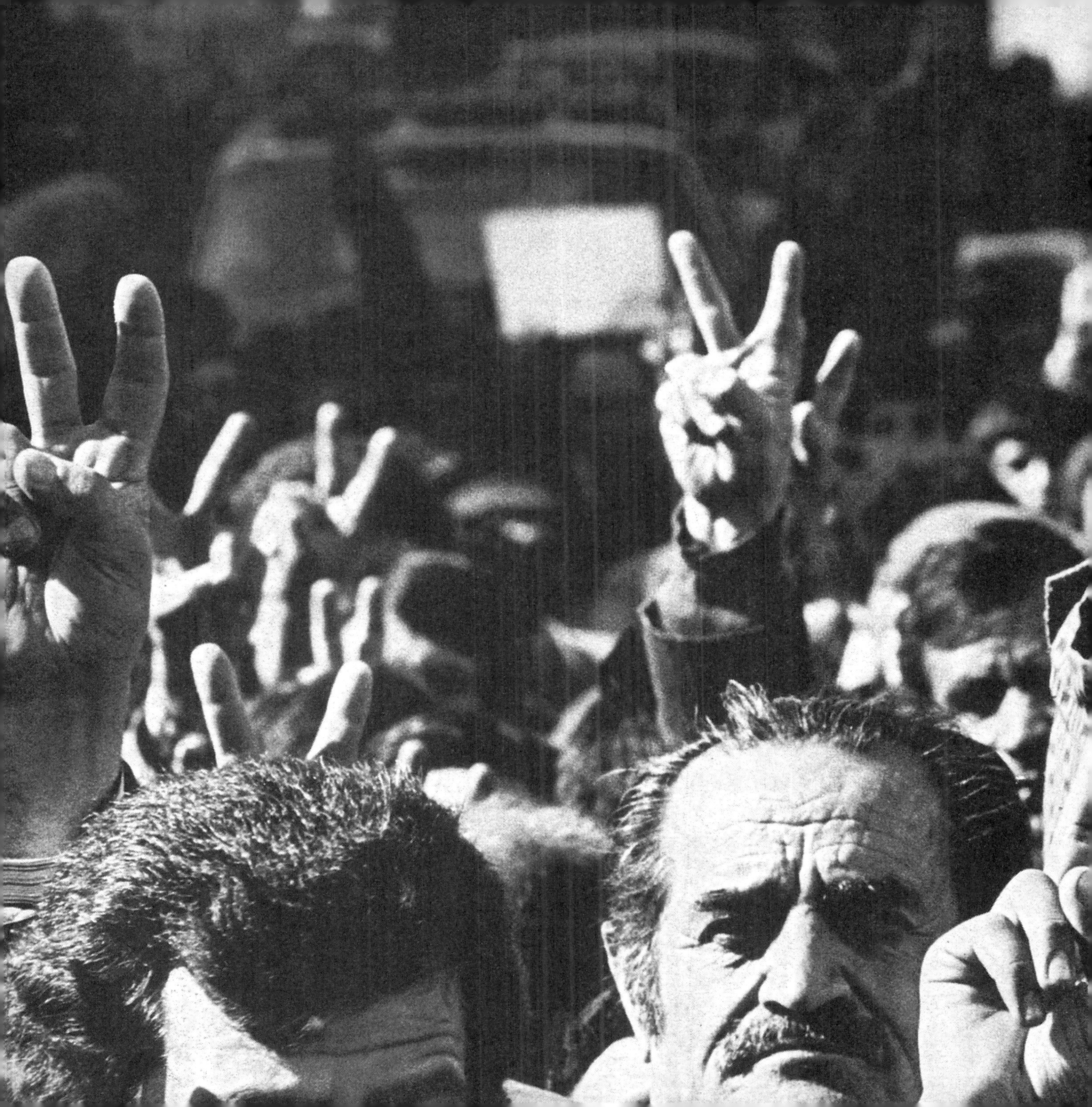

فهرست رویداد ها

- **دوشنبه ۱۹ دی ۱۳۵٦/ ۲۹ محرم ۱۳۹۸ـ** تظاهرات طلاب قم در اعتراض به چاپ مقالهٔ تحمیلی اهانت آمیز نسبت به امام خمینی در روزنامه اطلاعات و شهید شدن چند تن از تظاهر کنندگان توسط نیروهای دولتی
- **شنبه ۲۹ بهمن/ ۱۰ ربیع‌الاول‌ـ** تظاهرات بزرگ در تبریز به مناسبت چهلمین روز مرگ شهدای قم. برخورد با نیروهای دولتی و حملهٔ مردم به بانکها، سینماها و ساختمانهای دولتی و کشته شدن عده‌ای از آنها.
- **پنجشنبه ۱۰ فروردین ۱۳۵۷/ ۲۰ ربیع‌الثانی‌ـ** تظاهرات در چند شهر از جمله قم، جهرم، کازرون، شیراز، یزد، اصفهان و کرمان به مناسبت چهلمین روز مرگ شهدای تبریز و شهادت چند تن از تظاهر کنندگان در قم.
- **سه‌شنبه ۱۹ اردیبهشت/ ۱ جمادی‌الاول‌ـ** تظاهرات وسیع در ۲۱ شهر به مناسبت چهلمین روز درگذشت شهدای قم که در یزد و کازرون و جهرم و قم به شهادت چند تن دیگر انجامید.
- **یکشنبه ۲۸ خرداد/ ۱۲ رجب‌ـ** تظاهرات بر علیه رژیم در بیشتر شهرهای کشور به مناسبت چهلمین روز درگذشت شهدای یزد، قم و جهرم که در پاره‌ای نقاط به شهادت و مجروح شدن عده‌ای دیگر منجر شد.
- **جمعه ۳۰ تیر/ ۱۵ شعبان** [میلاد حضرت قائم] تجدید حیات جبههٔ ملی ایران با تشکیل شورای موقت رهبری.
- **جمعه ٦ مرداد/ ۲۲ شعبان‌ـ** تظاهرات وسیع در سراسر کشور به مناسبت چهلمین روز مرگ شهدای ۱۲ رجب.
- **جمعه ۲۰ مرداد/ ٦ رمضان‌ـ** تظاهرات ۵۰ هزار نفری اصفهان و حمله مردم به ساختمانهای دولتی و امریکایی و اعلام حکومت نظامی در اصفهان و حومه.
- **یکشنبه ۲۹ مرداد/ ۱۵ رمضان‌ـ** آتشسوزی فاجعه آمیز سینما رکس آبادان.
- **پنجشنبه ۲ شهریور/ ۱۹ رمضان** [ضربت خوردن حضرت امیر ع] تظاهرات و راه‌پیمائی‌های مخالف رژیم پهلوی در بسیاری از شهرهای ایران.
- **شنبه ٤ شهریور/ ۲۱ رمضان** [شهادت حضرت امیر ع]ـ استعفای دولت جمشید آموزگار و روی کار آمدن کابینهٔ جعفر شریف‌امامی.
- **دوشنبه ۱۳ شهریور/ ۱ شوّال** [عید فطر]ـ راه‌پیمایی بزرگ مردم تهران بعد از برگزاری نماز عید از تپه‌های قیطریه به طرف مرکز شهر تهران.
- **پنجشنبه ۱٦ شهریور/ ٤ شوّال‌ـ** راه‌پیمایی عظیم مردم تهران از چند نقطهٔ شهر به طرف میدان آزادی (شهیاد سابق).
- **جمعه ۱۷ شهریور/ ۵ شوّال** [جمعهٔ سیاه]ـ کشتار وحشیانه و فاجعه آمیز جوانان مخالف رژیم در میدان شهدا (ژالهٔ سابق). و اعلام حکومت نظامی در تهران و ۱۰ شهر دیگر.
- **شنبه ۲۵ شهریور/ ۱۳ شوّال‌ـ** زلزله فاجعه آمیز طبس که شهر را به کلی ویران کرد و در حدود ۲۰ هزار تن از اهالی طبس و قریه‌های اطراف را به هلاکت رسانید.
- **پنجشنبه ۱۳ مهر/ ۲ ذیقعده‌ـ** عزیمت امام خمینی از نجف اشرف به مرز کویت و سپس از فرودگاه بغداد به پاریس. امام آخرین مرحلهٔ انقلاب ایران را با قاطعیت از فرانسه رهبری کردند.

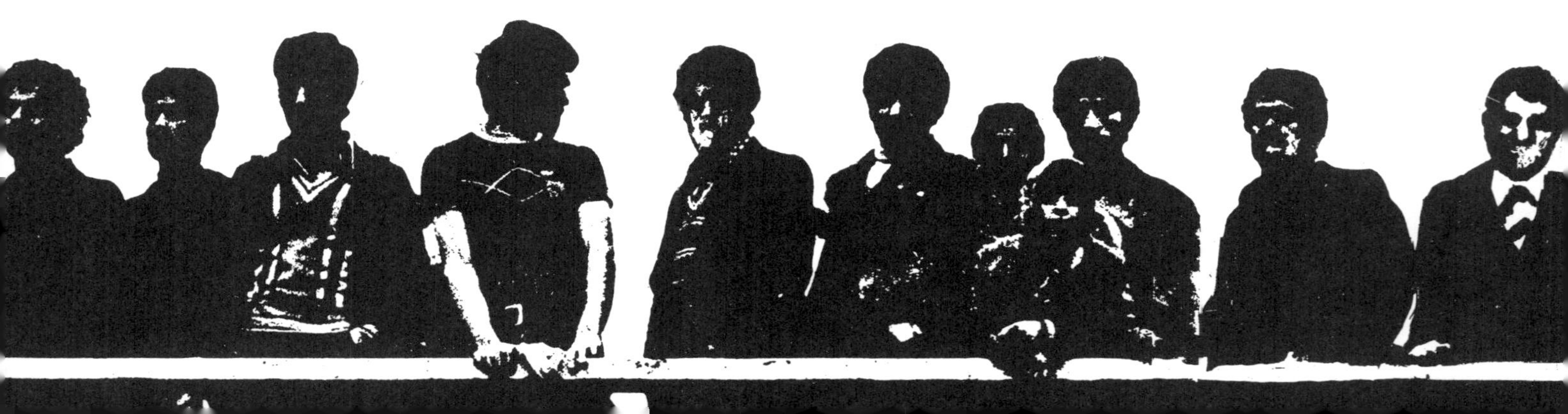

● **چهارشنبه ۱۹ مهر/ ۸ ذیقعده**ـ اعتصاب روزنامه‌های بزرگ تهران به خاطر آزادی بیان و رفع سانسور.

● **شنبه ۲۲ مهر/ ۱۱ ذیقعده**ـ [میلاد حضرت امام رضا ع]ـ پایان اعتصاب روزنامه‌ها با پیروزی صاحبان قلم.

● **پنجشنبه ٤ آبان/ ۲۳ ذیقعده**ـ آزادی در حدود یکهزار زندانی سیاسی از جمله آیةالله طالقانی و آیةالله منتظری.

● **دوشنبه ۸ آبان/ ۲۷ ذیقعده**ـ پیوستن کارکنان صنعت نفت کشور به اعتصاب سازمانهای دولتی.

● **شنبه ۱۳ آبان/ ۳ ذیحجه**ـ برخورد سربازان فرمنداری نظامی با گروههای سیاسی گرد آمده در دانشگاه تهران و کشتار گروهی از مردم.

● **یکشنبه ١٤ آبان/ ٤ ذیحجه**ـ تظاهرات وسیع مردم در خیابانهای تهران در اعتراض به کشتار دانشگاه، حملهٔ عمال رژیم به تعداد بسیار زیادی از بانکها، سینماها و هتلها در مرکز شهر تهران برای ایجاد وحشت و آماده ساختن راه برای کابینهٔ نظامی ارتشبد ازهاری. استعفای دولت شریف‌امامی.

● **جمعه ۱۰ آذر/ ۳۰ ذیحجه** [شب اول محرم ۱۳۹۹]ـ آغاز تظاهرات شبانهٔ مردم از پشت بامها و کوچه‌ها. کشتار گروهی از مردم در میدان سرچشمه.

● **یکشنبه ۱۹ آذر/ ۹ محرم** [تاسوعا]ـ راه‌پیمایی عظیم مردم تهران (و شهرستانها) در پشتیبانی از امام خمینی.

● **دوشنبه ۲۰ آذر/ ۱۰ محرم** [عاشورا]ـ راه‌پیمایی دوبارهٔ بیش از یك میلیون تن از مردم تهران در مسیر خیابان انقلاب (شاهرضای سابق)ـ میدان آزادی.

● **جمعه ۸ دی/ ۲۸ محرم**ـ امام خمینی مهندس مهدی بازرگان را مامور کردند برای تولید فرآورده‌های نفتی جهت مصرف داخلی و رفع کمبودهای نفت و بنزین به جنوب برود و با کارکنان اعتصابی صنعت نفت مذاکره کند.

● **شنبه ١٦ دی/ ۷ صفر** [میلاد حضرت امام موسی کاظم ـ روی کار آمدن کابینهٔ شاپور بختیار پس از استعفای دولت ازهاری.

● **چهارشنبه ۲۹ آذر/ ۱۹ محرم**ـ آغاز تحصن ٦٥ تن از اعضای هیئت علمی دانشگاه تهران در ساختمان دبیرخانه برای اعتراض به تعطیل دانشگاه‌ها.

● **سه‌شنبه ۲٦ دی/۱۷ صفر**ـ عزیمت محمدرضا پهلوی (شاه سابق) از کشور به مقصد مصر و مغرب.

● **چهارشنبه ۲۷ دی/ ۱۸ صفر**ـ تحصن و اعتصاب غذای گروهی از همافران نیروی هوایی به پشتیبانی از نهضت اسلامی امام خمینی.

● **جمعه ۲۹ دی/ ۲۰ صفر** [اربعین]ـ راه‌پیمایی عظیم مردم در تهران (و شهرستانها) به دعوت جامعهٔ روحانیت برای تأیید مجدد رهبری انقلاب.

● **پنجشنبه ۱۲ بهمن/ ۳ ربیع‌الاول**ـ بازگشت پیروزمندانهٔ امام روح‌الله خمینی به کشور پس از ۱۵ سال تبعید در ترکیه و عراق و فرانسه.

● **دوشنبه ١٦ بهمن/ ۷ ربیع‌الاول**ـ انتصاب مهندس مهدی بازرگان به نخست وزیری دولت موقت اسلامی به فرمان امام خمینی، رهبر انقلاب.

● **شنبه ۲۱ بهمن/ ۱۱ ربیع‌الاول**ـ حملهٔ افراد لشگر گارد به پایگاه نیروی هوایی در شرق تهران در آخرین ساعتهای جمعه منجر به حمایت وسیع مردم از همافران و قیام مسلحانهٔ ملی و سقوط پادگانها در تهران و شهرستانها گردید.

● **یکشنبه ۲۲ بهمن/ ۱۳ ربیع‌الاول**ـ اعلام بیطرفی ارتش و سقوط رژیم پهلوی. پیروزی انقلاب اسلامی ایران.

[با استفاده از «روز شمار انقلاب ایران» اثر محمد جعفری، نشر یافته در روزنامهٔ *آیندگان*]

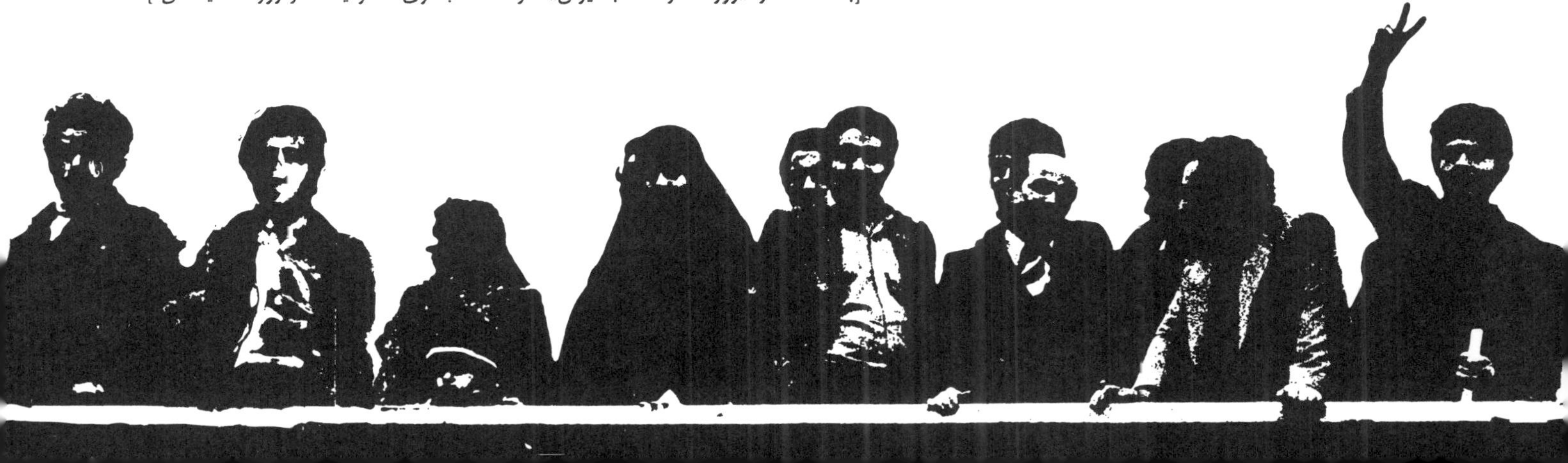

فهرست تصاویر

[توجه: هرگاه نام عکاس دیگری ذکر نشده باشد عکس از بهمن جلالی است.]

شمارهٔ عکس	محل عکس	تاریخ عکسبرداری	عکاس
۱	تهران،خیابان‌انقلاب(شاهرضای‌سابق)	۲۰ آذر ۱۳۵۷	*
۲	میدان فردوسی	۲۹ دی	رعنا جلالی
۳	خیابان انقلاب	۲۰ آذر	*
٤	مقابل دانشگاه تهران	۲۰ آذر	*
٥	میدان‌انقلاب(۲٤ اسفند سابق)	۱۹ آذر	*
٦	دانشگاه تهران	۲۲ دی	هادی هراجی
۷	میدان انقلاب	۱۹ دی	*
۸	مسجدامام‌خمینی(شاه‌سابق)	۲٤ دی	هادی هراجی
۹	خیابان سعدی	۱۹ آذر	*
۱۰	خیابان انقلاب	۲۰ آذر	*
۱۱	خیابان‌کارگر(سیمتری‌سابق)	۹ بهمن	*
۱۲	خیابان ویلا	۳۰ دی	رعنا جلالی
۱۳	خیابان حافظ	۲۱ آذر	*
۱٤	خیابان قصرالدشت	۹ بهمن	هادی هراجی
۱٥	دانشگاه تهران	۱۸ آذر	رعنا جلالی
۱٦	دانشگاه‌تهران، روزبازگشایی	۲٦ آبان	هادی هراجی
۱۷	خیابان آبان	۲٦ آبان	*
۱۸	دانشگاه تهران	۱۹ بهمن	رعنا جلالی
۱۹	خیابان انقلاب	۱۹ بهمن	*
۲۰	خیابان انقلاب	۱۹ آذر	*
۲۱	خیابان فردوسی	۱۹ اسفند	رعنا جلالی
۲۲	خیابان استادمطهری (تخت‌طاووس سابق)	۲٤ دی	*
۲۳	خیابان انقلاب	۲۰ آذر	*
۲٤	میدان انقلاب	۱۹ دی	*
۲٥	میدان فردوسی		*
۲٦	خیابان انقلاب	۱۹ اسفند	رعنا جلالی
۲۷	میدان فردوسی	۲۹ دی	رعنا جلالی
۲۸	خیابان انقلاب	۲۰ آذر	*
۲۹	خیابان انقلاب	۱۹ آذر	*
۳۰	خیابان انقلاب	۱۹ آذر	*
۳۱	خیابان سعدی	۱۹ آذر	*
۳۲	مقابل دانشگاه تهران	۱۹ آذر	*
۳۳	مقابل دانشگاه تهران	۱۹ آذر	*
۳٤	خیابان انقلاب	۲۰ آذر	*
۳٥	میدان‌آزادی(شهیادسابق)	۲۰ آذر	کانون‌خبرنگاران عکاس
۳٦	خیابان انقلاب	۲۹ دی	بهروز شهیدی
۳۷	خیابان انقلاب	۲٥ دی	*
۳۸	خیابان استاد مطهری	۹ دی	*
۳۹	میدان انقلاب	۱۱ بهمن	*
٤۰	خیابان شاهرضا	۲۳ دی	*
٤۱	خیابان آیزنهاور	۱۱ بهمن	*
٤۲	خیابان ویلا	٦ دی	*
٤۳	خیابان‌انقلاب،چهارراه‌مصدق	۲٤ دی	*
٤٤	خیابان انقلاب	۹ بهمن	*
٤٥	خیابان استاد مطهری	۹ دی	*
٤٦	خیابان دکترعلی شریعتی	۲٤ دی	*

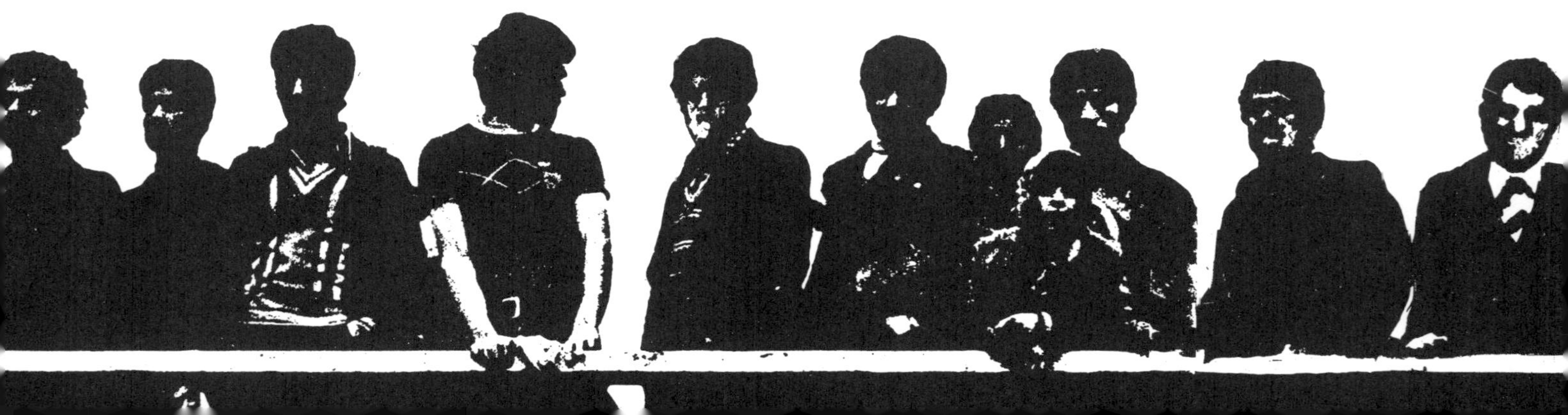

شمارهٔ عکس	محل عکس	تاریخ عکسبرداری	عکاس
۴۷	خیابان ثریا	۶ دی	*
۴۸	خیابان استاد مطهری	۹ دی	*
۴۹	خیابان کارگر	۹ بهمن	*
۵۰	خیابان سرلشکرقرنی (سپهبدزاهدی‌سابق)	۶ دی	*
۵۱	خیابان استاد مطهری	۹ دی	*
۵۲	میدان انقلاب	۹ بهمن	*
۵۳	میدان دروازهٔ‌قزوین	۱۰ بهمن	*
۵۴	خیابان تخت‌جمشید	۹ دی	*
۵۵	خیابان ثریا	۶ دی	*
۵۶	خیابان ایرانشهر	۸ دی	*
۵۷	خیابان انقلاب	۳۴ دی	*
۵۸	مقابل دانشگاه تهران	۱۱ بهمن	*
۵۹	میدان دروازهٔ‌قزوین	۱۰ بهمن	*
۶۰	خیابان انقلاب	۱۱ بهمن	*
۶۱	خیابان‌آزادی(آیزنهاورسابق)	۱۱ بهمن	*
۶۲	خیابان استاد مطهری	۵ دی	*
۶۳	خیابان دکترعلی شریعتی	۱۱ دی	*
۶۴	خیابان کارگر	۹ بهمن	*
۶۵	خیابان کارگر	۹ بهمن	*
۶۶	خیابان انقلاب	۱۱ بهمن	*
۶۷	میدان انقلاب	۱۰ بهمن	*
۶۸	میدان انقلاب	۱۰ بهمن	*
۶۹	میدان انقلاب	۱۰ بهمن	*
۷۰	خیابان تهران‌نو	-	*
۷۱	گورستان بهشت‌زهرا	۵ دی	رعنا جلالی
۷۲	بهشت زهرا	-	بهروز شهیدی
۷۳	بهشت زهرا	۶ دی	رعنا جلالی
۷۴	بهشت زهرا	۱۶ آذر	*
۷۵	بهشت زهرا	۶ دی	رعنا جلالی
۷۶	بهشت زهرا	۵ دی	رعنا جلالی
۷۷	بهشت زهرا	۱۶ آذر	*
۷۸	بهشت زهرا	۱۶ آذر	*
۷۹	بهشت زهرا	۲۰ آذر	هادی هراجی
۸۰	بهشت زهرا	۶ دی	رعنا جلالی
۸۱	بهشت زهرا	۱۷ آذر	*
۸۲	بهشت زهرا		بهروز شهیدی
۸۳	بهشت زهرا	۵ دی	رعنا جلالی
۸۴	بهشت زهرا		بهروز شهیدی
۸۵	بهشت زهرا	۵ فروردین ۱۳۵۸	*
۸۶	بهشت زهرا	۵ دی ۱۳۵۷	رعنا جلالی
۸۷	میدان فردوسی	۲۶ دی	*
۸۸	خیابان ویلا	۹ دی	*
۸۹	خیابان‌سرلشکرقرنی(فیشرآباد)	۲۶ دی	*
۹۰	دانشگاه پلی‌تکنیک	۲۷ دی	*
۹۱	میدان فردوسی	۲۶ دی	*
۹۲	خیابان سعدی	۲۶ دی	*
۹۳	میدان انقلاب	۲۷ دی	*
۹۴	خیابان انقلاب	۲۶ دی	*
۹۵	خیابان سرلشکرقرنی	۲۶ دی	*
۹۶	خیابان انقلاب	۲۶ دی	*
۹۷	خیابان انقلاب	۲۵ دی	*
۹۸	خیابان انقلاب	۲۵ دی	*
۹۹	خیابان روزولت	۲۷ دی	*
۱۰۰	خیابان انقلاب	۲۵ دی	*
۱۰۱	خیابان انقلاب	۲۵ دی	*

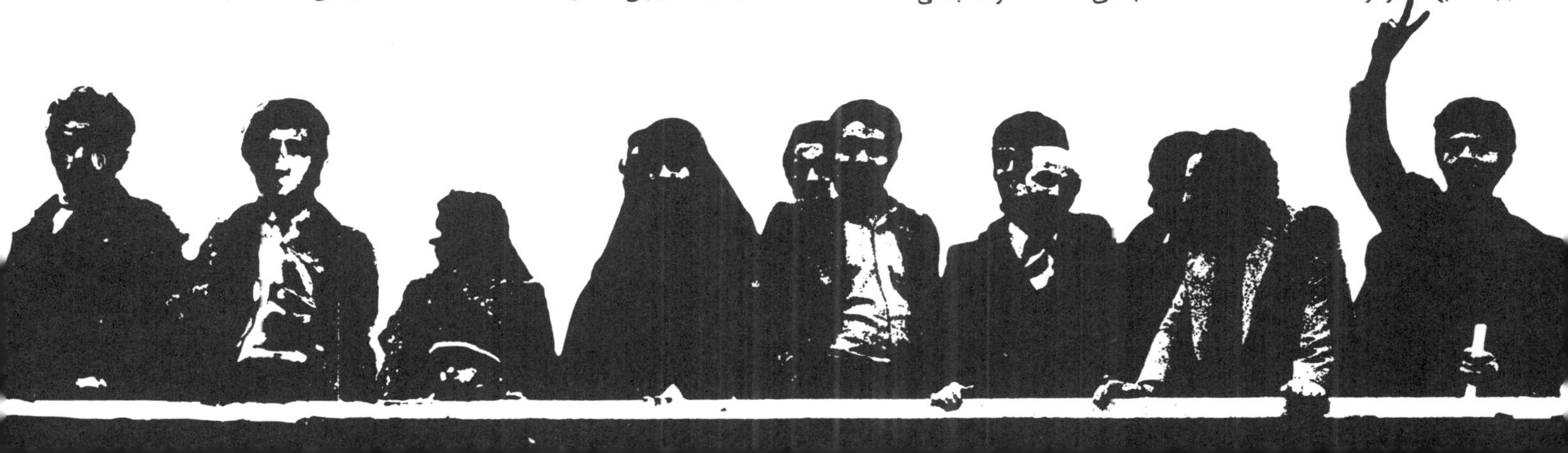

شمارهٔ عکس	محل عکس	تاریخ عکسبرداری	عکاس
۱۰۲	فرودگاه مهرآباد	۱۲ بهمن	محمود محمدی
۱۰۳	میدان آزادی	۱۲ بهمن	بهروز شهیدی
۱۰۴	فرودگاه مهرآباد	۱۲ بهمن	محمود محمدی
۱۰۵	خیابان آزادی	۱۲ بهمن	محمود محمدی
۱۰۶	گورستان بهشتزهرا	۱۲ بهمن	محمود محمدی
۱۰۷	بهشت زهرا	۱۲ بهمن	محمود محمدی
۱۰۸	مدرسهٔ علوی	۱۶ بهمن	رعنا جلالی
۱۰۹	خیابان دکترعلی شریعتی	۲۲ بهمن	*
۱۱۰	حضرت‌آیةالله‌طالقانی‌درحسینیه‌ارشاد		*
۱۱۱	مهندس مهدی‌بازرگان‌در دانشگاه‌تهران	۲۰ بهمن	کانون خبرنگاران عکاس
۱۱۲	دانشگاه تهران	۲۳ دی	*
۱۱۳	دانشگاه تهران	۲۰ بهمن	*
۱۱۴	دانشگاه تهران	۲۰ بهمن	*
۱۱۵	خیابان انقلاب	۲۰ بهمن	*
۱۱۶	میدان‌امام‌حسین(میدان فوزیهٔ‌سابق)	۲۱ بهمن	*
۱۱۷	خیابان‌پاسداران(سلطنت‌آباد سابق)	۲۲ بهمن	*
۱۱۸	خیابان تهران‌نو	۲۱ بهمن	هادی هراجی
۱۱۹	خیابان دکترعلی شریعتی	۲۱ بهمن	*
۱۲۰	خیابان دکترعلی شریعتی	۲۲ بهمن	*
۱۲۱	خیابان دکترعلی شریعتی	۲۱ بهمن	*
۱۲۲	خیابان دکترعلی شریعتی	۲۱ بهمن	*
۱۲۳	خیابان تهران‌نو	۲۱ بهمن	*
۱۲۴	خیابان پاسداران	۲۳ بهمن	*
۱۲۵	خیابان پاسداران	۲۳ بهمن	*
۱۲۶	خیابان دکترعلی شریعتی	۲۱ بهمن	*

شمارهٔ عکس	محل عکس	تاریخ عکسبرداری	عکاس
۱۲۷-۳۱	پادگان عشرت‌آباد	۲۲ بهمن	*
۱۳۲-۳۴	ادارهٔ ساواك خیابان ضرابخانه	۲۳ بهمن	*
۱۳۵-۴۰	پادگان عشرت آباد	۲۲ بهمن	*
۱۴۱-۴۲	خیابان پاسداران	۲۲ بهمن	*
۱۴۳	اداره ساواك خیابان ضرابخانه	۲۳ بهمن	*
۱۴۴	قرارگاه پلیس تهران خیابان انقلاب	۲۳ بهمن	رعنا جلالی
۱۴۵	خیابان ضرابخانه	۲۳ بهمن	*
۱۴۶-۴۸	خیابان دکتر علی شریعتی	۲۳ بهمن	*
۱۴۹	خیابان کارگر (امیرآباد سابق)	۲۱ بهمن	هادی هراجی
۱۵۰	خیابان پارك‌وی	۲۲ بهمن	هادی هراجی
۱۵۱	خیابان دکتر علی شریعتی	۲۲ بهمن	*
۱۵۲	خیابان ضرابخانه	۲۳ بهمن	*
۱۵۳	خیابان انقلاب	۲۴ بهمن	هادی هراجی

تذکر: برگزیده‌ای از بهترین عکسهای بهمن جلالی و برخی عکاسان دیگر از رویدادهای انقلاب اسلامی ایران تاکنون در چند نمایشگاه به‌شرح زیر در معرض تماشای عامهٔ مردم قرار گرفته‌اند:

- دانشگاه فارابی از ۵ تا ۱۵ اسفند ۱۳۵۷
- دانشکدهٔ هنرهای زیبای دانشگاه تهران از ۲۰ تا ۲۸ اسفند
- استادیوم کارگران در میدان غار تهران از ۱۵ تا ۲۳ فروردین ۱۳۵۸
- دانشکدهٔ ادبیات دانشگاه شیراز از ۲۴ فروردین تا ۵ اردیبهشت
- انستیتو گوته، تهران از ۲۴ اردیبهشت تا ۹ خرداد
- فستیوال فیلم تامپره در فنلاند از ۲۱ تا ۲۶ فوریهٔ ۱۹۷۹-۲/۷-۷ اسفند ۱۳۵۷

همه‌جا بینندگان از نمایشگاه به گرمی استقبال کرده‌اند و برگزاری نمایشگاه در نقاط دیگر ادامه دارد.

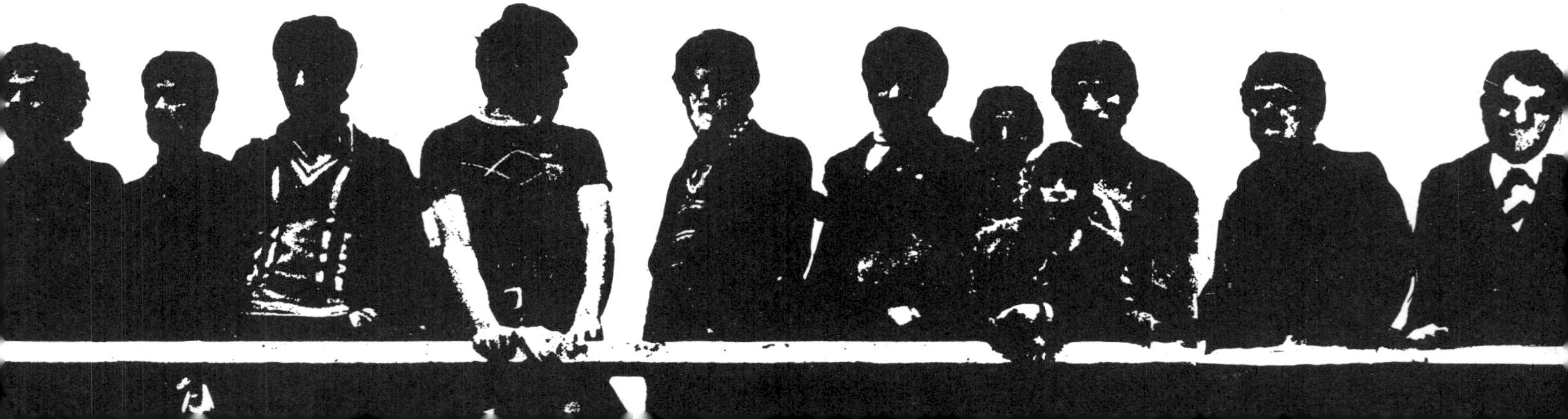